UM CÓDIGO DE URBANISMO PARA PORTUGAL?

CICLO DE COLÓQUIOS:
O DIREITO DO URBANISMO DO SÉC. XXI

2.º COLÓQUIO INTERNACIONAL

UM CÓDIGO DE URBANISMO PARA PORTUGAL?

CICLO DE COLÓQUIOS:
O DIREITO DO URBANISMO DO SÉC. XXI

ALMEDINA

TÍTULO:	UM CÓDIGO DE URBANISMO PARA PORTUGAL?
COORDENADOR:	FERNANDO ALVES CORREIA
EDITOR:	LIVRARIA ALMEDINA – COIMBRA www.almedina.net
LIVRARIAS:	LIVRARIA ALMEDINA ARCO DE ALMEDINA, 15 TELEF.239 851900 FAX. 239 851901 3004-509 COIMBRA – PORTUGAL livraria@almedina.net
	LIVRARIA ALMEDINA ARRÁBIDA SHOPPING, LOJA 158 PRACETA HENRIQUE MOREIRA AFURADA 4400-475 V. N. GAIA – PORTUGAL arrabida@almedina.net
	LIVRARIA ALMEDINA – PORTO R. DE CEUTA, 79 TELEF. 22 2059773 FAX. 22 2039497 4050-191 PORTO – PORTUGAL porto@almedina.net
	EDIÇÕES GLOBO, LDA. RUA S. FILIPE NERY, 37-A (AO RATO) TELEF. 21 3857619 FAX: 21 3844661 1250-225 LISBOA – PORTUGAL globo@almedina.net
	LIVRARIA ALMEDINA ATRIUM SALDANHA LOJAS 71 A 74 PRAÇA DUQUE DE SALDANHA, 1 TELEF. 21 3712690 atrium@almedina.net
	LIVRARIA ALMEDINA – BRAGA CAMPUS DE GUALTAR UNIVERSIDADE DO MINHO 4700-320 BRAGA TELEF. 253 678 822 braga@almedina.net
EXECUÇÃO GRÁFICA:	G.C. – GRÁFICA DE COIMBRA, LDA. PALHEIRA – ASSAFARGE 3001-453 COIMBRA Email: producao@graficadecoimbra.pt
	MARÇO, 2003
DEPÓSITO LEGAL:	193934/03
	Toda a reprodução desta obra, seja por fotocópia ou outro qualquer processo, sem prévia autorização escrita do Editor, é ilícita e passível de procedimento judicial contra o infractor

NOTA DE APRESENTAÇÃO

O Colóquio *Um Código de Urbanismo para Portugal?* veio a ter o êxito esperado, dadas a qualidade dos intervenientes e a importância dos temas tratados.

Conforme tive ocasião de sublinhar nas palavras de abertura, levantam-se neste domínio questões a que não era dado ou a que era dado pouco relevo décadas atrás. E foi infelizmente em grande medida a constatação das consequências gravosas de erros cometidos que levou a um esforço importante da parte dos responsáveis, traduzido na elaboração de legislação que procura encaminhar as coisas num sentido desejável.

A necessidade de dar uma maior coerência e uma maior acessibilidade a esta legislação poderá apontar agora no sentido da elaboração de um Código de Urbanismo; podendo recear-se todavia, por outro lado, que face à novidade de muita da legislação seja ainda cedo, ou que a própria mudança de circunstâncias neste domínio desaconselhem uma codificação que rapidamente poderia ficar desactualizada.

Foi esta em boa medida a problemática discutida no Colóquio, tendo sido naturalmente também muito grande a atenção dada a questões substanciais que estão na sua base.

Mesmo tendo-se tido o anfiteatro cheio, era pena que ficasse confinado a quem lá esteve o benefício das apresentações feitas.

Fica pois a dever-se ainda aos organizadores, em especial ao colega Doutor Fernando Alves Correia, que pouco tempo depois possam chegar, através desta publicação, a um público muito mais vasto.

Coimbra, Março de 2003

O Presidente do Conselho Directivo
Prof. Doutor *Manuel Carlos Lopes Porto*

PROGRAMA

22 NOVEMBRO
9.00 – Abertura do Secretariado
9.30 – Sessão de Abertura
Dr. Isaltino Afonso de Morais
(Ministro das Cidades, Ord. do Território e Ambiente)
Prof. Doutor Fernando da Silva Rebelo
(Reitor da Universidade de Coimbra)
Prof. Doutor Manuel Lopes Porto
(Presidente do Conselho Directivo da Faculdade de Direito da Universidade de Coimbra)
Prof. Doutor Jorge Figueiredo Dias
(Presidente do Conselho Científico da Faculdade de Direito da Universidade de Coimbra)
Prof. Doutor Joaquim Gomes Canotilho
(Presidente do Conselho Directivo do Centro de Estudos de Direito do Ordenamento, do Urbanismo e do Ambiente)
Prof. Doutor Fernando Alves Correia
(Coordenador Científico do Colóquio)

PAINEL I
A Realidade Actual: A Dispersão da Legislação do Urbanismo e as Soluções de Unificação de alguns Regimes Jurídicos

10.00
Moderador: *Dr. Carlos Encarnação*
(Presidente da Câmara Municipal de Coimbra)
Prof. Doutor Fausto de Quadros
(Faculdade de Direito da Universidade de Lisboa)
Mestre Fernanda Paula de Oliveira
(Faculdade de Direito da Universidade de Coimbra)

11.00 – Debate
11,15 – Intervalo

PAINEL II
Codificação Global, Codificação Parcial ou Simples Compilação da Legislação Geral do Urbanismo?

11.30
Moderador: *Prof. Doutor Cardoso da Costa*
(Faculdade de Direito da Universidade de Coimbra)
Prof.ª Doutora Maria da Glória Garcia
(Faculdade de Direito da Universidade Católica de Lisboa)
Prof. Doutor Luís Colaço Antunes
(Faculdade de Direito da Universidade do Porto)

12.30 – Debate
13.00 – Almoço

PAINEL III
Vantagens e Inconveniente da Codificação Global da Legislação do Urbanismo

I – A Visão dos Juristas:

15.00
Moderador: *Prof. Doutor Joaquim Gomes Canotilho*
(Faculdade de Direito da Universidade de Coimbra)
Conselheiro Nuno da Silva Salgado
(Supremo Tribunal Administrativo)
Mestre Sofia Galvão
(Faculdade de Direito da Universidade de Lisboa)

16.00 – Debate
16.15 – Intervalo

II – A Visão dos Urbanistas:

16.30
Moderador: *Prof. Doutor Artur da Rosa Pires*
(Universidade de Aveiro)
Prof. Doutor Sidónio Pardal
(Universidade Técnica de Lisboa)
Prof. Doutor Paulo Correia
(Universidade Técnica de Lisboa)

17.30 – Debate

Palavras de abertura

23 NOVEMBRO

PAINEL IV
As Experiências e as Tentativas em Direito Comparado de Codificação do Direito do Urbanismo

9.30
Moderador: *Prof. Doutor Barbosa de Melo*
(Faculdade de Direito da Universidade de Coimbra)

A Experiência Alemã da Codificação do Direito do Urbanismo
Prof. Doutor Ulrich Battis
(Universidade de Berlim)

A Experiência Francesa da Codificação do Direito do Urbanismo
Prof. Doutor Jean-Pierre Lebreton
(Universidade de Versailles)

As Tentativas em Itália de Codificação do Direito do Urbanismo
Prof.ª Doutora Alessandra Sandulli
(Universidade de Roma)

11.00 – Debate
11.15 – Intervalo

PAINEL V
Um Código de Urbanismo: Estrutura e Conteúdo

11.30
Moderador: *Dr. Fernando Ruas*
(Presidente da Associação Nacional de Municípios Portugueses)
Prof. Doutor Freitas do Amaral
(Faculdade de Direito da Universidade Nova de Lisboa)
Prof. Doutor Fernando Alves Correia
(Faculdade de Direito da Universidade de Coimbra)

12.30 – Debate

13.00 – **Sessão de Encerramento**
Prof. Doutor Fernando da Silva Rebelo
(Reitor da Universidade de Coimbra)
Dr. Fernando Ruas
(Presidente da Associação Nacional de Municípios Portugueses)

Prof. Doutor Manuel Lopes Porto
(Presidente do Conselho Directivo da Faculdade de Direito da Universidade de Coimbra)
Prof. Doutor Jorge Figueiredo Dias
(Presidente do Conselho Científico da Faculdade de Direito da Universidade de Coimbra)
Prof. Doutor Joaquim Gomes Canotilho
(Presidente do Conselho Directivo do Centro de Estudos de Direito do Ordenamento, do Urbanismo e do Ambiente)
Prof. Doutor Fernando Alves Correia
(Presidente do Conselho de Administração da Associação Portuguesa de Direito do Urbanismo)

SESSÃO DE ABERTURA

II COLÓQUIO INTERNACIONAL
"UM CÓDIGO DO URBANISMO PARA PORTUGAL?"

CICLO DE COLÓQUIOS: O DIREITO DO URBANISMO DO SÉC. XXI

UM CÓDIGO DE URBANISMO PARA PORTUGAL?

Prof. Doutor Fernando Alves Correia
(Coordenador Científico do Colóquio)

Exmo Senhor Ministro das Cidades, Ordenamento do Território e Ambiente

Exmo Senhor Vice-Reitor da Universidade de Coimbra

Ex.^{mos} Senhor Presidente do Conselho Directivo da Faculdade de Direito da Universidade de Coimbra

Exmo Senhor Vice-Presidente do Conselho Científico da Faculdade de Direito de Coimbra

Exmo Senhor Presidente do Conselho Directivo do Centro de Estudos de Direito do Ordenamento, do Urbanismo e do Ambiente (CEDOUA)

Exmo Senhor Representante da Associação Nacional de Municípios Portugueses (ANMP)

Exmo Senhor Presidente do Conselho Directivo do Centro de Estudos e Formação Autárquica (CEFA)

Ex.^{mos} Senhores Membros dos Órgãos de Gestão do Centro de Estudos de Direito do Ordenamento, do Urbanismo e do Ambiente (CEDOUA) e da Associação Portuguesa de Direito do Urbanismo (APDU)

Ex.^{mos} Senhores Conferencistas e Moderadores do Colóquio

Ex.^{mos} Senhores Professores

Ex.^{mos} Senhores Presidentes de Câmaras Municipais

Caros Associados da APDU

Estimados Alunos

Minhas Senhoras e Meus Senhores

Integrado no "Ciclo de Colóquios: O Direito do Urbanismo do Séc. XXI", decidiram, em boa hora, a Faculdade de Direito da Universidade de Coimbra, o Centro de Estudos de Direito do Ordenamento, do Urbanismo e do Ambiente (CEDOUA) e a Associação Portuguesa de Direito do Urbanismo (APDU) organizar conjuntamente o *II Colóquio Internacional, com o título "Um Código do Urbanismo para Portugal?"*, com a finalidade de criar um *forum* de discussão sobre um *tema* de grande actualidade e que vem preocupando os políticos, os órgãos da Administração Pública com competências no domínio do urbanismo, os tribunais, os particulares e, em geral, todos aqueles que se dedicam à *praxis* do urbanismo. Consiste ele em saber se é *conveniente, ou não*, e se o direito do urbanismo português *já atingiu, ou não*, um estado de *maturidade* suficiente para passar pela prova de fogo da codificação das suas *normas gerais*.

É esse Colóquio Internacional que, depois de um exigente trabalho de preparação e de organização, levado a cabo por um Secretariado criado especificamente para o efeito – e a cujos elementos, especialmente a quem tão distintamente o orientou, quero exprimir a minha profunda gratidão – vê, hoje, a luz do dia, competindo-me, agora, na qualidade de Coordenador Científico deste evento e de Presidente do Conselho de Administração da APDU, dirigir umas singelas palavras a tão ilustre auditório. É com enorme satisfação e com subida honra que o faço.

As minhas primeiras palavras são, como facilmente se compreende, de *agradecimento*.

Agradecimento, em primeiro lugar, ao Sr Ministro das Cidades, Ordenamento do Território e Ambiente pela sua presença nesta sessão de Abertura do Colóquio – presença que muito nos honra e sensibiliza e que testemunha o apreço e o apoio do Governo a esta iniciativa e a atenção com que acompanha esta jornada de reflexão e debate sobre um tema que constitui um dos maiores *desafios* que se colocarão nos tempos mais próximos ao legislador no campo do direito do urbanismo.

Agradecimento, em segundo lugar, aos Conferencistas e Moderadores dos diferentes Painéis do Colóquio pela aceitação dos convites oportunamente formulados – personalidades cujas altíssimas qualificações são uma garantia do sucesso do Colóquio. É com enorme prazer que registo que as três entidades organizadoras deste evento científico tiveram o privilégio de reunir como Conferencistas e como Moderadores alguns dos mais conceituados especialistas portugueses e europeus nos domínios do direito do urbanismo e da ciência do urbanismo. Neste magnífico elenco de Intervenientes, permito-me destacar – e agradecer particularmente – a presença de três ilustres professores estrangeiros de Direito do Urbanismo, que quero saudar cordialmente e a quem desejo uma excelente estadia nesta bela cidade de Coimbra. Trata-se dos Professores Ulrich Battis, Professor da Humboldt – Universidade de Berlim; Jean-Pierre Lebreton, Professor da Universidade de Versailles Saint--Quentien-en-Yvelines e da École Nationale des Ponts et Chaussées; e Roberto Leonardi, Professor da Universidade de Milão, que substitui Maria Alessandra Sandulli, Professora da Universidade de Roma, por impossibilidade da presença desta, ocorrida na véspera deste Colóquio.

Agradecimento, em terceiro lugar, pelo amável apoio financeiro concedido por algumas entidades, o qual foi decisivo para a realização deste Colóquio. Foram elas: a Câmara Municipal de Coimbra, a Sonae Imobiliária, a Fundação Luso-Americana para o Desenvolvimento e o Finibanco.

As minhas segundas palavras são, como é natural, de *júbilo*.

Júbilo por verificar que a presente iniciativa teve um acolhimento altamente favorável. Os cerca de 500 participantes neste Colóquio (de entre eleitos locais, incluindo vários presidentes de câmara, juristas, engenheiros, arquitectos e outros profissionais ligados ao ordenamento do território e ao urbanismo, provenientes de vários serviços do Estado e de outros entes públicos da Administração Indirecta do Estado, das autarquias locais, do mundo empresarial e das profissões liberais) são uma prova *inequívoca* da *oportunidade* e *utilidade* desta realização científica e simultaneamente uma expressiva manifestação do crescente interesse que as problemáticas do ordenamento do território e do urbanismo, nas suas diversas vertentes, despertam, actualmente, em múltiplos sectores da política e da sociedade portuguesa.

Ex.mo Senhor Ministro das Cidades, Ordenamento do Território e Ambiente

Ex.mo Senhor Vice-Reitor da Universidade de Coimbra

Ex.mo Senhor Presidente do Conselho Directivo da Faculdade de Direito de Coimbra

Ex.mo Senhor Vice-Presidente do Conselho Científico da Faculdade de Direito de Coimbra

Minhas Senhoras e Meus Senhores:

O título do presente Colóquio Internacional apresenta intencionalmente uma formulação *interrogativa*. Estamos, de facto, perante um tema altamente problemático e controverso. Assim sendo, o presente Colóquio nunca poderia ter um carácter *apologético* de uma determinada posição – ainda que eu próprio tenha uma posição claramente favorável à *codificação* das *normas gerais* do direito do urbanismo, como terei ensejo de afirmar no Painel em que vou ser orador –, deverá, ao invés, apresentar e discutir as diferentes opiniões e perspectivas sobre as vantagens e inconvenientes, a oportunidade ou inoportunidade da elaboração e aprovação de um Código de Urbanismo no nosso País e, em caso afirmativo, qual a *estrutura* e *conteúdo* que um tal Código deverá apresentar.

Neste contexto, começará por ser feita, no presente Colóquio, uma *inventariação* da realidade actual, que se caracteriza por uma dispersão da legislação do urbanismo e por algumas soluções pontuais de unificação dos regimes jurídicos de algumas áreas do direito do urbanismo; de seguida, analisar-se-ão algumas das *modalidades possíveis* da codificação das normas gerais do urbanismo: uma codificação global, uma codificação parcial ou uma simples compilação da legislação geral do urbanismo?; em terceiro lugar, serão discutidas as *vantagens* e *inconvenientes* da codificação global da legislação do urbanismo, procurando-se uma *perspectiva integrada*, com expressão da visão dos juristas e dos urbanistas; em quarto lugar, serão apresentadas as experiências alemã e francesa de *codificação* do direito do urbanismo, bem como as tentativas de codificação que vêm sendo feitas no direito italiano; e, por último, no caso de se responder afirmativamente à conveniência, à utilidade e à actualidade da elaboração e aprovação de um Código de Urbanismo para o nosso País, apontar-se-ão a *estrutura* e o *conteúdo* possíveis de um tal Código.

Depois de terem sido introduzidas nos últimos anos profundas reformas em vários textos legais respeitantes ao urbanismo, parece ser esta a altura ideal para os políticos e a comunidade científica reflectirem sobre a oportunidade de elaboração e aprovação de um Código de Urbanismo, que constitua um remédio eficaz contra a dispersão, a dificuldade de concatenação e inclusive a colisão entre as *fontes gerais* do Direito do Urbanismo e seja um instrumento de modernização e de eficácia da administração urbanística e de reforço do Estado de direito.

Proferidas algumas palavras de *agradecimento*, de *júbilo* e de *justificação* da escolha do tema deste Colóquio, quero terminar com umas breves palavras expressivas de uma *profunda convicção*: a firme certeza de que este Colóquio Internacional vai ser um *êxito*. Estão, de facto,

Sessão de abertura

reunidos todos os ingredientes para esse efeito: um naipe de Conferencistas e de Moderadores de elevadíssima qualidade; um tema de inegável interesse e actualidade; e um conjunto numeroso, diversificado e interessado de participantes.

O *êxito* deste Colóquio Internacional não vai ser medido pela resposta *definitiva* (de carácter positivo ou negativo) que, porventura, venha a ser dada à elaboração e aprovação, no actual estádio de desenvolvimento do direito do urbanismo português, de um Código de Urbanismo, mas sim pela *profundidade do debate* sobre a *oportunidade* ou *inoportunidade* e sobre a *conveniência* ou *inconveniência* da realização, nos tempos mais próximos ou no futuro, de um tal empreendimento.

Obrigado pela atenção e votos de um excelente trabalho.

UM CÓDIGO DE URBANISMO PARA PORTUGAL?

Prof. Doutor Joaquim Gomes Canotilho
(Presidente do Conselho Directivo de Centro
de Estudos de Direito do Ordenamento,
do Urbanismo e do Ambiente)

O tema deste Colóquio Internacional faz-nos regressar ao início das actividades do CEDOUA – deste Centro de Estudos de Ordenamento, do Urbanismo e do Ambiente. Com efeito, uma das primeiras realizações do CEDOUA foi um Colóquio subordinado ao tema: "Será possível e necessário um Código do Ambiente?" Desta vez, a interrogação que se coloca é esta: "O que dizer de um Código do Urbanismo para Portugal?"

À primeira vista não deixa de ser intrigante a obsessão perante a ideia e necessidade de Código. Parece que não temos outra preocupação senão a de unificar, arquivar, codificar e juntar fragmentos. Ali, normas ambientais. Aqui, normas urbanísticas. Acolá normas de ordenamento. A perspectiva do nosso centro é bem outra. Não se trata apenas de um trabalho de concatenação, mas de uma estimulante tarefa de leitura crítica, global e criadora da rede regulativa do urbanismo.

1. O urbanismo convoca necessariamente o debate sobre as **identidades colectivas** e as **identidades diferenciadas** da cidade. Das zonas históricas às áreas urbanas de génese ilegal, dos lugares sedimentados das cidades aos não lugares em movimento, das rumores suburbanos de imigrantes aos rumores centrais das redes de casinos, tudo nos convoca para um exercício de captação dos rumores, das particularidades, das fractalidades e das pluralidades das sociedades urbanas.

2. O segundo mote que nos conduziu ao tema do colóquio pode enunciar-se assim: como é que se podem juntar os fragmentos da rede

de ordenação urbana? Juntar fragmentos apela necessariamente a olhares plurais: dos arquitectos, dos urbanistas, dos engenheiros, dos ambientalistas, dos juristas, dos historiadores, dos autarcas, dos políticos, das associações cívicas, do povo. Olhar interdisciplinar, transdisciplinar, multidisciplinar.

3. A terceira ideia central reconduz-nos às ideias de **heteroregulação** e **autoregulação** do urbanismo. As exigências indeclináveis de normas sobre a utilização dos solos, sobre planos urbanísticos, sobre expropriações e licenciamentos, sobre reconversões urbanas e reposições de terrenos, pressupõem, como é óbvio, comandos e heteroregulações. Mas as interacções, as mutações, os movimentos, a condição urbana não podem viver sem autoconformações, sem liberdade criativa, sem rumores plurais. A tarefa a que este colóquio se propõe passará necessariamente por esta suspensão reflexiva sobre a heteronomia reguladora do urbanismo e autonomia regulativa dos agentes dinamizadores dos espaços urbanísticos.

4. A quarta ideia é claramente uma **intriga**. Como é que as cidades magmáticas, as anarquias progressivas das urbes e das "vilas privadas", as cartas de rumores multiculturais que, em princípio, reclamariam regulações pos-modernamente dispersas, diferentes e dissidentes, sugerem também a indispensabilidade das regras unitárias, sistemáticas, coerentes e congruentes? Afinal, como é que é possível chegar a um código pós-moderno, sem abandonarmos as dimensões de ordem, previsibilidade, calculabilidade e segurança tão caras aos juristas da modernidade? A resposta é vossa.

Para terminar estas breves palavras, resta-me agradecer a todos os que directa ou indirectamente contribuíram para a realização deste colóquio. Os órgãos directivos da nossa Faculdade já nos habituaram a este lema: liberdade de criação, de investigação e da acção com todo o apoio possível da Escola. O Doutor Fernando Alves Correia, na dupla qualidade de Vice-Presidente do CEDOUA e de Presidente Conselho de Administração da Associação Portuguesa do Direito de Urbanismo tem sido incansável na internacionalização das grandes questões do urbanismo. Depois de um primeiro colóquio, pleno de sucesso, sobre o financiamento do urbanismo, concebeu e dinamizou a feitura deste segundo encontro. A ele gostaríamos de deixar um abraço de cumplicidade.

Da Escola para fora da Escola, os custos destas organizações são conhecidos. Temos tido a sorte de algumas empresas – industriais e financeiras – acompanharem as nossas iniciativas com patrocínios generosos, absolutamente indispensáveis ao êxito destes projectos. Um público Bem Hajam.

Permitam-nos volver os olhos para as autoridades centrais e locais. A vossa presença – que, permita-se-nos a confissão – não raras vezes no passado foi marcada por humilhantes ausências nas cerimónias da nossa Universidade –, demonstra que é possível o diálogo entre o poder político e os centros universitários, sem subserviências ou oportunismos.

UM CÓDIGO DE URBANISMO PARA PORTUGAL?

Prof. Doutor Manuel Porto
(Presidente do Conselho Directivo da Faculdade
de Direito da Universidade de Coimbra)

É-me especialmente agradável proferir umas breves palavras na abertura deste colóquio.

Como Presidente do Conselho Directivo da Faculdade apraz-me registar que seja mais uma vez um dos seus institutos, neste caso o CEDOUA, a tomar uma iniciativa de grande relevo.

Para o seu êxito, testemunhado pela adesão verificada, enchendo este anfiteatro, contribui sem dúvida a importância da área temática sobre que se debruça. Trata-se de área, o direito do urbanismo, quase não considerada no plano de estudos da Faculdade quando eu era aluno, há quatro décadas, mas que depois foi ganhando um relevo crescente, com o aprofundamento feito por ilustres cultores do direito público, no nosso e nos demais países.

Assim foi acontecendo em resposta, muitas vezes tardia, a problemas que se foram sentindo na prática urbanística, com a consciência da importância desta envolvência no bem-estar do dia-a-dia dos cidadãos. Mas é sempre tempo de se colherem os ensinamentos do passado, mesmo dos erros cometidos, assegurando-se que no futuro sejam melhores as políticas seguidas.

Um motivo adicional de atracção desta área temática, que se reflecte nos participantes neste colóquio, está na sua interdisciplinaridade: envolvendo arquitectos, engenheiros, sociólogos, geógrafos, economistas, juristas e ainda outros profissionais, todos sensibilizados e empenhados, com a sua formação, na revitalização do nosso tecido urbano.

No meu caso particular, compreenderão que refira ainda o meu envolvimento pessoal, durante mais de uma década, numa instituição com responsabilidades neste domínio, a Comissão de Coordenação da Região Centro. Congratulo-me por isso de um modo muito especial com todos os contributos que possam ser dados, tendo sentido da perto a importância e a delicadeza dos problemas.

Dentro da área temática em causa, o colóquio debruça-se por seu turno sobre um problema de grande actualidade, o problema de saber se deve haver um Código de Urbanismo no nosso país, com o aliciante de haver bons argumentos contra e bons argumentos a favor. Estão aliás nesta sala defensores de uma e outra destas posições, aguardando-se com o maior interesse a defesa dos seus argumentos.

A segunda razão do êxito antecipado deste colóquio está aliás na qualificação dos autores das comunicações, que aceitaram o convite dos organizadores, bem como de muitos dos demais participantes, que darão o seu contributo nas discussões que vão seguir-se.

Congratula-nos ainda, a mim e à Faculdade, que os peritos que participam sejam de várias entidades, universitárias e não universitárias, portuguesas e estrangeiras, neste caso da Alemanha, da França e da Itália. Verificar-se-á assim uma permuta de conhecimentos e experiências que a todos aproveitará, tendo a Faculdade de Direito da Universidade de Coimbra um especial gosto em que tenha lugar nas suas instalações.

A todos os que vêm de fora desejo uma boa estadia e exprimo a esperança de voltar a vê-los em breve.

Quero agradecer ainda de um modo particular a presença do Senhor Ministro das Cidades, do Ordenamento e do Ambiente, apresentando uma comunicação.

Sendo a primeira vez que temos a honra de o ter na Faculdade de Direito desta cidade no exercício das funções que agora desempenha, não posso deixar de sublinhar ainda a decisão que tomou em relação ao processo de co-incineração. De acordo com uma interpretação correcta e responsável do princípio da precaução, não deixou avançar um processo que não está provado que seja inócuo para as populações, tal com era reconhecido pelos próprios defensores. Pondo-se em primeiro lugar a saúde das populações, acima de quaisquer outros interesses, terá de se encontrar uma solução que, de qualquer forma, será por certo longe de qualquer aglomerado urbano.

Por fim, quero agradecer e felicitar vivamente todos os que contribuíram para o êxito deste colóquio, com especial relevo para o meu Colega e Amigo Doutor Fernando Alves Correia, o grande dinamizador e organizador da iniciativa.

UM CÓDIGO DE URBANISMO PARA PORTUGAL?

Dr. Isaltino Morais
(Ministro das Cidades,
Ordenamento do Território e Ambiente)

Senhor Presidente do Conselho Directivo da Faculdade de Direito da Universidade de Coimbra e Presidente do Conselho Directivo do CEDOUA

Senhor Vice-Presidente do Conselho Científico da Faculdade de Direito

Secretário de Estado, Governador Civil

Senhor Presidente do Conselho de Administração da APDU

Senhor Representante da A.N.M.P.

Senhor Presidente da Câmara Municipal de Coimbra

Senhores Professores

Senhores Dirigentes e Técnicos das Administrações Públicas aqui presentes

Senhores Estudantes

Minhas Senhoras meus Senhores

Em boa hora decidiram a Faculdade de Direito da Universidade de Coimbra, o Centro de Estudos de Direito do Ordenamento, do Urbanismo e do Ambiente e a Associação Portuguesa de Direito do Urbanismo promover este ciclo de colóquios subordinados ao mote *"Um Código de Urbanismo para Portugal?"*

A primeira palavra é, pois, para saudar a iniciativa e os seus promotores, sobretudo pela actualidade do tema e pelo contributo que pretendem dar para a reflexão sobre tão relevante questão.

Uma segunda palavra.

Esta de agradecimento pelo convite que me foi dirigido para abrir este ciclo de colóquios perante plateia de notáveis cultores de ciências-jurídicas e dos saberes ligados ao ordenamento do território, ao urbanismo e ao ambiente.

A formulação interrogativa do tema deste ciclo de debates faz antever uma saudável discussão sobre o que é o melhor para o ordenamento jurídico português: se um código que concentre e sistematize as normas deste cada vez mais importante sub-ramo do direito administrativo; ou se, diversamente, a coerência sistémica se pode e deve conseguir através da boa técnica e da boa prática legislativa aplicadas aos diferentes âmbitos normativos pelos quais se desdobra a panóplia de regimes no quadro do conceito muito amplo de urbanismo.

Retoma-se a este pretexto um velho debate na doutrina nacional.

Desde 1836 que o País dispõe de um assim chamado Código Administrativo. Instrumento de descentralização administrativa adoptado pelo Governo de Passos Manuel contra as reformas de sentido contrário de Mouzinho da Silveira, este modelo repetiu-se ao longo dos séculos XIX e XX através de sucessivas propostas de sistematização de uma parte – durante longos anos importante – do nosso ordenamento jurídico-administrativo: a do direito administrativo da administração local.

A verdade, porém, é que nunca existiu entre nós uma verdadeira tendência para a codificação geral do direito administrativo. E julgo não faltar ao rigor se disser que também nunca existiu séria reivindicação doutrinária para a sua existência.

O que existiu, desde sempre, foi a consciência da dispersão das normas de direito material administrativo. E, mais sentidamente após a entrada em vigor da Constituição de 1976 com o reforço das garantias dos particulares, uma pulverização, também, das normas de natureza adjectiva.

À dispersão da legislação no universo cada vez mais alargado do direito administrativo, a principal doutrina não deu, bem vistas as coisas, respostas muito diferentes.

Certo é que o Professor Marcello Caetano sempre pugnou pela codificação. Todavia, bem ponderados os seus ensinamentos, julgo que se poderá afirmar que a bondade da solução codificadora para ele se centrava, fundamentalmente, na necessidade de dispormos de um conjunto de princípios e normas, coerentes e sistematizadas, que constituíssem, por assim dizer, a parte geral do direito administrativo português.

O insigne professor escrevia no seu Manual que *"justamente a multiplicidade e a dispersão das instituições e das normas da administração pública moderna exigem que com urgência se estabeleçam os regimes-padrão num Código Administrativo a que todos os serviços obedeçam"*.

Era, pois, a concepção que apontava para a necessidade de codificação de um direito administrativo comum.

Outra era, aqui na Escola de Coimbra, a concepção.

O Professor Afonso Rodrigues Queiró entendia, face à necessidade de não ser suficiente a sedimentação doutrinária dos principais momentos normativos do direito administrativo, que o movimento da codificação deveria materializar-se em codificações sectoriais das diferentes subespécies do direito da Administração Pública.

Outros, com o Professor Freitas do Amaral, defendem a síntese entre estas duas posições tradicionais, considerando conveniente a codificação da parte geral do direito administrativo, e possíveis, necessárias e urgentes as sistematizações sectoriais.

Este debate poderá, *mutatis mutantis*, transferir-se para o campo do direito do ordenamento do território e do urbanismo.

É que, todos o sabemos, alastra cada vez mais a legislação nestes domínios. Situação que é tanto mais visível quanto é certo que ao núcleo essencial das matérias que com eles têm a haver, se associa um conjunto de leis avulsas sobre defesa do ambiente, da conservação da natureza e da biodiversidade, algumas das quais em resultado dos processos de transposição para o direito nacional de directivas comunitárias, ou resultantes da necessária harmonização entre o direito comunitário e o direito português.

É possível no entanto surpreender, no enorme acervo normativo que respeita ao ordenamento do território e ao urbanismo, conjuntos razoavelmente delimitados, atravessados por princípios e regras que constituem, por assim dizer, subsistemas desta parcela do direito do urbanismo.

Para além da Lei de Bases da Política de Ordenamento do Território e do Urbanismo (Lei n.º 48/98, de 11 de Agosto) onde repousam os grandes princípios e directivas, num breve exercício, feito naturalmente sem qualquer base técnica ou científica mas somente no propósito de ilustrar esta minha despretensiosa exposição, foi-me possível identificar os seguintes conjuntos de normas, agrupando-as pelo critério do objecto:

- Normas sobre utilização do solo.
- Normas sobre políticas de solos
- Normas sobre instrumentos de gestão do território
- Normas sobre execução dos planos
- Normas sobre urbanização e edificação
- Normas sobre protecção ambiental, conservação da natureza e protecção da biodiversidade
- Normas sobre garantias dos particulares, designadamente sobre contencioso

Cada um destes conjuntos é integrado por dezenas de diplomas avulsos, alguns de natureza regulamentar emitidos em desenvolvimento de leis, mas abrangendo aspectos importantes dos regimes jurídicos.

E se quisermos adicionar, ainda identificamos normas de natureza organizatória ou de procedimento dispersos por diplomas como os que definem as atribuições e competências das autarquias locais, os poderes funcionais dos diferentes serviços da Administração Central ou as que repousam sobre a formação de actos administrativos, direito à informação, direito/dever de audiência prévia e muitas outras.

Creio, porém, que a evolução verificada nos últimos anos não aponta para a codificação geral do direito do ordenamento do território e do urbanismo, mas sim para a sistematização de alguns conjuntos relevantes de normas.

Com efeito, em 1999 foram publicados dois diplomas muito importantes: o Decreto-Lei n.º 380/99, de 22 de Setembro que aprovou o regime jurídico dos instrumentos de gestão territorial; e o Decreto-Lei n.º 555/99 de 16 de Dezembro, na versão resultante do Decreto-Lei n.º 177/2001, de 4 de Julho que aprovou o regime jurídico da urbanização e da edificação.

Entendo que o esforço feito no sentido de, nestas áreas, se construir um corpo orgânico, harmónico e sistematizado de normas jurídicas, constitui um avanço importante.

É hoje, com efeito, mais coerente o subsistema de normas nestes domínios.

Creio, porém, que não se foi tão longe quanto se poderia no esforço de dar consistência sistémica a esses subsistemas.

Dou só um exemplo.

O Decreto-Lei n.º 380/99, ao revogar expressamente os diplomas anteriores com um âmbito material de aplicação coincidente, deixou em vigor um conjunto de diplomas específicos, mas que incidem sobre a gestão de parcelas do território.

Refiro-me, em particular, à legislação que rege os planos especiais de ordenamento do território, isto é, os planos de ordenamento de albufeiras de águas públicas, os de ordenamento de áreas protegidas e os de ordenamento da orla costeira.

A opção política parece ter sido a de estabelecer uma relação de lei geral – leis especiais.

Dir-se-á que valendo o princípio de que a lei especial – salvo norma expressa em contrário – afasta a lei geral, o problema da lógica intrínseca do sistema ficaria por aí salvaguardado.

A aplicação no dia-a-dia dos regimes tem demonstrado que não é fácil resolver os conflitos normativos por simples apelo a este princípio.

Existem notórias dificuldades nos operadores do direito em perceber quais dos segmentos do regime geral afastaram as regras dos regimes especiais, e começam a surgir leituras doutrinárias frontalmente contrárias.

Teria sido preferível, porventura, integrar no regime geral dos instrumentos de gestão territorial as normas de regimes dispersos pelos diplomas sobre os diferentes planos especiais de ordenamento do território.

Ganhar-se-ia, certamente, no plano da certeza e da clareza do Direito, condição essencial para cumprir neste âmbito o desiderato constitucional da informação jurídica e do acesso ao Direito por parte dos cidadãos.

Também no que respeita ao regime jurídico da urbanização e da edificação se optou por deixar de fora, por exemplo, o conteúdo quase integral do que ainda hoje vigora como regulamento geral das edificações urbanas, o bem conhecido RGEU que data de 1954; ou, no que respeita à urbanização, a regulamentação hoje contida na chamada lei dos solos que remonta, na sua formulação originária, a 1976.

Também aqui não é fácil ao interprete e ao aplicador do Direito percorrer o caminho de encontrar a solução legal, enredado que obrigatoriamente fica no novelo complexo de normas cujas previsões muitas vezes se aproximam e cujas estatuições apontam para soluções divergentes.

Minhas Senhoras e meus Senhores

Sei bem que a opção pela codificação do direito do ordenamento do território e do urbanismo numa perspectiva mais globalizante ou numa perspectiva sectorial é uma opção de política legislativa.

Mas é entendimento do Ministério das Cidades, Ordenamento do Território e Ambiente que não deve ser uma escolha alheia a uma consistente fundamentação técnica e científica.

Reconheço as conveniências comummente apontadas à codificação:

- Os ganhos no que à clareza do sistema dizem respeito, facilitando, por exemplo, as operações jurídicas de interpretação, de integração de lacunas ou mesmo na aplicação do Direito.
- A vantagem relevantíssima de se poder extrair de sistemas integrados, coerentes e harmónicos de normas jurídicas, princípios que orientam naquelas operações jurídicas de interpretação, a integração e aplicação.
- A evidente vantagem de facilitar ao cidadão o acesso ao direito.
- A de combater por essa via a ineficácia administrativa que encontra explicação, por vezes, na profusão e dispersão legislativas, geradoras de enormes incertezas e potenciadoras de aplicações não uniformes nos diferentes serviços da Administração Pública.

A conveniência de, conferindo lógica, clareza e harmonia ao sistema, contribuímos para o reforço das garantias dos particulares, mas também assegurando a menor permeabilidade na esfera do interesse geral.

Mas não deixa de pesar nas minhas reflexões a circunstância de nos situarmos num domínio onde estamos longe – muito longe! – de se encontrarem consolidadas social e politicamente as opções legislativas.

Se se ensina que o direito administrativo é um direito instável porque é um direito jovem, é evidente que o direito do ordenamento do território e do urbanismo é ainda de geração mais recente e por isso muito inconsistente.

O pensamento jurídico nestas matérias, perdoem-me a audácia da afirmação, não permitiu ainda a precipitação de princípios e normas que garantam um nível razoável de estabilidade do sistema.

Sessão de abertura 31

E a jurisprudência dos nossos tribunais não estabilizou ainda a níveis que permitam sem hesitações reconhecer que as vantagens da codificação se sobrepõem ao risco de permanente instabilidade.

Um código só deve ser criado quando o consenso social, a doutrina e a jurisprudência estabilizaram alguns dos momentos essenciais do sector do Direito que pretende abranger.

Mas existe outra razão que avoluma a dúvida.

Não está feita ainda uma avaliação séria do que valem os principais diplomas – sobretudo os de geração mais recente nestes domínios.

Entre nós – julgo que serei apoiado nesta afirmação – há uma excessiva tendência para legislar.

Por vezes altera-se a lei, não porque mudou a concepção política sobre a realidade objecto da norma, mas por razões puramente formais.

Há que combater esta tendência.

O poder legislativo que vise alterações a regimes existentes só deve ser accionado quando, após uma correcta avaliação para a qual deve concorrer o conhecimento científico e a prática jurisprudencial, se chegar à conclusão fundamentada que as soluções legais em vigor são soluções inadequadas.

Creio que nos domínios que serão objecto de reflexão neste ciclo de colóquios, é ainda cedo para tirar conclusões sobre a validade de soluções muito recentes.

Mais. O corpo de normas sobre planeamento, urbanização e edificação está longe de estar completo, sendo certo que, nalguns casos se detecta que é imperfeito.

Nessa medida, prioritário é pensar nos complementos normativos, designadamente dos Decretos-Lei n.os 380/99 e 555/99 e avançar para o aperfeiçoamento do que se tem revelado como constrangimento à boa aplicação da lei, tarefa que está a ser conduzida pela Secretaria de Estado do Ordenamento do Território. Pretende-se, aliás, que no esforço de avaliação, para além da atenção a dar à doutrina e à jurisprudência, a auscultação das autarquias locais, das associações, envolver as universidades e centros de investigação que serão convocados a dar os seus contributos à melhoria da legislação.

Minhas Senhoras e meus Senhores

Acabo, pois, de confessar que, nesta matéria, feito o balanço entre vantagens e inconvenientes da codificação no actual momento, o Ministro responsável pelas cidades e pelo ordenamento do território, tem dúvidas sobre a melhor solução.

Mas tem uma certeza: a de que é essencial envolver os estudiosos destas matérias, os operadores do Direito, para que da margem da dúvida se evolua para a certeza da boa escolha.

A minha presença na abertura deste ciclo de colóquios representa, assim, o testemunho da importância que representa para o Governo, e em especial para o Ministério das Cidades, Ordenamento do Território e Ambiente, as comunicações e os debates que aqui terão lugar e as conclusões a que V. Ex.as certamente irão chegar.

A autoridade científica dos eméritos conferencistas e a qualidade do ilustre auditório, deixam-me na expectativa das conclusões desta iniciativa que volto a saudar.

PAINEL I

A REALIDADE ACTUAL: A DISPERSÃO DA LEGISLAÇÃO
DO URBANISMO E AS SOLUÇÕES DE UNIFICAÇÃO
DE ALGUNS REGIMES JURÍDICOS

A REALIDADE ACTUAL: A DISPERSÃO DA LEGISLAÇÃO DO URBANISMO E AS SOLUÇÕES DE UNIFICAÇÃO DE ALGUNS REGIMES JURÍDICOS[*]

Prof. Doutor Fausto de Quadros
(Faculdade de Direito da Universidade de Lisboa)

1. Observações introdutórias

Acho muito oportuna esta reflexão sobre a codificação do Direito do Urbanismo em Portugal.

Mas convém acentuar que o primeiro problema que o Direito do Urbanismo coloca não é o da sua codificação, é o do *cumprimento* do Direito vigente. Tem existido, por vezes, em Portugal a obcessão de que é mudando as leis que se resolvem os problemas que a comunidade nacional enfrenta, quando, tantas vezes, era bem melhor que primeiro se esgotassem as potencialidades oferecidas pelas leis que estão em vigor.

Isso vale também para o Direito do Urbanismo. De nada vale mudar as leis se não se mudar de vida. E mudar de vida significa, sobretudo, e no caso que estamos a apreciar, mudar de cultura e de mentalidade quanto ao Urbanismo que o País tem e quanto ao Urbanismo que o País devia ter. Antes de se alterar o Direito em vigor seria bom, para só falar a título de exemplo, que a Administração Pública (entenda-se: autarquias locais e, no exercício de poderes tutelares, o Estado) exercesse na sua plenitude os poderes, que a lei em vigor lhe confere, no sentido de evitar a anarquia urbana que se alastra pelo País; seria bom que ela utilizasse os poderes, que a lei lhe confere, para preservar a estética urbana, a protecção da paisagem e o respeito pelas

---

[*] O texto corresponde à reprodução magnética da comunicação apresentada pelo Autor, por ele revista.

36 Um Código de Urbanismo para Portugal?

tradições culturais de cada região no domínio urbanístico; seria bom que ela cumprisse e fizesse cumprir os instrumentos de gestão territorial, designadamente os planos municipais de ordenamento do território, e que, na sua aprovação e modificação, fossem respeitados os princípios constitucionais da legalidade administrativa, da boa fé, da justiça e da proporcionalidade; etc.

Mesmo sem um Código do Urbanismo a lei vigente já permitiria, se fosse bem cumprida e aplicada, que os portugueses tivessem um urbanismo com qualidade de vida, o que há muitos anos constitui na matéria um objectivo fundamental noutros Estados mais desenvolvidos da União Europeia.

De qualquer modo, para corresponder ao tema desta mesa-redonda, vamos reflectir sobre a codificação do Direito do Urbanismo.

2. O lugar do Direito do Urbanismo na Ciência do Direito

O Direito do Urbanismo é um novo ramo do Direito Administrativo. Ou seja, é Direito Administrativo especial. Isso sem prejuízo da interferência que nele exercem o Direito Constitucional e outros ramos do Direito, como é o caso do Direito Civil (por exemplo, no domínio das servidões de Direito Privado ou das relações de vizinhança) e do Direito Criminal.

O facto de o Direito do Urbanismo consistir num ramo do Direito Administrativo torna-o subsidiário da Teoria Geral do Direito Administrativo e dos princípios fundamentais do Direito Administrativo, neste caso, do Direito Administrativo português. Concretamente, torna-o subsidiário:

a) de toda a teoria dos direitos fundamentais constante da Constituição, na exacta medida em que esses direitos fundamentais constituem limites ao exercício do poder administrativo;

b) dos princípios fundamentais aos quais a Constituição sujeita a Administração Pública e o exercício do poder administrativo, e que constam dos arts. 12.º a 23.º e 266.º e seguintes da Constituição;

c) dos princípios gerais aos quais, no desenvolvimento do texto constitucional, o Código do Procedimento Administrativo (CPA) submete, nos seus arts. 3.º e seguintes, o exercício do poder administrativo, e das demais regras definidas no CPA para o exercício do poder administrativo, e que também se aplicam à actividade administrativa em matéria de Direito do Urbanismo.

A realidade actual: a dispersão da legislação do urbanismo ...

Vamos dar um exemplo deste último ponto.

Porque – aliás, de harmonia com os princípios gerais de Direito – o acto nulo não produz efeitos de direito *ex tunc* (ou seja, *nunca* produz efeitos jurídicos) e, quando muito, para o CPA ele só produz efeitos *de facto* e, mesmo isso, com declaração expressa nesse sentido e para cada caso, e no pressuposto de o destinatário do acto se encontrar de boa fé (art. 134.º do CPA), é absolutamente injustificado e constitui mesmo uma aberração jurídica, porque contrária àqueles princípios elementares de Direito, o art. 102.º, n.º 2, do Decreto-Lei n.º 380/99, de 22 de Dezembro, segundo o qual a declaração de nulidade de planos gera o dever de indemnizar. Não só a lei não pode criar efeitos jurídicos onde eles não existem como também a lei está aqui a proteger a má-fé dos interessados (que será quase impossível demonstrar-se que se não verifica numa situação dessas), subvertendo os valores pelos quais a Ordem Jurídica (e, portanto, também o Direito do Urbanismo) se deve reger. Sem querer ser demasiado duro eu diria que do mesmo modo como defendemos que em Direito Criminal, na tipificação, na prevenção e na punição dos crimes, não deve triunfar o princípio de que "o crime compensa", não devemos consentir por mais tempo que perdure no Direito do Urbanismo a ideia de que *a nulidade e a má-fé enriquecem*. E não faz dúvida de que é essa a ideia que resulta do art. 102.º, n.º 2, do Decreto-Lei n.º 380/99, de 22 de Setembro.

Enquanto esse preceito não for retirado da Ordem Jurídica portuguesa, e sem mesmo se discutir aqui se ele não estará contrariado por normas de fonte supraconstitucional, ele deverá ser declarado inconstitucional, por violar os princípios da justiça, da boa fé, da isenção e da imparcialidade, consagrados no art. 266.º, n.º 2, da Constituição, e o princípio da igualdade, acolhido no art. 13.º também do texto constitucional. A violação do princípio da igualdade é neste caso particularmente ostensiva porque a aplicação daquele preceito do Decreto-Lei n.º 380/99 leva ao favorecimento das autarquias e dos particulares que praticam, ou colaboram na prática, de má-fé, de actos nulos, prejudicando aqueles que, de boa fé, cumprem a lei e respeitam a teoria da validade dos actos jurídicos, em geral, e dos actos administrativos, em especial, e lesando, desse modo, de forma grave, tanto o interesse público (a começar pelas depauperadas finanças públicas) como direitos doutros particulares.

Quanto à relevância que destas observações há que tirar para o tema objecto desta mesa-redonda, devo, pois, sublinhar que pessoal-

38   *Um Código de Urbanismo para Portugal?*

mente não darei o meu apoio a qualquer tentativa de autonomização do Direito do Urbanismo em relação à Teoria Geral do Direito Administrativo que vise, no Direito do Urbanismo, diminuir ou o grau de protecção dos direitos fundamentais definido na Ordem Jurídica portuguesa pelo Direito supranacional (Comunitário ou Internacional), pela Constituição ou pela lei administrativa, ou o grau de salvaguarda do interesse público e, incluindo neste último ponto de modo especial, as garantias de isenção e de imparcialidade que a Constituição impõe a toda a Administração Pública, estadual ou autárquica.

3. O problema da delimitação do objecto do Direito do Urbanismo

O Direito do Urbanismo é o Direito da Urbe, isto é, o Direito da Cidade, o Direito que disciplina a organização e o ordenamento da Cidade. Numa outra perspectiva, mas que vai dar ao mesmo, é o ramo de Direito que regula o uso do solo para um fim não conforme com a sua natureza, isto é, não conforme com o seu fim natural, que é um fim agrícola, florestal, de conservação da natureza, etc. Os alemães exprimem esse objecto do Direito do Urbanismo duma forma particularmente feliz quando o designam de *Das Städtebaurecht* (Direito do Ordenamento das Cidades).

Isto quer dizer que o Direito do Urbanismo tem um objecto ou um âmbito material mais restrito do que o do Direito que disciplina a ocupação de todo o solo, do solo em geral, e que é o Direito do Ordenamento do Território.

Portanto, o Direito do Urbanismo não se confunde com o Direito do Ordenamento do Território, que constitui um *genus* mais amplo; nem se confunde com o Direito da Construção, muito estudado em França, mas que tem um objecto mais estrito, porque o ordenamento da Cidade não engloba só a construção ou a edificação.

Mas o Direito do Urbanismo não se confunde também com o Direito do Ambiente, embora viva sob forte interferência recíproca com este ramo de Direito. E o Direito do Urbanismo não se confunde com o Direito do Ambiente porque este tem uma estrutura diferente. De facto, ele atravessa horizontalmente vários ramos de Direito e várias políticas sectoriais do Estado: a política agrícola, a política industrial, a política das pescas, a política comercial, a política da habitação, a política das

A realidade actual: a dispersão da legislação do urbanismo ...

águas e doutros recursos naturais, a política dos transportes, a política da energia, a política da saúde pública, etc.

4. O problema da codificação do Direito do Urbanismo

O que é codificar? É reunir num só diploma as regras que disciplinam um determinado instituto jurídico e, quando muito, também matérias afins a ele, dando, a esse conjunto, um regime jurídico unitário e coerente.

A codificação, assim entendida, insere-se na tradição românica da codificação, embora só nos tempos modernos ela se esteja a espalhar aos ramos do Direito Público.

Não existe hoje em Portugal um Código do Direito do Urbanismo. Por conseguinte, as matérias de Direito do Urbanismo encontram-se dispersas por vários diplomas, sem um critério de coerência lógica, assim como nos mesmos diplomas encontramos matérias que, umas são de Direito do Urbanismo, outras não o são.

A necessidade que se faz sentir de aperfeiçoar as normas vigentes em matérias de Direito do Urbanismo e, também, a necessidade que se vai fazer sentir de adaptar o nosso Direito do Ordenamento do Território e, portanto, também o Direito do Urbanismo, aos textos de base que a União Europeia vai produzir nos tempos mais próximos sobre as matérias de Ordenamento do Território e do Urbanismo, ou com reflexo directo nestas últimas, fornecem-nos um bom pretexto para se reflectir sobre a conveniência de se codificar o Direito do Urbanismo. Nesse sentido, admito que se possa codificar o Direito do Urbanismo, sem prejuízo das condicionantes que atrás enunciei.

Se se for para a codificação, entendo que um Código do Direito do Urbanismo deveria englobar as seguintes matérias:

a) os planos municipais de ordenamento do território (quando muito, também os planos intermunicipais), mas não os PROTs nem os planos especiais;

b) a parte do Direito dos Solos que interessa ao perímetro urbano;

c) e as servidões (incluindo a RAN e a REN) que englobam o perímetro urbano.

O Código não tem de incluir procedimentos administrativos especiais em matéria de Direito do Urbanismo porque aqueles cada vez mais devem estar sujeitos ao regime geral do procedimento administrativo, constante do CPA, só se justificando normas especiais a ele em casos excepcionais, devidamente fundamentados. A tentação de, através de procedimentos especiais, se fugir ao procedimento administrativo geral ou comum, que se encontra regulado no CPA, deve ser banida, porque, está provado, ou visa cercear garantias procedimentais constantes do CPA ou acaba por lesar o interesse público em nome de interesses obscuros que não devem merecer a protecção nem do Legislador nem da Administração Pública.

Pelo mesmo motivo, o eventual Código do Direito do Urbanismo não deve incluir garantias contenciosas, o que quer dizer que o Direito do Urbanismo se deve reger pelo regime geral do Contencioso Administrativo, que consta, com nível elevado de rigor e de técnica legislativa, dos novos ETAF e Código do Processo nos Tribunais Administrativos. As garantias contenciosas neles previstas, pela sua quantidade e pela sua qualidade, incluindo a vasta panóplia de providências cautelares, satisfazem plenamente as necessidades do Direito do Urbanismo, não se justificando, pois, também aqui, a definição de regimes paralelos para o Direito do Urbanismo.

Portanto, em minha opinião, o conteúdo de um eventual Código do Direito do Urbanismo deve ter um alcance minimalista, tendo de ficar fora dele, para uma dispersa legislação especial, vários regimes jurídicos, designadamente os seguintes:

a) o regime dos solos;

b) a RAN;

c) a REN;

d) as áreas protegidas;

e) o que os franceses mais recentemente vêm designando de "Direito do Litoral", isto é, as costas e as orlas costeiras;

f) as expropriações por utilidade pública. Não há razões para que estas fiquem no Código do Direito do Urbanismo, já que as expropriações para fins urbanísticos têm de se reger pelo Código das Expropriações geral ou comum. Mas tem de haver um novo Código das Expropriações, já que o actual não satisfaz ninguém, é medíocre do ponto de vista da técnica legislativa e não dá guarida nem a princípios constitucionais nem aos compromissos internacionais do Estado Português, inclusive à recente Carta dos Direitos Fundamentais da União Europeia, que se vai tornar num texto obrigatório em 2004.

Este sistema tem o inconveniente de, embora codificando o Direito do Urbanismo, manter o regime jurídico do Território (ou do

A realidade actual: a dispersão da legislação do urbanismo ...   41

Ordenamento do Território) espalhado por díspar lei especial, isto é, por vários diplomas especiais. A alternativa (que, quero sublinhá-lo, eu não excluo e até, pelo contrário, me merece alguma simpatia e, por isso, entendo que deve ser objecto de uma mais profunda reflexão) é a de se elaborar um Código do Território (ou Código do Ordenamento do Território), como o Código Civil, dividido em grandes Partes, três das quais seriam, uma, sobre o Urbanismo, outra, sobre os solos, e a terceira, sobre as servidões enquanto condicionantes do Urbanismo (designadamente, a RAN, a REN, as servidões impostas pela conservação da natureza e pela protecção da paisagem e as exigidas pela protecção das costas, da orla costeira, dos recursos naturais, do património histórico e cultural, etc.). As expropriações ficariam, forçosamente, para um Código autónomo, devido quer à importância do seu regime jurídico como regime geral de Direito Administrativo, quer ao mau tratamento que o Direito das Expropriações tem tido em Portugal. Esse Código devia regular exaustivamente as expropriações propriamente ditas, isto é, os actos *ablativos* do direito de propriedade e de outros direitos reais menores, os actos análogos às expropriações, ou seja, os velhos actos de expropriação *sem privação do domínio* (velhos, no Direito Administrativo português), dentro dos quais haveria que separar as servidões de Direito Público e as meras restrições de utilidade pública, e os actos de mera regulamentação do uso dos bens[1]. Esta orientação quanto a um Código do Território teria a vantagem de ir ao encontro do moderno Direito Internacional que obriga Portugal, e do Direito Comunitário, onde se está a codificar o Direito do Ordenamento do Território. Também nesta matéria o princípio da subsidiariedade nas relações entre os Estados membros e a União Europeia impõe que nos antecipemos na defesa dos interesses nacionais em vez de sermos forçados a ir a reboque da União Europeia por falta de previsão e de iniciativa.

---

[1] A forma demasiado sintética com temos que tratar desta questão neste lugar obriga-nos a remeter o leitor, para melhor compreender o nosso pensamento, para a nossa monografia *A protecção da propriedade privada pelo Direito Internacional Público*, Coimbra, 1998, pgs. 194 e segs., 205 e segs. e 263 e segs., com mais bibliografia e com jurisprudência sobre a matéria, e para o nosso contributo em *Responsabilidade civil extracontratual do Estado*, ed. do Ministério da Justiça, Coimbra, 2002, especialmente pg. 62.

5. Conclusão

Não me oponho à codificação do Direito do Urbanismo mas considero prioritária a criação, também nesta matéria, de uma mentalidade favorável ao cumprimento da lei, em vez de o Urbanismo continuar a ser, como é tantas vezes, um laboratório para experiências de tantos arquitectos mal preparados (também aqui bastará viajar-se pela Europa mais evoluída para se fazer a comparação) ou um palco onde se exibem actores, públicos e privados, que concorrem uns com os outros no sentido de se saber quem engana mais quem... Só criada essa mentalidade valerá a pena pensar-se em rever e codificar o Direito do Urbanismo, devendo a codificação atender às sugestões que acima deixei enunciadas para que resulte, de facto, num progresso do Direito em Portugal e numa melhoria da qualidade de vida dos portugueses, a que estes têm direito.

Coimbra, 22 de Novembro de 2002.

A REALIDADE ACTUAL: A DISPERSÃO DA LEGISLAÇÃO DO URBANISMO E AS SOLUÇÕES DE UNIFICAÇÃO DE ALGUNS REGIMES JURÍDICOS

Mestre Fernanda Paula de Oliveira
(Faculdade de Direito da Universidade de Coimbra)

SUMÁRIO

1. Considerações gerais; 2. O Decreto-Lei n.º 380/99, de 22 de Setembro e a unificação de regimes relativos ao planeamento; 2.1. O âmbito do Decreto-Lei n.º 380/99: não apenas o urbanismo, mas também o ordenamento do território; 2.2. A figura central dos planos no sistema de gestão territorial; 2.3. A situação de dispersão legislativa e a função de unificação do Decreto-Lei n.º 380/99; 2.4. A sistemática do Decreto-Lei n.º 380/99 como uma codificação parcial; 2.5. Uma tarefa mais ampla do que de simplificação legislativa: a inovação no Decreto-Lei n.º 380/99; 2.6. Algumas opções de fundo do Decreto-Lei n.º 380/99; 2.7. Uma tarefa inacabada; 3. O Regime Jurídico da Urbanização e Edificação – Decreto--Lei n.º 555/99, de 16 de Dezembro, com as alterações do Decreto-Lei n.º 177//2001, de 4 de Junho; 3.1. A unificação de regimes provocada pelo Decreto-Lei n.º 555/99; 3.2. Uma tarefa mais ampla do que de simplificação legislativa: a inovação no Decreto-Lei 555/99; 3.3. A sistemática do diploma como uma codificação parcial; 3.4. Exemplos de desarticulação de regimes e a coerência introduzida com a unificação de regimes; 4. Considerações finais; 4.1. Articulação do Decreto-Lei n.º 380/99 com o Decreto-Lei n.º 555/99; 4.2. Outras necessidades de articulação.

1. Considerações gerais

A identificação e análise de algumas experiências de unificação de regimes legais no domínio do direito do urbanismo face à dispersão legislativa na matéria, são o tema central da nossa comunicação no âmbito do presente Colóquio Internacional.

44   *Um Código de Urbanismo para Portugal?*

A procura e identificação exaustiva dessas experiências de unificação poderia levar-nos a vários exemplos, mas vamos circunscrever a nossa análise àquelas experiências que consideramos serem as mais importantes e sintomáticas, a saber, a produzida com o Decreto-Lei n.º 380/99, de 22 de Setembro, que aprovou o *Regime Jurídico dos Instrumentos de Gestão Territorial* (*rectius*, o regime jurídico dos instrumentos de planeamento do território) e a alcançada com o Decreto-Lei n.º 555/99, de 16 de Dezembro (diploma entretanto alterado pelo Decreto-Lei n.º 177/2001, de 4 de Junho) que aprovou o *Regime Jurídico da Urbanização e Edificação* e que reúne, no mesmo diploma, o regime das designadas operações urbanísticas, em especial, das operações de loteamento urbano, das obras de urbanização e das obras de edificação.

Trataremos, assim, de duas experiências de unificação de regimes, uma no âmbito do *planeamento*, outra no domínio da *gestão urbanística*.[1]

Na actual situação, em que praticamente todo o território nacional já se encontra coberto por planos, planeamento e gestão urbanística são duas actividades complementares visto que é pela gestão (execução) se instrumentalizam os planos[2], não podendo haver plano sem gestão.[3]

---

[1] A gestão urbanística comporta "...*todas as actividades relacionadas com a ocupação, uso e transformação dos solos, quer sejam realizadas directamente pela Administração pública, quer pelos particulares sob a direcção, promoção, coordenação ou controlo daquela, não enquadradas no contexto específico de execução de um plano* ..." ou enquadradas nele. Cfr. Fernando Alves Correia, *As Grandes Linhas da Recente Reforma do Direito do Urbanismo Português*, Coimbra, Almedina, 1993, p. 65.

Embora gestão urbanística e execução de planos não sejam equivalentes, a verdade é que se tivermos em conta que praticamente todo o território nacional se encontra já coberto por planos (pelo menos, por planos directores municipais – embora estes, dada a escala a que são elaborados, não sejam os mais adequados para servir de base à gestão urbanística), podemos afirmar que a parte mais importante da gestão urbanística é, hoje em dia, a que corresponde à *execução dos planos*. Assim, a gestão urbanística (ou pelo menos a sua parte mais relevante), pode ser aqui definida como o conjunto de medidas e de acções em que se traduz a *implementação do processo de planeamento*, nomeadamente dos planos urbanísticos e dos seus programas de realização. Cfr. Costa Lobo e outros, *Normas Urbanísticas – Vol. I, Princípios e Conceitos Fundamentais*, DGOT/UTL, Lisboa.

[2] Cfr. Paulo Correia, *Política de Solos no Planeamento Municipal*, Fundação Calouste Gulbenkian, Lisboa.

[3] Sendo a gestão urbanística hoje em dia essencialmente uma função de instrumentalização ou de implementação dos planos, podemos afirmar que esta função

A realidade actual: a dispersão da legislação do urbanismo ... 45

É, por isso, interessante verificar ter sido precisamente nestes dois domínios que surgiram, entre nós, as primeiras experiências (sistematizadas) de unificação de regimes legais.

A escolha em tratar particularmente estes dois exemplos de unificação de regimes decorre do facto de o legislador ter assumido, de uma forma expressa, serem estas duas experiências um primeiro passo no sentido da elaboração, entre nós, de um *Código do Urbanismo*. Para o perceber basta atentar no preâmbulo do Decreto-Lei n.º 555/99, onde se afirma expressamente que *"Na impossibilidade de avançar, desde já, para uma codificação integral do direito do urbanismo, a reunião num só diploma destes dois regimes jurídicos* (dos loteamentos urbanos e das obras particulares), *a par da adopção de um único diploma para regular a elaboração, aprovação, execução e avaliação dos instrumentos de gestão territorial, constitui um passo decisivo nesse sentido"*.

É aliás curioso verificar, tendo em consideração as palavras citadas, que o legislador assume estarmos nestes casos perante situações de verdadeira *codificação parcial* do direito do urbanismo, na impossibilidade de avançarmos, desde já, para uma *codificação integral* do mesmo. Vejamos mais atentamente estas duas experiências por forma a realçar o que de mais importante delas decorre.

2. O Decreto-Lei n.º 380/99, de 22 de Setembro e a unificação de regimes relativos ao planeamento[4]

2.1. O Decreto-Lei n.º 380/99 surgiu na sequência da aprovação, entre nós, da Lei de Bases da Política de Ordenamento do Território e

---

pressupõe necessariamente um planeamento prévio ou pelo menos simultâneo, embora haja quem defenda não ser possível fazer-se uma separação radical entre planeamento e execução, sendo o processo de planeamento visto como um todo interligado entre planear/ executar/ e monitorizar. Está aqui subjacente a ideia do planeamento como um processo complexo que engloba também a gestão, aparecendo este concebido como um processo contínuo que exige um eficiente sistema de acompanhamento e monitorização, o qual é simultaneamente definidor de regras de gestão (plano-processo). Cfr. Teresa Craveiro Pereira, "O plano-processo no planeamento estratégico", in. *Sociedade e Território*, n.º 12, p. 11-25. No entanto, mesmo que assim se entenda, sempre terá de se aceitar que planear e executar são, do ponto de vista lógico, dois momentos sucessivos. Cfr. Francisco Perales Madueño e Luis Felipe Arregui Lucea, "Algunas Reflexiones Sobre el Planeamiento y la Gestión Urbanística en la Situación Actual", in. *Revista de Derecho Urbanístico,* Julho-Setembro de 1987, p. 26.

[4] O Decreto-Lei n.º 380/99 foi objecto de uma pequena alteração legislativa com

46　　　*Um Código de Urbanismo para Portugal?*

de Urbanismo (LBPOTU) – Lei n.º 48/98, de 11 de Agosto –, sendo a sua elaboração uma exigência do artigo 35.º daquela Lei de Bases.

O tratamento, no mesmo diploma legal, das bases da política do **ordenamento do território** e da política do **urbanismo** demonstra bem a estrita ligação entre estas duas disciplinas jurídicas e, portanto, a estrita ligação e complementariedade entre os respectivos instrumentos jurídicos, embora também demonstre a dificuldade do estabelecimento de fronteiras entre elas.[5] [6]

O legislador assume serem os **planos** instrumentos fundamentais comuns ao ordenamento do território e ao urbanismo, tendo optado por estabelecer para eles um regime jurídico unitário, razão pela qual o Decreto-Lei n.º 380/99 não unifica apenas o regime jurídico dos planos urbanísticos, mas de todos os planos com carácter territorial, quer se trate de instrumentos tipicamente urbanísticos, quer de ordenamento do território.

Isto significa que o Decreto-Lei n.º 380/99 é um diploma fundamental não apenas de direito do urbanismo, mas também do ordenamento do território, o que coloca a questão de saber – tendo em consideração que o legislador assume ser o Decreto-Lei n.º 380/99 uma codificação parcial que prepara o caminho para um código do urbanismo –, se um futuro Código do Urbanismo abrangerá apenas a regu-

---

o Decreto-Lei n.º 53/2000, de 22 de Setembro que com o fim de viabilizar o estabelecimento de normas provisórias (que aquele diploma extinguiu) para os planos municipais de ordenamento do território em elaboração à data da entrada em vigor deste diploma.

[5] Dificuldade que se agrava para quem tem do urbanismo uma noção ampla. Sobre as noções estrita, intermédia e ampla de direito do urbanismo vide o nosso *Direito do Ordenamento do Território*, Cadernos do CEDOUA, Almedina, 2002, p. 18 e ss.

[6] Dado o carácter mais amplo e abrangente do ordenamento do território parece-nos que a perspectiva mais correcta é aquela que vê o urbanismo como um prolongamento daquele, uma vez que é o urbanismo que tem de ser enquadrado pelas opções e estratégias definidas pelo ordenamento do território. Trata-se, no entanto, de dois sectores do mundo jurídico que não podem ser tratados separadamente: não é possível entendermos os instrumentos de urbanismo se eles não forem enquadrados nas políticas e opções do ordenamento do território, mas, por outro lado, não é possível compreendermos e avaliarmos a política de ordenamento do território se não descermos a um dos sectores mais importantes da sua concretização e operacionalização — o urbanismo. Isto não significa, no entanto, que eles sejam a mesma coisa e que não seja possível distingui-los, pelo menos, com base em critérios mistos e tendenciais. Cfr. o nosso, *Direito do Ordenamento do Território*, cit., p. 23 a 27.

A realidade actual: a dispersão da legislação do urbanismo ...

lação dos planos urbanísticos propriamente ditos ou se, pelo contrário, também aí deverão ser integrados os instrumentos de planeamento com funções e objectivos típicos de ordenamento do território.

Quanto a nós, tendo precisamente em consideração a estrita ligação entre estas duas disciplinas e a impossibilidade de um urbanismo não enquadrado pelas opções de ordenamento do território, a solução só poderá ser no segundo sentido apontado, razão pela qual um futuro Código do Urbanismo não poderá deixar de intervir também em domínios de ordenamento do território.

2.2. Uma das críticas frequentemente apontada ao Decreto-Lei n.º 380/99 durante o período em que, antes da respectiva aprovação, esteve sujeito discussão pública, foi a de que, na sua perspectiva, os únicos instrumentos de gestão do território são *planos*. Com efeito, tal como decorre claramente do artigo 2.º deste diploma, na sequência dos artigos 7.º a 9.º da LBPOTU, apenas os planos (desde os de carácter nacional, passando pelos de carácter regional, e terminando nos de âmbito municipal) são regulados neste diploma legal. O epíteto de *plano-cêntrico* ainda hoje se mantém.

2.3. Não há dúvida de que a principal tarefa empreendida pelo Decreto-Lei n.º 380/99 foi a de reduzir a complexidade traduzida pela ampla dispersão legislativa que vigorava entre nós em matéria de planos/planeamento. Podemos afirmar que na situação anterior à entrada em vigor deste Decreto-Lei, existia praticamente um diploma por tipo de plano.

Com efeito, a situação legislativa em Portugal, imediatamente antes do Decreto-Lei n.º 380/99, em matéria do regime jurídico dos instrumentos de planeamento territorial, era a que se apresenta no seguinte quadro expositivo (não exaustivo) [7]:

---

[7] No quadro que a seguir se apresenta será feita referência apenas aos diplomas base, que, na maior parte das vezes, foram sucessivamente alterados ao longo dos anos em que se mantiveram em vigor. Para uma identificação dessas sucessivas alterações vide Fernando Alves Correia, *Direito do Urbanismo (Legislação Básica)*, Coimbra, Almedina, 1998.

Regime jurídico	Diploma
1. Planos municipais de ordenamento do território (PMOT)	➤ Decreto-Lei n.º 69/90, de 2 de Março
2. Planos regionais de ordenamento do território (PROT)	➤ Decreto-Lei n.º 176-A/88, de 18 de Maio
3. Planos especiais de ordenamento do território (PEOT)	➤ Decreto-Lei n.º 151/95, de 24 de Junho
➤ planos de ordenamento de áreas protegidas	➤ Decreto-Lei n.º 19/93, de 23 de Janeiro
➤ planos de ordenamento de albufeiras de águas públicas	➤ Decreto-Regulamentar n.º 2/88 de 20 de Janeiro
➤ planos de ordenamento da orla costeira	➤ Decreto-Lei n.º 309/93, de 2 de Setembro

Analisando atentamente alguns dos diplomas referidos no quadro anterior, podemos concluir ter existido por parte do legislador, ainda antes do Decreto-Lei n.º 380/99, preocupações de unificação de regimes jurídicos, como aconteceu em matéria de planos especiais de ordenamento do território. Com efeito, tendo em consideração que no tocante aos planos de iniciativa da Administração directa e indirecta do Estado não estava definido, ao contrário do que acontecia com os planos municipais de ordenamento do território, um regime jurídico uniforme quanto ao procedimento de elaboração, natureza jurídica e hierarquia em relação aos restantes instrumentos de planeamento, o legislador decidiu, em 1995, através do Decreto-Lei n.º 151/95, proceder a essa unificação.

Tal unificação, ao contrário do que inicialmente se pretendia, abrangeu apenas os planos de ordenamento de áreas protegidas, os planos de ordenamento albufeiras de águas públicas e os planos de ordenamento da orla costeira. [8] No entanto, este diploma não reuniu todo o

---

[8] Inicialmente o Decreto-Lei n.º 151/95 pretendia sujeitar ao mesmo regime nele regulado também os planos de ordenamento florestal, os planos de ordenamento de expansão de portos, os planos integrados de habitação e os planos de salvaguarda do

A realidade actual: a dispersão da legislação do urbanismo ... 49

regime jurídico relativo a este tipo de planos (apenas, como referimos, passou a regular as questões procedimentais, de natureza jurídica e de relacionamento com os restantes instrumentos), razão pela qual, em tudo o restante, se manteve em vigor o Decreto-Lei n.º 19/93, de 23 de Janeiro (quanto aos planos de ordenamento de áreas protegidas), o Decreto-Lei n.º 309/93, de 2 de Setembro (relativo aos planos de ordenamento da orla costeira) e ainda o Decreto-Regulamentar n.º 2/98, de 20 de Janeiro (no que concerne aos planos de albufeiras de águas públicas).[9]

Para além dos tipos de planos constantes do quadro supra referido, existia ainda uma variedade de outros instrumentos contendo regras relativas à ocupação, uso e transformação dos solos, umas vezes expressamente designados por *planos* [v.g. os planos regionais de ordenamento florestal e os planos de gestão florestal – cfr. Lei n.º 33/96, de 17 de Agosto, que aprovou a Lei de Bases da Política Florestal –, o Plano Rodoviário Nacional, os planos de salvaguarda do património cultural, etc.)], outras vezes sem essa designação, mas que produziam o mesmo efeito jurídico que aqueles.[10]

Problemático quanto ao regime jurídico de cada um destes instrumentos era, não só o facto de ele se encontrar disperso por um número variadíssimo de diplomas, como ainda o facto de alguns deles não terem sequer um regime jurídico definido, limitando-se a lei a prever as sua existência – foi o que aconteceu, durante muito tempo, designadamente, com os planos de salvaguarda do património cultural.

2.4. Precisamente para fazer face à dispersão legislativa acabada de referir com a indicação de apenas alguns exemplos, o Decreto-Lei n.º 380/99 pretendeu, numa linha de simplificação legislativa, reunir,

---

património cultural. Porém, com a Lei n.º 5/96, de 29 de Fevereiro, estes planos foram excluídos do regime daquele diploma.

[9] Naturalmente estes normativos apenas se mantiveram em vigor em tudo aquilo que não tocasse com as matérias que passaram a ser objecto do Decreto-Lei n.º 151/95.

[10] Exemplos típicos de instrumentos definidores de regras relativas à ocupação, uso e transformação dos solos que não são formalmente designados por planos, são os que decorrem da classificação das áreas protegidas de âmbito nacional – Parque Nacional, Reserva Natural, Parque Natural e Monumento Natural. Com efeito, cada área é classificada através de um Decreto-Regulamentar que define, até à entrada em vigor do respectivo plano de ordenamento, os actos ou actividades condicionados e proibidos (cfr. artigo 13.º do Decreto-Lei n.º 19/93).

50 *Um Código de Urbanismo para Portugal?*

num único diploma, os aspectos mais importantes do regime jurídico relativo ao planeamento do território (sem curarmos agora de saber se estamos perante planos tipicamente urbanísticos ou planos mais enquadrados e orientados por objectivos típicos de ordenamento do território).[11]

Uma leitura atenta deste diploma vai permitir identificar nele uma estrutura e uma sistemática muito própria e próxima da estrutura de um código, o que é compreensível para um diploma que tem a pretensão de proceder a uma codificação parcial: a codificação do planeamento ou dos planos (aqui designados de instrumentos de gestão territorial).

Na referida sistemática é possível identificar:

1) uma *parte geral* aplicável a todos os instrumentos de gestão territorial, (relativa, designadamente, à fundamentação das respectivas previsões; ao direito à informação e ao direito à participação no planeamento; às garantias dos particulares; aos interesses públicos com expressão territorial que devem ser adequadamente ponderados no procedimento de planeamento; dando-se especial relevo às regras específicas relativas à *coordenação das intervenções* das diferentes entidades com atribuições sobre o território e às regras particulares sobre as relação entre os citados instrumentos, (designadamente, regras de hierarquia e de coordenação das respectivas disposições) – cfr. artigos 1.º a 25.º;

2) uma *parte especial* para cada instrumento, regulando a lei, primeiro, os instrumentos de gestão territorial de *âmbito nacional* (Programa Nacional da Política de Ordenamento do Território, planos sectoriais[12] e planos especiais de ordenamento do território

---

[11] Não pretendemos, naturalmente afirmar que um determinado plano incidente sobre o território tenha de estar integrado necessariamente numa destas duas categorias, tendo de ser, ou um plano urbanístico, ou um plano de ordenamento do território. O mais certo é podermos, em relação à maior parte deles, identificar objectivos e funções tipicamente urbanísticas e objectivos e funções tipicamente de ordenamento do território. Exemplo de um plano com preocupações típicas destas duas disciplinas jurídicas é, quanto a nós, o plano director municipal.

[12] Estamos, neste caso, perante planos com incidência territorial da responsabilidade dos diversos sectores da Administração central, nomeadamente no domínio dos transportes, das comunicações, da energia e recursos geológicos, da educação e da formação, da cultura, da saúde, da habitação, do turismo, da agricultura, do comércio e indústria, das florestas e do ambiente (n.º 3 do artigo 9.º da LBPOTU). Para efeitos do regime previsto no Decreto-Lei n.º 380/99, os planos sectoriais abrangem também os

A realidade actual: a dispersão da legislação do urbanismo ... 51

– abrangendo, estes últimos, os planos de ordenamento de áreas protegidas, os planos de ordenamento de albufeiras de águas públicas e os planos de ordenamento da orla costeira), os de *âmbito regional* (planos regionais de ordenamento do território) e os de *âmbito municipal* (planos intermunicipais de ordenamento do território e planos municipais de ordenamento do território – estes últimos abarcam os planos directores municipais, os planos de urbanização e os planos de pormenor). [13] [14] – cfr. artigos 26.º a 92.º e 144.º a 151.º.

3) Uma parte relativa à **dinâmica** dos instrumentos de gestão territorial (revisão, alteração e suspensão) – artigos 93.º a 100.º –, e às consequências da **violação destes instrumentos** – artigos 101.º a 106.º.

4) Uma parte com **regras específicas para os instrumentos de gestão territorial directamente vinculativos dos particulares** (que são, nos termos deste diploma, *apenas* os planos municipais de ordenamento do território e os planos especiais de ordenamento do território). É o caso das normas relativas:

4.1) às **mediadas cautelares** das normas do plano enquanto este se encontra em elaboração (medidas preventivas e suspensão da concessão de licenças) – artigos 107 a 117.º;

---

regimes territoriais definidos ao abrigo de lei especial e ainda as *decisões sobre a localização e a realização de grandes empreendimentos públicos com incidência territorial* (cfr. n.º 2 do artigo 35.º do Decreto-Lei n.º 380/99).

[13] De realçar que no presente diploma legal se integram ainda na classe de *plano de pormenor*, embora com um conteúdo simplificado, o *projecto de intervenção em espaço rural*, o *plano de edificação em área dotada de rede viária*, o *plano de conservação, recuperação ou renovação do edificado*, o *plano de alinhamento e cércea* e o *projecto urbano* – cfr. n.º 2 do artigo 99.º do Decreto-Lei n.º 380/99. Estamos, nestes casos, comparativamente com o regime anterior, perante um alargamento da tipicidade dos instrumentos de planeamento. De notar, contudo, que os citados planos de pormenor apenas são simplificados no que concerne ao respectivo conteúdo e não já no que diz respeito ao procedimento da sua elaboração, já que este é rigorosamente igual ao procedimento de elaboração dos planos de pormenor ditos de *conteúdo normal.*

[14] Note-se que com a intenção de facilitar a leitura e a utilização do presente diploma, as normas relativas a cada instrumento de gestão territorial apresentam sempre a mesma sistemática: noção e âmbito territorial de aplicação; objectivos; conteúdo (material e documental); e procedimento de elaboração (elaboração propriamente dita; acompanhamento/ concertação; participação dos interessados; aprovação; avaliação e eficácia).

52 Um Código de Urbanismo para Portugal?

4.2) à **execução dos planos municipais** de ordenamento do território (com identificação dos sistemas e dos instrumentos próprios para a referida execução) – artigos 118.º a 134.º;

4.3) à **compensação (perequação) de benefícios e encargos** decorrentes dos planos – artigos 135.º a 142.º, e, ainda,

4.4) às **expropriações dos planos** que conferem aos interessados direito a uma indemnização (que correspondem a verdadeiras expropriações de sacrifício) – artigo 143.º.

2.5. A visão geral do Decreto-Lei n.º 380/99 permite-nos chegar a uma conclusão da máxima importância que é o facto de não estarmos perante um diploma que se limita a reunir no mesmo texto legal matérias que até aí se encontravam dispersas por vários diplomas, destinando-se ele também a regular, pela primeira vez e de uma forma completamente inovatória, matérias fundamentais a que a legislação nacional tinha estado absolutamente alheia até esse momento (é o caso das matérias relativas à execução dos planos, à perequação de benefícios e encargos; às expropriações dos planos; à avaliação, etc.).

Também é neste diploma, em concretização do disposto na alínea c) da Lei n.º 48/98, que pela primeira vez se consagra e regula a *ponderação de todos os interesses públicos e privados relevantes tocados pelos planos*, ponderação essa que necessariamente tem de estar subjacente a qualquer planeamento (cfr. em especial, quanto à ponderação dos interesses públicos, o disposto nos artigos 8.º e ss. do Decreto-Lei n.º 380/99).[15]

2.6. Com o presente diploma o legislador pretendeu efectivamente (pelo menos foi essa a sua intenção) proceder a uma codificação parcial (ou seja, a uma codificação de toda a matéria relativa ao planeamento do território em Portugal), que, a partir dele passa a ter um só regime uniforme.

Um dos aspectos de relevo desse regime é a opção clara de que apenas terão a força jurídica de *instrumentos de gestão territorial* todos

---

[15] Sobre esta importante tarefa cfr. Fernando Alves Correia, *Manual de Direito do Urbanismo*, Coimbra, Almedina, 2002, p. 298 e ss. e José Maria Rodríguez Santiago, *La Ponderación de Bienes e Interesses en el Derecho Administrativo*, Marcial, Pons, Madrid/Barcelona, 2000. Este último autor vê na ponderação um verdadeiro *método jurídico*.

aqueles que se reconduzam a um dos tipos de *"plano"* aí expressamente regulados, razão pela qual todos os instrumentos que não se enquadrem nesses tipos só valerão como instrumento de gestão territorial se forem a eles reconduzidos. Isto mesmo é o que decorre do artigo 154.º, nos termos do qual todos os instrumentos de natureza legal ou regulamentar com incidência territorial actualmente existentes se terão de adequar aos instrumentos de gestão territorial aí previstos.

Para além disso, de todos eles, apenas dois têm capacidade para conter normas jurídicas relativas à ocupação, uso e transformação dos solos *directamente vinculativas para os particulares*: os planos municipais de ordenamento do território e os planos especiais de ordenamento do território (cfr. artigo 11.º da LBPOTU e artigo 3.º do Decreto-Lei n.º 380/99). Por isso mesmo o n.º 2 do citado artigo 154.º impôs às comissões de coordenação regional a identificação, no prazo de um ano a partir da entrada em vigor do Decreto-Lei n.º 380/99, das normas directamente vinculativas dos particulares a integrar em planos municipais ou especiais de ordenamento do território, cabendo, depois disso, ao Governo e aos municípios a alteração, respectivamente dos planos especiais e dos planos municipais de ordenamento do território, por forma a integrar aquelas. Tais normas só manterão o seu carácter directamente vinculativo dos particulares na medida em que sejam integradas nestes instrumentos. Todos os restantes continuarão em vigor com a natureza de planos sectoriais, aos quais se aplicarão as regras próprias deste diploma relativas a este tipo de planos. [16]

---

[16] Quanto a nós exemplos típicos de instrumentos de natureza legal que, nos termos deste diploma, apenas serão vinculativos para os particulares se inseridos em planos municipais ou planos especiais, são a RAN e a REN ou as regras constantes dos decretos-regulamentares de classificação das áreas protegidas. Isto significa que com o Decreto-Lei n.º 380/99 se altera a natureza destes instrumentos, visto estes caracterizarem-se, até este diploma, por serem não só vinculativos para as entidades públicas – que teriam (e têm) de os cumprir, designadamente quando elaboram planos –, mas também, em relação aos particulares quando ainda não estivessem contidas naqueles.

Consequência imediata da consideração destes instrumentos como planos sectoriais é, por exemplo, a de a delimitação em concreto, pela entidade competente, de uma área como pertencente à RAN ou à REN ficar sujeita às regras próprias de elaboração previstas para os planos sectoriais, no que concerne, designadamente, à coordenação e concertação com outras entidades públicas e à participação dos particulares, o que, diga-se de passagem, é um aspecto da maior importância.

54   *Um Código de Urbanismo para Portugal?*

2.7. A pretendida tarefa de codificação parcial das questões relativas ao planeamento do território foi, no entanto, posta em causa, visto o Decreto-Lei n.º 380/99 não ter concluído a sua tarefa. Com efeito, a vigência plena de muitas das soluções consagradas neste diploma legal estava (e continua a estar) dependente da elaboração de um conjunto de diplomas complementares, de carácter regulamentar que, praticamente três anos depois, ainda não foram publicados.[17]

Se tivermos em consideração as matérias dependentes de regulamentação (cfr. artigo 155.º), facilmente se pode concluir que o presente diploma terá ficado, necessariamente, muito aquém daquilo que dele poderia ter resultado se as coisas se tivessem passado de forma diferente.

Tendo em consideração que uma situação como a aqui descrita não é propriamente inédita, com todos os inconvenientes que daí resultam para a aplicação prática dos regimes legais, parece-nos urgente que se comece a adoptar uma atitude de elaboração e publicação conjunta e simultânea dos diplomas legais e da respectiva regulamentação.

3. O Regime Jurídico da Urbanização e Edificação – o Decreto-Lei n.º 555/99, de 16 de Dezembro, alterado pelo decreto-Lei n.º 177/ /2001, de 4 de Junho

3.1. O Decreto-Lei n.º 555/99 teve a confessada intenção de rever e unificar, no mesmo diploma legal, os regimes jurídicos dos loteamentos urbanos, obras de urbanização e obras particulares, operações essas que até aí se encontravam reguladas em dois diferentes diplomas legais, nem sempre articulados entre si, a saber: o Decreto-Lei n.º 448/91, de 29 de Novembro[18] – relativo às operações de loteamento e obras de urbanização –; e o Decreto-Lei n.º 445/91, de 20 de Novembro[19] – relativo ao licenciamento de obras particulares.[20]

---

[17] Cento e vinte e cento e oitenta dias, eram os prazos fixados para a elaboração dos diplomas complementares.

[18] Diploma que sofreu as alterações introduzidas pela Lei n.º 25/92, de 31 de Agosto, pelos Decretos-Leis n.ᵒˢ 302/94, de 19 de Dezembro, e 334/95, de 28 de Dezembro, e pela Lei n.º 26/96, de 1 de Agosto

[19] Este diploma foi sucessivamente alterado pela Lei n.º 29/92, de 2 de Setembro, pelo Decreto-Lei n.º 250/94, de 15 de Outubro, e pela Lei n.º 22/96, de 26 de Julho.

[20] O processo de entrada em vigor do Decreto-Lei n.º 555/99 revelou-se extre-

3.2. É, no entanto, necessário ter em conta que este Decreto-Lei tem uma função muito mais ampla do que a de reunir num só dois diplomas distintos. É que, desde logo, ele não regula apenas as operações de loteamento, obras de urbanização e obras de construção civil, mas *todas as operações urbanísticas*, ou seja, todas as operações que implicam um uso, ocupação e transformação dos solos para fins urbanísticos, isto é, para fins não agrícolas, pecuários, florestais, mineiros ou de abastecimento de água.[21] Decorre do que vimos de afirmar que o âmbito de aplicação deste diploma é bem mais amplo do que a soma dos dois diplomas supra referidos. Para além do mais, o que acentua a nossa afirmação, veja-se, a título de exemplo, o facto de este diploma partir de uma noção mais ampla de algumas das operações urbanísticas por ele reguladas, se as compararmos com a noção que delas constava no regime anterior – é o que acontece com as *operações de loteamento* que, para efeitos deste diploma, são, não apenas as *divisões de prédios em lotes* para efeitos de construção, mas também a constituição de *um* ou de *vários lotes* resultantes do *emparcelamento de prédios autónomos* ou do seu *reparcelamento* para os mesmos fins.[22]

---

mamente complexo. Com efeito, pouco tempo depois de entrar em vigor, veio a ser suspenso por Lei da Assembleia da República de 20 de Julho (Lei n.º 13/2000) até 31 de Dezembro desse ano inclusive. Posteriormente a Lei n.º 30-A/2000, de 20 de Dezembro veio autorizar o Governo a introduzir alterações ao Decreto-Lei n.º 555/99, prolongando a sua suspensão até à entrada em vigor do Decreto-Lei a emitir ao abrigo daquela autorização legislativa. Este veio a ser publicado no Diário da República de 4 de Junho de 2001 (Decreto-Lei n.º 177/99). O Decreto-Lei n.º 177/2001 sofreu entretanto algumas rectificações introduzidas pela Declaração de Rectificação n.º 13-T/2001, de 20 de Junho.

[21] O diploma tem a preocupação de identificar, no seu artigo 2.º cada uma dessas operações, fornecendo a respectiva definição.

[22] Por os loteamentos abrangerem agora também os emparcelamentos é que se prevê a possibilidade de *"loteamentos de um só lote"*.

Na nova noção legal de loteamento, para efeitos do regime definido no Decreto-Lei n.º 555/99, cabem, pois, três diferentes operações urbanísticas que o legislador entendeu sujeitar ao mesmo regime jurídico: os *loteamentos clássicos* ou *loteamentos em sentido estrito* (que assim designamos para nos referirmos às tradicionais divisões de prédios em lotes para efeitos de construção), os *emparcelamentos* e os *reparcelamentos*. O legislador terá entendido que, implicando todas estas operações uma restruturação fundiária para efeitos de construção urbana, elas deveriam ser tratadas uniformemente, quer em matéria de sujeição a prévio controlo municipal, quer no que concerne às exigências substanciais de carácter urbanístico a cumprir.

Isto significa que muitas operações urbanísticas que até à entrada em vigor deste diploma não estavam sujeitas a controlo municipal, passam agora a ficar a ele subordinadas, através dos procedimentos de licenciamento ou de autorização.[23]

As principais razões para integrar num mesmo diploma legal as várias operações urbanísticas prende-se com a necessidade de encontrar soluções coerentes para as várias operações de intervenção do solo, criando-se regimes comuns para as situações que o justifiquem (por exemplo, em matéria de garantias dos particulares e dos deveres e ónus dos respectivos promotores), não sem deixar de ter em consideração as situações que justifiquem soluções diferentes em função da operação que esteja em causa.

3.3. A intenção de criação, por parte do legislador, de um regime coerente e comum às várias operações urbanísticas pode deduzir-se da sistemática do próprio diploma, que indicamos no quadro que a seguir se apresenta.

Dele se consegue perceber que o legislador pretendeu, também aqui, tal como fez relativamente à matéria do planeamento, estabelecer um regime jurídico para todas as operações urbanísticas que correspondesse a uma codificação parcial.

Vejamos a sua sistemática:

---

[23] O maior número de operações urbanísticas sujeitas a controlo municipal decorre também do artigo 7.º do Decreto-Lei n.º 555/99 visto que, ao contrário do que acontecia nos regimes anteriores, em que praticamente todas as operações urbanísticas promovidas pela Administração pública estavam isentas de licenciamento, no actual regime jurídico só estão isentas as operações expressamente indicadas no referido artigo 7.º. Todas as restantes operações destas entidades passam a ficar sujeitas a licença ou autorização. Sobre a diferença entre licenciamento e autorização como actos de controlo preventivo das operações urbanísticas no âmbito do Decreto-Lei n.º 555/99, e o sentido das alterações que lhe foram introduzidas pelo Decreto-Lei n.º 177/2001, cfr. o nosso "O Novo Regime Jurídico da Urbanização e Edificação. A Visão de um Jurista", in *RevCEDOUA,* n.º 8, 2001, p. 35 a 39.

A realidade actual: a dispersão da legislação do urbanismo ... 57

Introdução	Identificação das operações urbanísticas sujeitas a controlo municipal (e identificação do tipo de controlo – licença ou autorização); as operações isentas e as que podem ser dispensadas de controlo preventivo – artigos 1.º a 7.º	
Parte procedimental	Relativa apenas às questões da tramitação procedimental (do tipo procedimento preventivo em causa) independentemente das operações urbanísticas em jogo. – artigos 8.º a 40.º	– tramitação comum aos procedimentos de licenciamento e de autorização – artigos 8.º a 17.º
		– tramitação do procedimento de licenciamento – artigos 18.º a 27.º
		– tramitação do procedimento de autorização – artigos 28.º a 33.º
		– tramitação da comunicação prévia – artigos 34.º a 36
		– procedimentos especiais – artigos 37.º a 40.º
Parte substancial	Parte especial para cada operação urbanística (excluídas as questões procedimentais que ficaram tratadas antes) – artigos 41.º a 66.º	– Loteamentos urbanos – artigos 41.º a 52.º
		– Obras de urbanização – artigos 53.º a 56.º
		– Obras de edificação – artigos 57.º a 61.º
		– Utilização de edifícios – artigos 62.º a 66.º
	Parte comum a todas as operações	– Validade e eficácia das licenças e autorizações – artigos 67.º a 79.º
		– Execução dos trabalhos: início dos trabalhos; execução do trabalhos; conclusão e recepção dos trabalhos; utilização e conservação do edificado – artigos 80.º a 92.º
		– Fiscalização: sanções; medidas de tutela de legalidade – artigos 92.º a 109.º
		– Garantias dos particulares – artigos 110.º a 115.º
		– Taxas inerentes às operações urbanísticas – artigos 116.º a 117.º
Disposições finais e transitórias	– artigos 118.º a 129.º	

58 *Um Código de Urbanismo para Portugal?*

3.4. A introdução de um regime coerente entre as várias operações urbanísticas, objectivo que se pretende alcançar com este diploma legal, está bem visível nos dois exemplos que a seguir apresentamos.

Na redacção inicial, quer do Decreto-Lei n.º 445/91, quer do Decreto-Lei n.º 448/91, a falta de promoção de consulta, por parte da câmara municipal, às entidades exteriores ao município que, nos termos da lei se tinham de pronunciar sobre o projecto, determinava a nulidade do acto de deferimento do pedido de licenciamento proferido pela mesma câmara. No entanto, as várias alterações sucessivas a que os referidos diplomas foram sujeitos ao longo dos anos, acabou por determinar, a este propósito, soluções diversas no âmbito de cada uma das referidas operações urbanísticas: assim é que, a certa altura, enquanto no domínio das operações de loteamento a falta de promoção de consultas a entidades exteriores ao município gerava anulabilidade, o mesmo vício, no domínio das obras particulares, gerava nulidade, sem que nada justificasse a maior gravidade atribuída a este vício neste domínio.

Do mesmo modo, enquanto perante o deferimento tácito do pedido de licenciamento os particulares, no âmbito dos loteamentos urbanos, tinham à sua disposição duas vias judiciais (acção para o reconhecimento de direitos e a intimação judicial para a emissão do alvará), já no domínio das obras particulares dispunham apenas de uma via (a segunda daquelas).

Ora, em nenhuma das situações supra referidas se justificava um tratamento diferenciado – a existência de um só diploma permite evitar estas incoerências.[24]

4. Considerações finais

4.1. Antes de terminarmos esta nossa comunicação queríamos apenas chamar a atenção para o facto de os dois exemplos apontados de unificação de regimes – o Decreto-Lei n.º 380/99 e Decreto-Lei n.º 555/99 – terem sido levados a cabo de forma articulada entre si. Trata-se de dois diplomas que, embora não tenham entrado em vigor

---

[24] Com efeito, neste momento estes aspectos têm um tratamento uniforme no âmbito do Decreto-Lei n.º 555/99, independentemente da operação urbanística que esteja em causa.

A realidade actual: a dispersão da legislação do urbanismo ...   59

contemporaneamente, fizeram parte de um mesmo "pacote legislativo", posto a discussão pública e amplamente debatido durante o procedimento da respectiva elaboração. Por isso mesmo se verifica uma articulação entre os dois diplomas e (alguma) coerência das suas soluções.

4.2. Deve realçar-se, no entanto, que para se alcançar uma maior eficiência das soluções consagradas naqueles dois diplomas legais não basta esta articulação dos seus regimes entre si, sendo necessário ir mais longe e procurar a articulação deles com outras legislações das quais depende, com maior ou menor intensidade, o funcionamento de muitos dos mecanismos neles previstos.

Exemplo típico do que acabámos de afirmar é a necessidade de esclarecer (e consagrar), do ponto de vista da legislação notarial e registral, como é que se concretizam e operacionalizam as operações de reparcelamento do solo urbano consagradas no Decreto-Lei n.º 380/99 (instrumento simultaneamente de execução de planos e de perequação de benefícios e encargos deles decorrentes).[25]

Mas a desarticulação de regimes a necessitar de intervenção unificadora verifica-se também noutros campos. É o caso *classificação dos solos*: enquanto a Lei dos Solos fala em aglomerados urbanos, o Decreto-Lei n.º 380/99 distingue os solos urbanos dos rurais e o Código das Expropriações os solos aptos para construção dos solos aptos para outros fins.[26] Torna-se difícil, com toda esta diversidade terminológica

---

[25] Uma dúvida que a realização da operação de reparcelamento tem suscitado é a de saber se a fase do agrupamento dos terrenos de diversos proprietários dá origem a um novo prédio, sendo necessário para o efeito, efectuar diversos negócios jurídicos que permitam a constituição da compropriedade sobre o mesmo. É que, caso se confirme essa necessidade, estaremos perante negócios sujeitos a sisa e outros encargos fiscais que tornam a operação extremamente onerosa, contrariando o objectivo de interesse público que lhe está cometido expressamente pelo legislador no n.º 2 do artigo 131.º do Decreto-Lei n.º 380/99. E, se assim for, este obstáculo só poderá ser superado se for estabelecido um regime fiscal especial, designadamente, isentando de sisa e de outros encargos fiscais os negócios jurídicos necessários à anexação dos terrenos. Cfr. Sofia Plácido de Abreu, *Parecer Jurídico sobre Planos de Pormenor – Reparcelamento da Propriedade de Acordo com as Disposições do Plano*, Inédito. Sobre a solução a dar a esta questão vide Fernanda Paula Oliveira/ Sandra Passinhas, "Loteamentos e Propriedade Horizontal: Guerra e Paz!", RevCEDOUA, N.º 9.

[26] Isto para não referir outros diplomas legais com importância neste domínio que utilizam critérios diferentes de classificação dos solos.

60 *Um Código de Urbanismo para Portugal?*

e conceitual, proceder a uma aplicação correcta e destituída de conflitos dos vários diplomas legais.

Aspecto igualmente comprovativo da descoordenação é a que se verifica entre o Decreto-Lei n.º 380/99 na parte relativa à perequação e o Código das Expropriações, na parte relativa ao cálculo do montante da indemnização. Com efeito, este Código desconsidera completamente, para efeito da determinação da indemnização, se funcionou ou não, aquando da execução do plano, a perequação de benefícios e encargos. Por isso, o Código das Expropriações aponta no sentido de o terreno ser avaliado, para efeitos de determinação do montante da indemnização, em consonância com a possibilidade construtiva que o plano define, sem ter em consideração que, se ele tiver definido para a área um índice médio de utilização, o valor do solo para efeitos de indemnização não deve estar dependente do zonamento do plano, mas do respectivo índice médio.

Falta igualmente a conciliação entre as normas do Código das Expropriações relativas à determinação do montante da indemnização com as designadas expropriações dos planos previstas no artigo 143.º do Decreto-Lei n.º 380/99 – é necessário ter em conta que se o proprietário de um prédio tiver sido indemnizado com fundamento no artigo 143.º do Decreto-Lei n.º 380/99, caso venha posteriormente a ser expropriado do respectivo terreno, terá de ver descontado do montante da indemnização por expropriação o montante previamente já recebido.

Os exemplos apontados apenas comprovam que as experiências de unificação de regimes que entre nós têm sido levadas a cabo, se bem que possam ser consideradas um passo importante no sentido da codificação do urbanismo, não deixam, no entanto, de ser apenas um primeiro passo nesse sentido.

Muito está, pois, por fazer.

BIBLIOGRAFIA

• Costa Lobo e outros, *Normas Urbanísticas – Vol. I, Princípios e Conceitos Fundamentais*, DGOT/UTL, Lisboa.

• Fernanda Paula Oliveira,
    – "O Novo Regime Jurídico da Urbanização e Edificação. A Visão de um Jurista", in *RevCEDOUA*, n.º 8, 2001
    – *Direito do Ordenamento do Território*, Cadernos do CEDOUA, Almedina, 2002,

A realidade actual: a dispersão da legislação do urbanismo ...

- Fernanda Paula Oliveira/ Sandra Passinhas, "Loteamentos e Propriedade Horizontal: Guerra e Paz!", RevCEDOUA, N.º 9.

- Fernando Alves Correia,
  - *As Grandes Linhas da Recente Reforma do Direito do Urbanismo Português*, Coimbra, Almedina, 1993, p. 65.
  - *Direito do Urbanismo (Legislação Básica)*, Coimbra, Almedina, 1998.
  - *Manual de Direito do Urbanismo*, Coimbra, Almedina, 2002,

- Francisco Perales Madueño e Luis Felipe Arregui Lucea, "Algunas Reflexiones Sobre el Planeamiento y la Gestión Urbanística en la Situación Actual", in. *Revista de Derecho Urbanístico,* Julho-Setembro de 1987

- José Maria Rodríguez Santiago, *La Ponderación de Bienes e Interesses en el Derecho Administrativo*, Marcial, Pons, Madrid/Barcelona, 2000

- Paulo Correia, *Política de Solos no Planeamento Municipal*, Fundação Calouste Gulbenkian, Lisboa.

- Sofia Plácido de Abreu, *Parecer Jurídico sobre Planos de Pormenor – Reparcelamento da Propriedade de Acordo com as Disposições do Plano*, Inédito.

- Teresa Craveiro Pereira, "O plano-processo no planeamento estratégico", in. *Sociedade e Território*, N.º 12.

PAINEL II

CODIFICAÇÃO GLOBAL, CODIFICAÇÃO PARCIAL OU SIMPLES
COMPILAÇÃO DA LEGISLAÇÃO GERAL DO URBANISMO?

CODIFICAÇÃO GLOBAL, CODIFICAÇÃO PARCIAL OU SIMPLES COMPILAÇÃO DA LEGISLAÇÃO DO URBANISMO?

Prof.ª Maria da Glória Ferreira Pinto Dias Garcia
(Faculdade de Direito da Universidade
Católica Portuguesa)

> "Temos sido, entre os latinos, povo dos mais audazes e dos mais bem sucedidos nestes trabalhos de codificação. Enquanto, entre estranhos, se ergue uma voz hesitante, perguntando: *'será possível codificar a legislação administrativa?'* Entre nós, de 10 em 10 anos, ou se promulga um código ou se elabora um projecto". João Maria Tello de Magalhães Collaço, Revista Municipal, ano 1, n.º 3, p. 3.

I

1. Falar em codificação é falar num aturado trabalho jurídico--científico destinado a facilitar a vida a quem tem de, quotidianamente, realizar o direito num quadro legislativo caracterizado por muitas normas, disperso por inúmeros diplomas legais, elaborados em épocas distintas.

Se se acrescentar à codificação a ideia de que se reporta ao urbanismo em Portugal na actualidade – "*um código de urbanismo em Portugal, hoje*" é o tema deste colóquio –, a codificação desce a um concreto de todos conhecido, fica situada material, local e temporalmente.

Daí que, se se interroga sobre a necessidade de um código do urbanismo em Portugal, hoje, a consciência da realidade dos factos e o conhecimento do direito em vigor parecem conduzir a uma única resposta: a afirmativa. Por outras palavras, e sem mais, a codificação parece ser um bem e um bem que seguramente justifica o esforço de síntese remodelador da apresentação dos instrumentos jurídicos urbanísticos,

66 Um Código de Urbanismo para Portugal?

bem como seguramente justifica as operosas reduções dogmáticas, necessárias ao cumprimento da tarefa de codificação.

A resposta à interrogação apresenta-se, pois, evidente. Um código de urbanismo para Portugal? Claro que sim.

2. Quem, porém, modelou este colóquio internacional não entendeu ser a resposta óbvia.

Com efeito, depois de um painel sobre o estado da situação, para consciencializar a dispersão normativa na área urbanística e as dificuldades daí resultantes, logo gizou este outro com uma interrogação abrindo 3 alternativas – *"codificação total, codificação parcial ou simples compilação da legislação do urbanismo"* –, a que estrategicamente omitiu duas outras alternativas – manter o que existe, deixando à acção política iniciativas pontuais de intervenção normativa, e criar uma solução diferente das demais, em qualquer caso alternativas extremas – nada fazer e fazer diferente do que até aqui alguma vez foi feito.

Seja, porém, como for, a verdade é que este colóquio lança um desafio à doutrina nacional do urbanismo. Pretende agitá-la e, por seu intermédio, procura contribuir para o salto qualitativo da normatividade urbanística portuguesa, a fim de obter o que todo o jurista que se preza deseja: alcançar uma melhor realização do direito.

3. Comece-se por registar que a característica essencial da codificação é a que respeita à sua finalidade – recolher leis que se encontram dispersas, ordená-las e sistematizá-las para atingir objectivos práticos, traduzidos quer numa mais fácil consciencialização do que é, em cada momento, direito, quer numa consulta mais acessível do direito vigente.

Foi, aliás, a multiplicação de leis e, não raro, as contradições entre elas, que levaram, em tempos idos, o povo, em Cortes, a solicitar a D. João I a sua compilação, pedido que o rei *"houve por bem deferir-lhe"*. A obra terminaria no reinado de Afonso V, rei de quem a compilação tomou o nome – *Ordenações Afonsinas*. Não se esqueça, porém, que esta compilação não teve, para a época, vida longa – cerca de 70 anos. As múltiplas deficiências que sucessivamente lhe detectaram, bem como a sua natureza incompleta, aliadas à invenção da imprensa, levaram D. Manuel I a determinar a reformulação das ordenações, a fim de poder anunciar uma obra mais perfeita, o que veio a acontecer com as

Ordenações Manuelinas. Mais tarde, *"para emendar a confusão das leis e obter a estima dos Portugueses, mandou Filipe I, de Portugal, logo no início do reinado, fazer a reforma das ordenações, a qual foi publicada por seu filho Filipe II, em 1603"*.

Subjazem à determinação da compilação de leis objectivos claros do poder político, que a nossa história remota evidencia: de um lado, dar resposta a um pedido dos povos de clarificação do direito; de outro, obter o reconhecimento dos povos através do direito. Em qualquer dos casos, os objectivos são alcançáveis porque se sabe que o direito é fonte de paz; porque se entende que o direito é factor de coesão; porque se tem consciência que o direito é uma realidade geradora de confiança. Por sua vez, o direito é fonte de paz, factor de coesão e gera confiança porque tem natureza sistemática. A sua força agregadora, a paz que fomenta e a confiança que irradia advêm do sistema de justiça em que assenta.

Não é, porém, este o momento nem o local nem seguramente tem quem vos fala a autoridade para dissertar sobre os conceitos sistemáticos gerais, conceitos que estão para além da ciência do direito, porquanto a ideia mesma de sistema pertence à filosofia.

Mas importa à autora, neste momento e aqui, registar duas notas, a partir do que acaba de ser referido. Em primeiro lugar, importa registar que o *fenómeno da codificação está estreitamente ligado ao fenómeno do poder estadual*, à política estadual, pelos objectivos que visa alcançar. Em segundo lugar, que *só se pode falar em codificação porque a ideia de sistema faz parte da natureza do direito,* compreendida na sua dimensão filosófica.

4. Isto posto, convém dar um passo mais e, ciente do enquadramento político e do suporte filosófico da codificação, enunciar as pretensões que lhe andam normalmente associadas.

Tais pretensões são, de um lado, *tornar reconhecível e compreensível o que é direito*, o que, numa área de comportamentos sociais como a urbanística, em que os destinatários das normas não são, em regra, juristas, adquire importância significativa. De outro, *fortalecer a consciência dos cidadãos sobre o que é direito*, sobre o que pertence à esfera do dever-ser, pretensão de relevo fundamental quando se pensa na dimensão coactiva do direito, na sua natureza condutora, que impõe comportamentos.

Acresce que, sabendo que um dos fins do direito do urbanismo é a maior qualidade de vida humana na cidade, actual e futura, *a interiorização do direito do urbanismo* não pode deixar de desenvolver *atitudes críticas*, uma maior atenção ao correcto cumprimento do direito, realidade decisiva para o desenvolvimento de comportamentos participativos, seja de construção da melhor solução jurídica do ponto de vista dos planos ou das decisões licenciadoras ou autorizativas – função preventiva do direito –, seja de alerta para situações irregulares do ponto de vista jurídico – função repressiva do direito.

Por outro lado, tendo presente que a codificação procura tornar acessível e reconhecível o direito não pode deixar de anotar-se o quanto isso é importante enquanto fomentador de harmonia social e de combate à discriminação, tratando-se, como se trata, de uma área jurídica onde se movimentam interesses económicos e financeiros avultados, propiciadores de um clima de distorções à igualdade jurídica.

Finalmente, sabendo que a codificação tem a pretensão de contribuir para a mais fácil realização do direito, tal assume um papel de enorme relevo no direito do urbanismo, uma vez que se está numa área de grande conflitualidade e, mesmo, antagonismo de interesses e grande tecnicidade jurídica, aliada à complexidade dos procedimentos e à multiplicidade de órgãos e entidades envolvidas, bem como ao permanente apelo a direitos e princípios constitucionais.

5. Mas, para que a codificação corresponda às pretensões enunciadas é necessário estar o ambiente jurídico-político preparado para a codificação. Falando da eventual necessidade de codificação das leis ambientais, na Alemanha de hoje, Franz-Joseph Peine expressou-se de um modo particularmente sugestivo: *"o pensamento codificador tem de estar maduro"* para poder corresponder às expectativas que gera. Adaptando o discurso ao Direito do Urbanismo, tal significa que não basta concluir ser a codificação do direito do urbanismo possível. Não basta sequer que um grupo de juristas, mais ou menos eminentes, reconheça ser a codificação necessária. O decisivo é o reconhecimento de uma generalizada vontade de codificação, uma vontade de codificação publicizada aos mais variados níveis e de um modo geral não contestada. Que o mesmo vale por dizer uma vontade de codificação reconhecida pelos órgãos do poder – Parlamento, Governo, tribunais, órgãos autárquicos, – assumida pelos profissionais envolvidos na tarefa urbanística – engenheiros, arquitectos, juristas...–, bem como pelos cidadãos e associações de defesa de interesses ligados à qualificação das cidades.

Em suma, as vantagens da codificação têm de ser sentidas generalizadamente o que, sob outra perspectiva de análise, significa que deve haver consenso quanto ao diagnóstico da realidade: a desordem urbanística e o descrédito quanto à bondade das normas de direito do urbanismo e que levaram ao seu não cumprimento resultam da multiplicidade e dispersão das leis, quando não da sua contraditoriedade.

II

6. Disciplina jurídica com raízes na história longínqua, o Direito do Urbanismo é, porém, em Portugal, uma área jurídica jovem. Só a partir do último quartel do século XX mereceu a atenção dos teóricos, acompanhando uma remodelação sucessiva da legislação, no que respeita aos planos, ao licenciamento, às expropriações, ao contencioso e, ainda, no que concerne à competência dos órgãos estaduais e das autarquias locais, para não falar no que à Constituição e às suas revisões diz respeito, em qualquer caso tudo com reflexos evidentes na construção do Direito do Urbanismo.

Ora, é em face desta juventude que a questão da codificação se levanta hoje: será que o recente bloco de legislação urbanística, com cerca de três anos – Decreto-Lei n.º 380/99, de 22 de Setembro, Lei n.º 168/99, de 18 de Setembro, Decreto-Lei n.º 555/99, de 16 de Dezembro, Lei n.º 165/99, de 14 de Setembro, já deu todos os seus frutos? Será que foram interiorizadas todas as suas normas e é dessa interiorização que resulta o desejo de codificação? Será que se trata de um conjunto legislativo tão incoerente, possuidor de uma tão deficiente técnica jurídica que sequer merece o trabalho de auxílio dos que constróem a decisão administrativa, da doutrina jurídica e da jurisprudência dos tribunais, e é dessa incoerência e deficiência que decorre a sensação de desconforto perante as normas de Direito do Urbanismo?

E, num outro plano, mas ainda partindo da juventude desta área jurídica, interrogo-me sobre se é ajustado inserir em instrumentos jurídicos recém introduzidos no ordenamento jurídico português factores de rigidez que tornem difícil a sua adaptabilidade a uma realidade sempre em evolução.

70　　　　*Um Código de Urbanismo para Portugal?*

7. E permito-me introduzir duas novas questões, pedindo desculpa por trazer mais perguntas do que respostas.

7.1. Começo por levantar a questão respeitante à formulação do painel.

Na verdade, dentro do conceito amplo de codificação cabem, *em primeiro lugar*, as simples codificações de normas dispersas, de certo modo na linha das nossas antigas ordenações; *em segundo lugar,* as codificações por matérias que procuram reunir, de modo ordenado, sistematizado, todo um conjunto de normas reguladores de uma certa matéria – caso do Código das Expropriações ou do Código do Imposto sobre o Valor Acrescentado; *em terceiro lugar*, as codificações que respeitam à generalidade das normas que pertencem a um ramo de direito, da qual são a fonte principal, como acontece com o Código de Processo Civil ou com o Código Penal; *em quarto lugar,* as codificações de grandes princípios de um ramo do direito, princípios já suficientemente trabalhados e assentes por forma a permitirem um certo grau de estabilidade e de continuidade na realização do direito, deixando de lado outros, dotados de um certo grau de incerteza, bem como disposições de natureza contingente; *em quinto lugar*, poderão ainda caber neste âmbito as codificações de normas procedimentais, do tipo manuais de procedimentos, segundo as modalidades de relacionamento dos cidadãos com a Administração pública, desde logo manuais de procedimentos negociais ou manuais de procedimentos licenciadores ou autorizativos...

Neste quadro, a interrogação reside em saber, em face da panóplia de leis urbanísticas em vigor, que ainda não deu origem a uma sólida e consistente doutrina urbanística, sequer no que respeita às questões de fronteira do próprio ramo do direito, nem a actuações autárquicas regulares nem a activas e oportunas intervenções participativas dos cidadãos ou de associações de interesses, se se deve avançar para uma operação de codificação, qualquer que seja a modalidade em causa...

A interrogação justifica-se por, além do mais, a resposta afirmativa conter um perigo. O perigo de, no afã de mostrar serviço, se forçar o legislador a exceder-se e, na ausência de uma sedimentada cultura urbanística, este ser obrigado a adoptar, sem necessidade, técnicas alheias, empobrecendo, com isso, o direito nacional, impedido de mostrar o sistema de justiça que o move em razão da cultura que lhe subjaz.

7.2. A segunda questão diz respeito às opções subjacentes à operação de codificação, qualquer que seja a modalidade. A pertinência da questão prende-se ao facto de a codificação tanto poder ser orientada pela vontade pura e simples de reformulação de normas e princípios em vigor como, diferentemente, pela vontade de edificar uma normação distinta, pelo desejo de dar origem a uma ordem jurídica nova, urdida por princípios jurídicos próprios.

Ora, também aqui, a opção há-de resultar da avaliação que se fizer da realidade jurídica presente, da sua aderência à realidade dos factos. No primeiro caso, a codificação é uma operação que integra, agrupa, sedimenta o direito que está, os princípios em que este se baseia, sem inovar materialmente. Tratando-se de codificação geral ou parcial, procura-se dominar a dispersão de normas, eliminar a sua duplicação através da elaboração de uma parte geral, reduzir a complexidade das normas por intermédio de conceitos compreensivos unitários. No segundo caso, a codificação verte-se numa operação criativa, de reforma. Partindo do direito em vigor, da sua insuficiência, incompletude, contradição interna ou desadequação, a codificação procura desenvolver o direito, evidenciando o seu papel condutor no processo social, acentuando o enorme significado da protecção dos valores urbanísticos através da coerência interna de princípios orientadores, definições, enunciação de direitos e deveres dos cidadãos, elenco de competências orgânicas, definição de procedimentos. Porventura obter-se-á por esta via uma mais perfeita representação unitária do Direito do Urbanismo ou de uma sua área de intervenção específica, com as vantagens inerentes. Não é, no entanto, uma via isenta de perigos, uma vez que pode criar um maior distanciamento em relação à realidade a que se vai aplicar.

7.3. Seja, porém, como for, o que vem de dizer-se obriga à reflexão. Acima de tudo, obriga a ter uma percepção clara da realidade jurídica vigente e da cultura em que está inserida, uma cultura caracterizadamente avessa a mudanças, com uma excessiva focalização no passado e no presente e uma reduzida percepção dinâmica do evoluir social. O que, e de novo, pode abrir portas a soluções fáceis de mimetismo relativamente a experiências estrangeiras de codificação bem sucedidas que, no entanto, não conduzem senão a soluções de abastardamento.

8. Acresce, por outro lado, que a codificação, se procura tornar o direito mais simples, claro e coerente, por outro *contribui para a maior estabilidade do direito*, aliviando os destinatários das normas – autarcas, cidadãos, juízes, arquitectos... – da pressão imposta pela sucessão, por vezes vertiginosa, de normas legais. Tudo porque as normas urbanísticas, ao cristalizarem-se num código, se tornam tendencialmente duradouras.

A questão que, neste particular, se levanta é agora outra: não criará a codificação um obstáculo ao evoluir do direito? Ou, noutra formulação, *não será que a codificação em vez de melhorar vai prejudicar o progresso do direito?*.

E a esta, outra questão não menos pertinente se pode e deve juntar, relativa ao *desejo de desregulação da vida social*, frequentemente reconhecido.

A interrogação coloca-se do seguinte modo: até que ponto a codificação, simplificando complexos normativos segundo pontos de vista unitários, não está, afinal, a contribuir para o aumento da regulamentação, em razão do ponto altaneiro em que se coloca, pela capacidade de detectar com facilidade lacunas de regulação?

9. Subjacente às questões colocadas está a caracterização do evoluir social em democracia, um evoluir fundado num discurso político como um discurso de confiança que se, por uma lado, abre as portas à informalização política, por outro desenvolve a *informalização administrativa*, nomeadamente urbanística.

Neste contexto evolutivo, as actuações informais são compreendidas cada vez mais como custos de transacção do desenvolvimento da sociedade democrática, fazendo a integração da *"law in books"* com a *"law in action"*. São entendidas cada vez mais como formas justas de resolução de problemas perante normas formais que só criam obstáculos ao delinear da justiça das soluções. O que desloca a atenção da norma em si para o próprio direito, vendo-se o jurista confrontado com a necessidade de procurar novos meios de legitimação das realidades emergentes. O direito volta a ser tema de discussão enquanto tal.

Particularmente nas áreas recentes do direito, de que o Direito do Ambiente, o Direito do Ordenamento do Território e o Direito do Urbanismo são exemplo, o jurista é hoje sistematicamente confrontado com elementos criativos, a partir dos factos, e a dogmática jurídica vê-se

Codificação global, codificação parcial ou simples compilação da legislação... 73

obrigada a acompanhar a dinâmica da informalização, responsabilizando os participantes pela construção da decisão. Ao contrário das normas formais que tendem a tornar o urbanismo numa rotina de actuações, o direito informal abre-se decisivamente ao futuro, permitindo uma melhor absorção da incerteza na cultura jurídica. Mas não há dúvida de que com esta nova realidade a teoria da legitimação tem de ser revista e, com ela, as grandes questões do controlo.

Persistir na codificação do Direito do Urbanismo perante este fenómeno nascente da informalização, importará então que se evolua para uma *codificação de grandes princípios gerais* que sustentem, orientem e limitem a informalidade da acção urbanística. Porque ao direito não pode faltar a capacidade de limitar, sob pena de se diluir, nem ao Estado pode faltar autoridade, sob pena de se desagregar no todo social. O que tudo significa que, nas actuações informais, queira-se ou não, se joga o futuro do Estado de Direito.

III

10. Levantadas algumas das questões consideradas pertinentes sobre a codificação do Direito do Urbanismo, com as dúvidas que lhes inerem, permito-me lembrar, em notas finais, a tarefa dos juristas que estudam a lei num Estado democrático, retomando depois as palavras iniciais.

10.1. Todos sabem que o ramo da ciência que estuda as leis é a dogmática jurídica, definida por Gustav Radbruch como a *"ciência do direito em vigor, não a do direito justo, a ciência dos direitos, não dos direitos que devem ser"*. O direito que deve ser é objecto da política, pertença dos programas partidários, bem como da filosofia do direito, que o estuda segundo princípios teóricos e antropológicos.

Tarefa da dogmática jurídica é trabalhar sobre a legislação em vigor: interpretá-la, harmonizá-la, compará-la através de interpretações sistemáticas, a fim de, por um lado, racionalizar a aplicação do direito e, de outro, contribuir para a sua igual realização. Nesta actividade, é importante a tarefa de análise *"intra legem"*, cujos resultados não só são decisivos para o legislador como também, e porventura principalmente, para quem aplica o direito, desde logo os tribunais, e, ainda, para os destinatários directos das leis, os cidadãos em geral e as instituições. E não só se obtêm ganhos de confiança pela coerência que

74 *Um Código de Urbanismo para Portugal?*

uma tal análise introduz no todo do ordenamento jurídico, como seguramente se obtém o aumento da intensidade da vigência das leis, em razão da sua compreensão sistemática. Chamar, por ex., a atenção para o conceito de expropriação constante da Lei 168/99, de 18 de Setembro, e o conceito de expropriação, presente no regime jurídico dos instrumentos de gestão territorial – Decreto Lei n.º 380/99, de 22 de Setembro –, com vista à sua melhor compreensão e harmonização, é indiscutivelmente tarefa da dogmática jurídica, capaz de introduzir harmonia e clareza onde aparentemente ela não existe.

Como tarefa da dogmática jurídica é contribuir para precisar conceitos, influenciar o seu melhor recorte jurídico, com vista à descoberta da disciplina jurídica mais justa. Não se esqueça que alguns dos mais recentes conceitos fundamentais do Direito do Urbanismo surgem da dogmática jurídica, como foi o caso das medidas preventivas que o Decreto Lei n.º 380/99 hoje desenvolvidamente regula. Sem o trabalho da dogmática jurídica e sem a sistematização dela decorrente, o ordenamento jurídico terá sempre um diminuto nível jurídico-cultural.

10.2. Neste quadro, não pode esquecer-se a dogmática constitucional, por força da vinculação da lei à Constituição.

Compete-lhe, em particular, chamar a atenção para o peso decisivo que tem, nas normas quotidianamente aplicadas, a pessoa humana, todos e cada um de nós, perante o poder do Estado, positivado constitucionalmente através da garantia da dignidade da pessoa humana, do princípio do Estado de Direito, dos direitos fundamentais. Chamada de atenção que se torna particularmente importante na aceleração das mudanças comportamentais da Administração pública, ainda com laivos de uma cultura de excessiva concentração na autoridade administrativa e no poder entendido como indiviso, não partilhado.

A dogmática constitucional é ainda importante para a correcta compreensão dos direitos fundamentais como direitos subjectivos, públicos. Por seu intermédio, é possível entender porque não se pode, sem mais, eliminar as consequências de um acto administrativo lesivo ou porque áreas até há bem pouco tempo consideradas não jurídicas devem ser analisadas juridicamente, ou, ainda, como, a partir do princípio da proporcionalidade, construído por sobre os direitos fundamentais e o princípio do Estado de Direito, se tem de concluir que as lesões aos direitos fundamentais para protecção do bem comum devem ser indispensáveis e, em concreto, proporcionais à protecção que se pretende atingir.

Codificação global, codificação parcial ou simples compilação da legislação... 75

Por outro lado, não deixa igualmente de ser importante, cada vez mais, chamar a atenção, partindo da dogmática dos direitos fundamentais, para a necessidade de estabelecer limites à liberdade, em razão do crescente individualismo sentido na sociedade, que põe em risco outros valores constitucionais, como o da solidariedade, inclusive o da solidariedade intergeracional, valores enriquecedores para a humanização do homem, na sua assunção como pessoa. À dogmática constitucional compete, assim, percepcionar e desenvolver princípios que limitem os direitos fundamentais perante outros direitos fundamentais ou interesses do todo, a fim de impedir extremos de individualismo, com o que porventura se poderá reconstruir sobre novas bases a responsabilidade individual, como contraponto necessário da liberdade.

Num outro plano, a dogmática constitucional poderá ainda ser de importância fundamental quanto à exacta compreensão do relacionamento interorgânico da Administração pública no âmbito do planeamento, compreensão que tenderá a afastar, por inadequadas, soluções que passam pela tutela administrativa, bem como levantará certamente dúvidas quanto à justificação de certos pareceres vinculativos.

10.3. Finalmente, como Christian Starck recentemente referiu, é tarefa da dogmática jurídico-constitucional alertar o legislador para o que chama "*a inteligência do direito*" (Rechtsklugheit), i.e., para a própria racionalidade do direito. Tarefa especialmente importante em áreas jurídicas novas, enquanto exige uma racionalidade volvida em medida de orientação do legislador, capaz de aumentar a intensidade da vigência da lei que aprova. Racionalidade que, num momento subsequente, se volve também na necessidade de adoptar normas de desenvolvimento das leis, afim de que possam produzir efeitos na realidade.

11. Sendo estas as tarefas do jurista particularmente interessado no estudo das leis e sendo a dogmática jurídica o elemento de ligação entre o jurista e o legislador, a interrogação que deixo, reportando-me à legislação urbanística, é a seguinte: será que, para a boa realização do Direito do Urbanismo em Portugal, neste franquear do século XXI, não bastará um estudo atento e oportuno, pontual mas sempre activo e permanente, dos juristas ligados ao Direito do Urbanismo? Não serão aqui judiciosas as palavras do poeta: "*navegar é preciso, viver não é preciso?*"

BANALIDADE SEMÂNTICA OU CÓDIGO DE PRINCÍPIOS?

Prof. Doutor Colaço Antunes
(Faculdade de Direito da Universidade do Porto)

1. Seja qual for o modelo, devemos ter consciência de que falamos de uma codificação de segunda linha, de segunda grandeza, sem a majestosidade e inovação da clássica codificação – como *monumento do Direito,* como ideal do paradigma jurídico da modernidade (como há duzentos anos), como *fonte das fontes.* Por curiosidade, a codificação oitocentista recalcava a antiga sistematização *das Instituições Justinianas (não do Digesto,* como é usual pensar-se), na sua tripla repartição: *personae, res, actiones.* Tudo de forma lógica e harmónica e não, como afirmava Jhering, «blöße Konglomerate von einzelnen Rechtssätze».

Creio que ao discutir-se um Código de Urbanismo estamos a falar de uma codificação aberta a uma pluralidade ideográfica distinta da unidade e da dureza monolítica do glorioso modelo originário. Temos, desde logo, a erupção de *normas especiais* – que passaram de fenómeno secundário e marginal a fenómeno central do nosso tempo – como forma de expansão da racionalidade sistemática e não o inverso. *Micro-sistemas,* sob a forma de *textos únicos* ou «Códigos» menores, a exigir, ainda que menos intensamente, métodos interpretativos e auto-integrativos próprios, bem como ordens conceptuais específicas.

2. *O porquê,* a causa justificativa da *codificação* parece ser esta: todos os projectos de codificação jurídica assentam num sentimento de insatisfação em relação ao Direito posto, existente. O problema não é tanto o de uma floresta legislativa e regulamentar – ainda que tenhamos hoje um altíssimo e incessante *consumo normativo* – mas *sobretudo* de alterações (inclusive abrogações implícitas ou indirectas) constantes dos textos legais. A *instabilidade* do conteúdo das leis (e dos regulamentos), para além de degradar a sua qualidade jurídica (técnica), prejudica também a sua inteligibilidade material e intelectual, além, naturalmente, de levantar problemas de certeza e segurança jurídicas. Há ainda o problema de vários diplomas relevantes, como a Lei dos Solos (Decreto-Lei n.º 794/76, de 5 de Novembro, suavemente alterado), terem já o peso dos anos.

Curiosamente, o regresso à ideia de Código e de codificação coincide *temporalmente* com o retorno (excessivo) ao mito do mercado. Creio que este é o perigo, como também o é uma estatização discricionária do direito urbanístico na actual temporalidade de um Estado que quer deixar de sê-lo, e que, por isso, significaria assumir a veste supra-nacional.

Um dos equívocos da codificação é precisamente a desregulamentação ou (na sua versão benigna) a simplificação administrativa.

O problema está frequentemente a montante – refiro-me às técnicas e práticas legislativas que têm sido seguidas, que são, em boa parte, indiferentes à forma codificada ou não dos textos: dispersão dos textos, alterações constantes do seu conteúdo, incoerências normativas, terminologia desordenada. Estes são alguns dos problemas que, curiosamente, continuam a verificar-se nos textos mais recentes, como, por exemplo, no Decreto-Lei n.º 555/99, de 16 de Dezembro, alterado pelo Decreto-Lei n.º 177/2001, de 4 de Junho (expressão de *texto único*).

A codificação, se não tiver em conta as causas, corre o risco de atacar apenas os efeitos de desorganização e incoerência legislativa(s). Daí que uma das principais dificuldades (e prioridades) da codificação seja, precisamente, a de estabelecer quais as normas em vigor, sob pena de se proporcionar uma enorme desorganização normativa. O primeiro trabalho a fazer é a «Codificação-consolidação». Acabar com as sobreposições, intersecções e incoerências. É por aqui que se deve começar.

Outra das causas de desorganização jurídico-sistemática é motivada pela *décalage* entre a publicação da norma legislativa e a sua execução pela norma regulamentar, que pode surgir apenas anos mais tarde, desordem que, por vezes, não é apenas transitória.

3. *Código*, uma palavra *mágica* ou uma *banalidade semântica*? Em França há actualmente quarenta e dois «Códigos». O programa de codificação pode atingir as seis dezenas ou mais.

Banalidade Semântica ou Código de Princípios? 79

Alguma sobreidealização é indispensável. Qual o destinatário do Código – o indivíduo-massa? O Código deve definir um modelo de cidadão, seguindo, por exemplo, o modelo do Código Civil. O cidadão médio-culto-ideal ou o cidadão médio-ignorante-ideal? Sem urbanidade não há urbanismo e Direito Urbanístico. Necessidade, portanto, de alguma sobreidealização cívica. Neste sentido, o Código não deve ser uma estrutura sem *memória,* sob pena de continuarmos com a actual descerebragem urbanística. Não pode, portanto, ser uma mera banalidade semântica.

4. *A codificação como metodologia de apresentação do Direito ou como método de produção do Direito?* Codificar também é alterar, inovar – configuração de uma *planificação modesto-situacional* + zonamento plurifuncional + *standards* urbanísticos e ambientais, qualitativos e flexíveis, em função da diversidade das morfologias territoriais e das necessidades variáveis de cada município. Do problema da discricionaridade administrativa, que é aqui particularmente elevada, falaremos mais adiante.

Uma parte a codificar deverá, sem dúvida, ser a que se prende com a disciplina do *ius ædificandi* e, portanto, com a conformação do direito de propriedade. Neste campo sobressai, naturalmente, a parte regulamentar da codificação (codificação que pode ter uma *parte legislativa* e outra de *natureza regulamentar,* em função das fontes normativas desta disciplina, mas que não é prestável como critério de separação / divisão da parte geral da parte especial; *vide* os planos urbanísticos que têm esta natureza e são estruturantes do urbanismo que se tem feito) e com ela o problema magno da planificação urbanística (artigo 3.º/2 do Decreto-Lei n.º 380/99, de 22 de Setembro, PMOTs (e PEOTs) – conformação intensa do direito de propriedade do solo. Somos de parecer que, embora com maleabilidade, a lei, o Código deveria fixar *standards* urbanísticos e ambientais flexíveis – áreas verdes, construção social, etc.

Um Código *popular,* destinado a andar de mão em mão? Código *formal* ou Código *extraformal?* O equívoco reside na Alemanha, tantas vezes o modelo ideal, ao contrário da França, onde o Código de Direito Urbanístico surgiu sem que houvesse grande doutrina. As codificações na Alemanha foram inicialmente obra de professores e não de técnicos do foro. O perigo de projecções freudianas.

Esta advertência não deve afastar, porém, a necessidade fisiológica de uma *Gesetzgebungstheorie* (*teoria da codificação e do Código*) – selecção de definições, de princípios, de regras, de procedimentos, que permita uma correcta e adequada definição do perímetro do Código de Urbanismo, bem como da sua estrutura e técnica legislativa.

É intrínseca à ideia de Código a estabilidade normativa. Será isso possível na nossa matéria, atendendo às características das normas urbanísticas?

Código, uma noção anfibiolófica. Será que, como dizia Savigny, a codificação aniquilou o papel da ciência jurídica? Não estará a causa (deste juízo crítico) numa concepção pesadamente positivista, carecida de princípios iluminantes e estruturantes. Daí a imperatividade de um Código de princípios, de princípios constitucionais. O que se deve codificar não é a legislação urbanística mas o direito urbanístico.

Quais serão os «senhores» do Direito Urbanístico no século XXI? Qual o papel do promotor imobiliário?

Um Código nacional para um urbanismo unidimensionalmente globalizado? O fascínio do direito comunitário e europeu ou mesmo internacional. Como conciliar esta contradição nos termos? Um Código *local-nacional* ou um Código *glolocal*? O problema do espaço e do território. O *espaço* é um *não-lugar* ou o lugar dos negócios, enquanto o território é outra coisa, é o lugar que confere identidade às pessoas e às coisas. *O lugar é que dá forma ao tempo.* O regresso à cidade do Direito Urbanístico e dos seus planos.

Código como texto simples e mínimo ou como texto complexo e concentrado, como acontece com a técnica dos *textos únicos*?

Para estas e outras perguntas é preciso encontrar previamente respostas.

5. *A indispensabilidade de um cadastro actualizado e digitalizado dos terrenos.* Este é um dos problemas «invisíveis» que subjaz no subsolo da codificação. Os terrenos *movem-se*. Sem isto não é possível fazer uma ordenação-codificação urbanística séria. Necessidade, portanto, de uma coordenação entre o cadastro e o registo da propriedade imobiliária (predial).

O nosso sistema de registo predial é um sistema de base real, partindo da identificação dos prédios para a identificação dos direitos e encargos existentes sobre cada um. Neste sentido, o registo deverá ter em consideração a identificação física, económica e fiscal dos prédios

Banalidade Semântica ou Código de Princípios? 81

para, sobre essa realidade, que deveria estar previamente definida e delimitada, inscrever os inevitáveis direitos e encargos, verificando-se frequentemente uma desarmonia ou desfasamento entre a realidade jurídica do registo e a realidade física dos prédios, assente em artigos, matrizes (prediais), como sabemos, muito imprecisos.

Creio que a *função do cadastro* está em constituir um inestimável inventário da riqueza patrimonial e territorial do país, cabendo-lhe a identificação física, económica (com efeitos jurídicos) dos imóveis. Constância de realidades físico-parcelares (localização, dimensões, área, confrontações dos prédios) que se materializam na sua função geo-topo-cartográfica. Nesta perspectiva, um suporte indispensável do sistema fiscal e registral, bem como um banco de dados imprescindível à elaboração de diversas políticas económicas, sociais e territoriais, tais como o desenvolvimento regional ou a *planificação urbanística*. Cabe salientar que o registo pode desempenhar um papel relevante no controlo da legalidade urbanística, sobretudo quando é o particular a desenvolver a inscrição-descrição dos seus bens e direitos.

Atenção especial devem merecer as expropriações urbanísticas (com fins urbanísticos), nomeadamente na realização-execução dos planos urbanísticos (artigo 128.º e ss do Decreto-Lei n.º 380/99, de 22 de Setembro, e artigo 14.º do Código de Expropriações, Lei n.º 168/99, de 18 de Setembro). Neste caso é tão importante o cadastro como o registo, para que a Administração e terceiros possam conhecer, com exactidão, a realidade física e jurídica das propriedades afectadas pelo acto ablativo, bem como os respectivos proprietários ou titulares de direitos.

A ligação entre o registo predial e o cadastro é o imóvel, o prédio. *Um*, acentuando o aspecto jurídico (registo); *o outro* (cadastro) a realidade física, devendo, em conjunto, oferecer uma informação completa, detalhada e fiável da realidade jurídico-imobiliária do nosso país. Torna-se, por isso, indispensável a sua coordenação, sob pena de brindarem informações distorcidas aos proprietários e interessados de modo geral.

No meu modo de ver, o cadastro e o registo são instituições complementares que não devem competir na informação ou publicidade que fornecem sobre os prédios, devendo antes actuar de forma coordenada e racionalizar esforços.

O que se pretende, definitivamente, é proporcionar uma identificação rigorosa dos imóveis, função que deve corresponder originante-

82   *Um Código de Urbanismo para Portugal?*

mente ao cadastro, sobre cuja base se inscrevem e realizam os actos que afectam os direitos reais sobre os imóveis, função (esta) que competirá ao registo.

O cadastro alemão é reconhecidamente um dos melhores exemplos da concepção *jurídica* do *cadastro,* na medida em que nos aparece intencionalmente enlaçado com o registo predial. O cadastro serve também como documento básico para certificar oficialmente a transferência de direitos reais sobre as parcelas, prédios ou imóveis, de modo que os contratos (privados) só produzirão efeitos a partir da sua inscrição.

Neste tipo de cadastro, a realidade jurídica coincide com a realidade imobiliária, fundamentando-se no princípio da garantia jurídica *erga omnes* dos actos inscritos no registo – *o real é o normativo;* o que não está inscrito não tem existência jurídica (legal) e a inscrição é constitutiva do direito inscrito. Inversamente, nos países mediterrânicos (a que não somos naturalmente alheios), tem-se seguido o modelo napoleónico de cadastro (artigos matriciais), cuja finalidade é essencialmente fiscal, sem grande valor jurídico, na medida em que a inscrição registral não é constitutiva do direito inscrito e tem apenas a eficácia declarativa de publicitar as inscrições relativamente a terceiros, verificando-se uma separação, mais ou menos cortante, entre o cadastro e o registo predial.

A realidade (e o bom senso) é a primeira a avisar-nos que estas duas funções – cadastro e registo – devem vir coordenadas, coordenação que tem como epicentro a *determinação do objecto da relação,* pela simples razão de que o registo predial dificilmente pode registar relações jurídicas em que um dos seus elementos essenciais – o prédio – não está perfeitamente identificado, como frequentemente acontece. De outra forma, deparamo-nos com graves danos ao valor da segurança jurídica, maior litigiosidade e até maiores custos. Até porque os terrenos se *movem,* impelidos pela *força normativa dos factos e dos planos urbanísticos.*

É nossa convicção (porventura errónea ou demasiado óbvia) que sem um cadastro eficaz não pode haver precisão na identificação do imóvel e, assim sendo, decai igualmente a certeza quanto à incontestabilidade do título jurídico, como não pode haver uma correcta planificação urbanística (que já por si estabelece efeitos desigualitários profundos entre os proprietários e as propriedades atingidas ou não pela «lotaria» planificatória). Por isso, os municípios devem, também eles,

Banalidade Semântica ou Código de Princípios?

potenciar o cadastro, face ao desenvolvimento urbanístico brutal, possuindo, para o efeito, um registo administrativo imobiliário, que não substitui, naturalmente, o registo predial.

Nos ordenamentos jurídicos em que *não* existe cadastro ou este é manifestamente imperfeito, a tarefa jurídica de determinar os imóveis recai essencialmente no registo predial, por intermédio da transcrição--descrição dos dados que levam (comportam) os títulos inscrevíveis. Na descrição identifica-se o prédio tal como ele existe quando ingressa no sistema registral. Isto porque, em qualquer dos casos, a definição--determinação do objecto das relações jurídicas não pode faltar em caso algum.

Ora o cadastro deve oferecer ao registo a fé pública e a segurança das descrições e identificações dos imóveis; o registo deve apontar ao cadastro a segurança e a verdade das titularidades jurídicas dos prédios (imóveis), bem como os (indispensáveis) direitos e encargos.

A importância desta relação amistosa está, precisamente, em fornecer ao registo, através do cadastro, a segurança jurídica da existência e características físicas do imóvel, que constitui um dos objectivos principais do registo imobiliário. Isto é, o cadastro pode-deve fornecer ao registo a prova da existência e características dos imóveis inscritos no registo de propriedade, complementando a função específica deste, a de oferecer segurança às relações jurídicas (reais) sobre imóveis.

Em extrema síntese, a coordenação-relação entre o cadastro e o registo, e respectiva utilização das suas bases de dados cartográficos, permitiria até um combate mais eficiente à fraude no sector imobiliário e esbater a astúcia urbanístico-imobiliária. A fraude, neste domínio, tem efeitos fortemente perturbadores sobre a sanidade do comércio jurídico imobiliário, arrastando consigo os contribuintes de boa-fé.

Dito de outro modo, a importância dos elementos cartográficos e cadastrais para uma correcta planificação urbanística e, consequentemente, *a necessidade de ampliar as inscrições no registo predial das principais determinações dos planos urbanísticos,* em particular as de natureza ablativa, bem como dos actos jurídico-urbanísticos mais relevantes, como resulta (de forma insuficiente, é certo) já de várias disposições do Decreto-Lei n.º 380/99, de 22 de Setembro, e do Decreto-Lei n.º 555/99, de 16 de Dezembro, alterado pelo Decreto-Lei n.º 177/2001, de 4 de Junho.

Os actos (instrumentos) de execução dos planos urbanísticos (PMOTs) e a respectiva materialização no terreno das suas prescrições

84   *Um Código de Urbanismo para Portugal?*

incide e *altera,* num grande número de casos, a realidade física e jurídica, daí a (sua) imprescindível constância registral.

Sempre haverá, na definição e execução do planeamento urbanístico, uma considerável incidência física e jurídica na propriedade (e correspondentes direitos) sobre os imóveis, a que o registo predial, se quiser garantir a segurança do comércio jurídico, não pode ser indiferente.

Ficaria totalmente prejudicada a segurança jurídica – que o registo pretende assegurar – se os novos adquirentes de uma propriedade não tivessem conhecimento (registral) das determinações dos planos que podem, inclusive, configurar um outro aproveitamento urbanístico ou mesmo nenhum, por força da vinculação situacional do bem ou de vários tipos de expropriação do plano.

A Administração (pública) urbanística, ao gerir um bem público escasso – o solo – e um sistema de execução dos planos (em boa medida público) deve conhecer a relação (físico-jurídica) das propriedades e dos seus titulares para poder aplicar (adequadamente) os vários instrumentos e, se for caso disso, o reparcelamento do solo urbano, de acordo com as disposições do plano (artigo 126.º e ss do Decreto-Lei n.º 380/99, de 22 de Setembro, especialmente o artigo 131.º).

As determinações do plano afectam e modificam sempre ou quase sempre os direitos descritos no registo e até (previamente) a própria realidade física (cadastro); repare-se na necessidade de construção de espaços verdes, vias de comunicação, instalação de equipamentos colectivos.

Parece, portanto, de todo incongruente que os planos urbanísticos (PMOTs) conformem jurídica e fisicamente o estatuto da propriedade e dos seus direitos (nomeadamente através dos instrumentos de execução, artigos 118.º e ss e 126.º e ss do Decreto-Lei n.º 380/99, de 22 de Setembro) e tais alterações fiquem ou possam ficar à margem do registo. A discrepância deste com a realidade será imensa.

Cedências (em princípio) obrigatórias e gratuitas e o inerente direito de reversão, no âmbito das operações de loteamento (artigos 43.º, 44.º e 45.º do Decreto-Lei n.º 555/99, de 16 de Dezembro, sucessivamente alterado), áreas para espaços verdes e de utilização colectiva, infra-estruturas e equipamentos, constituem outros tantos exemplos.

Em suma, sem este trabalho invisível, mas essencial, a codificação do Direito Urbanístico pode não produzir os efeitos desejados.

Banalidade Semântica ou Código de Princípios?　　85

6. *Codificação e tipos de codificação. Qual a melhor solução?* Codificação que representa mais um passo decisivo na criação de um ramo autónomo do direito – o Direito Urbanístico.

O que se pretende com a codificação? Uma visão utilitária ou funcionalista da codificação, como se tem verificado noutras partes da Europa? Banalização da codificação? Falsa ou verdadeira codificação? Como conciliar o modelo com a irresistível simplificação administrativa?

Ultrapassada a juventude e imaturidade do direito urbanístico e também as vantagens e desvantagens do movimento codificador, que cabem a outros relatores, fixemo-nos sobre as metodologias que podem conduzir a uma acertada codificação urbanística.

Adiantaremos quatro espécies (tipos) de codificação, que se projectam sobre a estrutura e o conteúdo do Código:

Primeiro **tipo (de codificação) – os Códigos-compilação –** que têm apenas por objectivo reagrupar os textos jurídicos sem os modificar ou mesmo ordenar; dificilmente, neste caso, poderemos falar em verdadeiros Códigos. Esta hipótese não serve, manifestamente.

O *segundo* **tipo** refere-se aos **Códigos-consolidação**, que, consagrando legislativamente soluções, no essencial, jurisprudenciais e doutrinais, reúnem e integram as leis vigentes segundo uma ordem lógica e cronológica. Creio ser o primeiro passo para a codificação. Primeiro, impõe-se pôr em dia a legislação em vigor e só depois proceder à sua codificação. Saber, em suma, qual a lei aplicável e em vigor. De outra forma, a codificação ficará dependente de uma consolidação posterior. Por outras palavras, para estabelecer o direito codificado é necessário proceder à sua prévia consolidação.

Uma *terceira* **categoria de codificação** aproxima-se do modelo originário e reformador, integrando um conjunto unitário, um *corpus* de regras jurídicas antigas e novas que tem o condão de exprimir os princípios de organização da sociedade prefigurada. Podíamos falar aqui de **codificação qualitativa,** na medida em que estamos perante uma profunda sistematização do Direito.

Neste modelo, opera-se uma transsubstanciação das normas jurídicas; as soluções não são justapostas mas hierarquizadas a partir de princípios racionais e universais e deduzidas umas das outras, segundo regras de inferência lógica. Neste caso, o Código recebe e inclui as próprias regras de transformação, aplicação e interpretação do Direito, de forma que as imperfeições legislativas poderão ser ultrapassadas com a ajuda de dispositivos internos. O todo codificado é aqui mais do que a soma dos seus elementos ou partes.

Por último, temos a chamada **codificação à droit constant** (modelo francês, utilizado sobretudo em matérias mais voláteis), consistindo esta hipótese em ordenar o *direito existente* através de uma distribuição racional das matérias e uma organização metódica de cada uma delas. Os movimentos codificadores contemporâneos são largamente deste tipo, inclusive o legislador comunitário tem seguido este método. Limita-se, contudo, à racionalização-codificação ao direito posto, admitindo apenas algumas reformas sobre aspectos arcaicos ou pontos flagrantemente contraditórios.

Por outras palavras, esta importante experiência codificadora, de origem gaulesa, propõe uma nova técnica de codificação – **à droit constant** – de natureza sistemática; isto é, pretende aplicar-se à totalidade do Direito ou a um ramo do Direito. É, portanto, temática, ou seja, é aplicável a sectores (áreas) homogéneos e coerentes, o que coloca o problema, nada fácil, de delimitar o perímetro do Código (do Urbanismo), se quisermos concretizar.

Opera com o *Direito constante,* o que supõe respeitar e receber as inovações sucessivas, com a preocupação de as introduzir e reduzir ao sistema, integrando-as nos valores constitucionais. Renuncia-se, assim, a fechar de uma vez por todas a imprescindível mobilidade do Direito Urbanístico, o que obriga a actualizações periódicas.

Não se tratando de meras recompilações, recebem, como acontece em França, a chancela do Parlamento que as estuda e articula (sob o impulso da Comissão Superior de Codificação) e lhes confere o valor de lei, com efeitos derrogatórios plenos, sobretudo do que não foi expressamente recolhido no Código.

Isto permite aliviar, digamos assim, o Direito (Urbanístico) da complexidade de acumulações constantes e incertas e dá aos Códigos um valor normativo pleno e superior, que, através de cortes sistemáticos e sucessivos, aclaram e simplificam o panorama normativo.

Em síntese, trata-se de um modelo ágil e eficaz, clarificando e ordenando um conjunto respeitável de normas, sem que resolva de todo o problema das contradições, derrogações tácitas e relações internormativas, nem sempre facilitando, por isso, o conhecimento e manejo do Direito. É nesta lógica jurídica, julgamos, que a Comissão Superior de Codificação francesa afirma que a codificação, longe de simplificar a

Banalidade Semântica ou Código de Princípios? 87

interpretação e a aplicação do Direito, complica sobremaneira a situação e aumenta a incerteza jurídica.

Se o método de *droit constant* não implica ou interdita totalmente reformas de fundo, não deixa, contudo, de colocar problemas sérios, particularmente a dificuldade de distinguir ou separar a forma do conteúdo (fundo), o que pode comportar bloqueamentos ou atrasos consideráveis.

Por exemplo, deve esperar-se que a jurisprudência esteja estabilizada, mantendo o teor do texto, ou será melhor torná-lo mais claro ou mesmo alterá-lo?

Qual a *vantagem* deste tipo de codificação na era da informática?

Estas e outras perguntas revelam os limites deste modelo de codificação.

Todavia, sinteticamente, as *vantagens* deste modelo são evidentes. Não tem sido por acaso o modelo mais seguido. E*m primeiro lugar,* saliente-se que a codificação *à droit constant* permite evidenciar as fragilidades do Direito existente, o que possibilita, uma vez diagnosticado o problema, proceder à respectiva reforma. Por outro lado, sublinha-se que, num contexto de desregulamentação, pode ser inoportuno encetar uma vasta reforma do Direito.

Principais inconvenientes:

– disposições legais codificadas com uma redacção que não está mais em vigor e daí a necessidade (prévia) da codificação-consolidação;
– normas abrogadas tendo sido codificadas;
– regras abrogadas não codificadas.

Em suma, sob vários aspectos, a codificação *à droit constant* torna a aplicação do direito urbanístico mais incerta. Verifica-se, por vezes, que, não havendo consolidação-actualização prévia (à codificação), esta continua a fazer referência a normas desactualizadas ou até o Ministério ou o tribunal competente não serem já os mesmos.

Depois há ainda outros modelos, como o seguido no ordenamento jurídico norte-americano (*quer para a lei – U.S. Code, quer para os regulamentos – Code of Federal Regulations*). Sem pretender suspender a sua contínua inovação (actualizações periódicas) incorpora (as leis) num sistema racional e permanente, tornando possível a sua identificação imediata, constituindo, deste modo, um instrumento útil de conhecimento e aplicação do Direito.

88 *Um Código de Urbanismo para Portugal?*

Estes chamados códigos, que o não são, asseguram a certeza do Direito, procurando situar as normas de forma permanente, objectivável e estável à luz da unidade do sistema, resolvendo, inclusive, graves problemas de intersecção de textos e vigências normativas. A certeza e a segurança jurídicas são os seus principais méritos, sendo normalmente utilizados pela jurisprudência (e pela doutrina), sem deixar de recorrer aos textos normativos originários.

Há ainda a marca italiana dos *textos únicos* (micro-sistemas), que temos, aliás, seguido, como já ficou dito – regime jurídico dos instrumentos de gestão (planeamento) territorial e o regime jurídico da urbanização e da edificação.

7. *Um Código de princípios.* O *Código do Direito Urbanístico* como *código ético-funcional,* mas não funcionalista, com uma *função educativa* e reguladora dos agentes urbanísticos, o que não pode deixar de influenciar a estrutura e os conteúdos do Código e, portanto, a respectiva técnica de redacção – com refracções nos hábitos argumentativos do jurista e até na fundamentação das sentenças nesta matéria.

Portanto, *um Código de Princípios.* Um código que saiba conciliar *a ética da concepção com a estética da forma.* Só um esqueleto sólido de princípios jurídicos gerais e especiais (boa-fé, protecção da confiança, igualdade, justiça, proporcionalidade, legitimidade..., etc.) permite uma orientação firme do conjunto enorme de leis que vamos tendo. São os princípios que conferem sentido às normas jurídicas. Por outro lado, é preciso recordar, com SAVIGNY, que não são (apenas) as normas mas (também) as instituições os elementos essenciais da vida jurídica.

Daí também a importância da Constituição, como meio de restabelecer um mínimo de coerência e justiça nas relações jurídicas. O regresso à Constituição, como elemento integrador e racional, face à dispersão dramática da legislação. Um Código de Urbanismo não pode ser uma banalidade legislativa.

O exercício dos direitos não é estranho à qualidade do cidadão e do legislador. Ambos precisam de uma biblioteca fatigada.

8. *Um Código local-nacional – ou um Código glolocal?* Vemos o Direito Urbanístico como um dos raros campos do Direito onde ainda é possível elaborar um Código *local-nacional.* Isto explica-se, em larga medida, pela inércia nesta matéria do poder legiferante a nível comunitário e internacional. Há alguma coisa ao nível do Conselho da Europa,

Banalidade Semântica ou Código de Princípios? 89

é certo. Neste caso poderíamos falar de Código do Urbanismo como *lei de um território,* ou seja (como nas codificações modernas), nacionalização da ordem jurídica urbanística. Portanto, *policentrismo legislativo* moderado. *Espaço e território* podem não coincidir. Enquanto o *segundo* indica a esfera de soberania, a identidade do lugar, com o seu *genius loci,* o *primeiro* representa um *não-lugar,* o âmbito dos negócios de massas.

9. *Codificação geral* versus *codificação parcial – uma falsa questão?* À concepção do Código deve corresponder primariamente uma noção de Direito Urbanístico.

Qual? Uma noção ampla ou uma noção restrita ? Tudo dependerá, em boa medida, da concepção de Direito Urbanístico.

A nossa opção vai para uma noção restrita de Direito Urbanístico: conjunto de princípios e normas jurídicas que, no quadro das orientações definidas pelo direito de ordenamento do território, disciplinam a actuação da Administração e dos particulares com vista a uma racional e sustentada ocupação, utilização e transformação do solo para fins urbanísticos.

Como a nossa noção de Direito Urbanístico é moderadamente restrita, anotamos que o dilema se poderia solucionar sob a forma de uma codificação global-restrita do urbanismo.

Metodologicamente, elegendo-se, à partida, uma concepção globalizante de codificação (já seria melhor outra solução – codificação parcial – se se preferir uma noção ampla de urbanismo e do seu direito), dever-se-ia começar pela parte geral e não pela parte especial.

Com dois «limites» essenciais:

– Superar a concepção organicista. O Código do Urbanismo não pode ser apenas o Código do Ministério respectivo, impondo-se uma visão compósita e homogénea que privilegie o direito de acesso ao Direito, como acontece em França.

– Em segundo lugar, o seu perímetro não deve, em princípio, ultrapassar (até porque não é necessário, face à exiguidade de normas comunitárias e internacionais nesta matéria) o território do Estado. Que saibamos, um Código do Urbanismo não é um código religioso ou financeiro. Impõe-se um Código local--nacional.

Em resumo, a não ser que se adopte uma noção restritiva de urbanismo, como defendemos, o Código não deve ser completo, não deve disciplinar todas as matérias, iniciando-se antes pela disciplina de um conjunto determinado de matérias que compõem a chamada parte geral, apesar do senso comum apontar no sentido inverso ao definido por nós.

Em França, por exemplo, o *permis de construire* surge-nos incluído no Código Urbanístico, enquanto na Alemanha a sua disciplina está prevista no Código da Construção. Mais uma vez, o perímetro do Código passa pelo prévio entendimento do que se entende por Direito Urbanístico.

A opção dramática posta aos relatores, entre codificação geral ou (codificação) parcial, resolve-se, em boa parte, com uma noção restrita de Direito Urbanístico.

Na opção por uma *planificação parcial,* como acontece na Alemanha, por razões históricas e repartição constitucional das competências legislativas entre o *Bund* e os *Länder*, o direito público urbanístico é caracterizado pela distinção entre direito da planificação (*Bauplanungsrecht*) e direito de protecção dos perigos – direito de polícia (o primeiro da competência do *Bund*, enquanto o segundo recai na competência legislativa dos *Länder*).

Por isso, só para a planificação urbanística existe um direito nacional e unitário. O direito das construções (*Bauordnungsrecht*) situa-se ao nível dos Estados Federados.

Um Código é uma construção jurídica, é uma obra de arte. Daí a actualidade de uma *neo-exegese* aberta às verdades literais e à tecnolinguagem. Sem ceder ao fascínio das plurilinguagens, é preciso aqui alguma abertura semântica. Os perigos são enormes, disfarçados sob constelações semânticas e jurídicas muito do agrado do pensamento débil (simplificação administrativa, eficiência, celeridade, burocracia).

Na senda do que temos vindo a escrever, a nossa proposta quanto ao perímetro (essencial) do Código de Direito Urbanístico é a seguinte:

- Princípios constitucionais de Direito Urbanístico + modos de actuação da Administração + planos + urbanização e edificação + direito dos solos + reabilitação urbana + *standards* urbanísticos e ambientais (ainda que flexíveis) + direitos dos cidadãos + contencioso urbanístico + expropriação urbanística (que tem as suas particularidades, como o contencioso administrativo). Importa, também, dar maior atenção ao promotor imobiliário, que é hoje um agente urbanístico de primeira ordem;
- A defesa de uma **planificação modesto-situacional.** Neste caso, codificar significa *modificar;*

Banalidade Semântica ou Código de Princípios? 91

– Regresso do Direito Urbanístico à *forma urbis,* limitando a actual vampirização do solo por muitas das normas urbanísticas, especialmente dos PMOTs.

Em suma, *ordenar mais o território e conformar menos intensamente o direito de propriedade.*
Uma questão a merecer ampla reflexão é a que se refere à natureza jurídica dos planos e ao contencioso urbanístico.

10. Na sequência do problema da *natureza jurídica dos planos, o contencioso urbanístico* deverá merecer alguma atenção e especialidade ao legislador. Daí esta suspensão reflexiva um pouco mais intensa.

Tendo presente o novo quadro da justiça administrativa, advogaremos, apesar disso, alguma especificidade do contencioso urbanístico e dos seus planos.

No que se refere à natureza jurídica dos planos urbanísticos, temos optado pela sua qualificação como *actos-norma,* à luz do critério das garantias contenciosas. Outro aspecto a considerar é o da *duplicidade* de regimes, impugnação directa (das normas) e (impugnação) indirecta (através dos actos de execução), com projecções, inclusive, no valor da causa, que, sendo diferente num caso e noutro, importa nomeadamente consequências ao nível do recurso jurisdicional (artigos 34.º e 151.º do C.P.T.A.).

Antes de mais, apesar das novidades introduzidas, somos de opinião que o contencioso das normas é um dos menos bem concebidos, o que, aliás, é já uma tradição entre nós. Digamos porquê: em primeiro lugar, o *simulacro* da dualidade de regimes – impugnação directa e indirecta (veja-se o artigo 73.º/1 do C.P.T.A., bem como os princípios da hierarquia das fontes e *jura novit curia* ou ainda o artigo 1.º/2 do E.T.A.F.) – não é uma boa solução, na medida que pode ser um elemento perturbador dos princípios constitucionais da tutela judicial efectiva e da igualdade (embora se compreenda, porque só perante o acto aplicador (licença ou autorização) o particular toma verdadeiramente "consciência" dos danos infligidos pelo plano).

Com efeito, não só a Administração como até os Tribunais Administrativos podem continuar a aplicar normas ilegais que estiveram na base da pontual anulação de actos (impugnação indirecta, por exemplo, uma autorização ou uma licença). Neste sentido, seria preferível que o

92 *Um Código de Urbanismo para Portugal?*

n.º 2 do artigo 73.º do C.P.T.A. conferisse à decisão jurisdicional efeitos *erga omnes*. Evitava-se, pelo menos, em obséquio ao princípio da economia processual, que nos casos seguintes a mesma norma (antes) declarada ilegal fosse tomada em consideração (novamente apreciada) aquando de mais uma impugnação indirecta ou incidental.

Mantendo-se a aparente duplicidade de regimes e de impugnações, a mesma questão se poderá levantar relativamente ao valor da causa e ao recurso jurisdicional (artigo 34.º/2/3 do C.P.T.A.). *Malgré* a devolução (parcial) para o processo civil (artigo 31.º/4 do C.P.T.A.), o valor da causa deve ser visto como um *pressuposto processual de natureza pública,* com intervenção principal do juiz administrativo na sua fixação (ouvidas as partes), afastando, assim, uma interpretação literal-redutora do disposto nos artigos 78.º/2/i) e 80.º/1/c) do C.P.T.A.. Mesmo vingando uma interpretação *civilizadora,* tal faculdade não poderia ser apenas do recorrente mas de ambas as partes do processo administrativo. Assim o exigem os princípios da tutela jurisdicional efectiva e da igualdade.

Se em relação à impugnação indirecta se poderá determinar o valor da causa, atendendo ao conteúdo económico do acto (nos termos do artigo 33.º/a) do C.P.T.A.; a nosso ver, não é claro que havendo cumulação de pedidos – artigos 4.º/2 a) e b), 32.º/7 e 73.º/1 do C.P.T.A. – esta não se revele *aparente*, apesar das formalmente distintas utilidades económicas; isto em homenagem aos princípios da igualdade e da justiça, sobretudo no Direito Urbanístico), já na impugnação (directa) da norma o valor será indeterminado (artigo 34.º/1 do C.P.T.A.). Acrescente-se que não vemos como possa ser impugnada uma norma ou um plano de ordenamento do território (se excluirmos os PMOTs, que são planos urbanísticos, e os PEOTs, que são planos especiais, artigo 3.º/2 do Decreto-Lei n.º 380/99, de 22 de Setembro) quando estas normas não atingem directamente a esfera jurídica dos particulares (artigo 3.º/1, restará, todavia, a acção popular, artigo 7.º/1/a) do Decreto-Lei n.º 380/99, de 22 de Setembro, sem esquecer a declaração de ilegalidade por omissão, artigo 77.º do C.P.T.A.). Sendo pela natureza dos planos normas programáticas, não só não se poderá determinar o valor da causa como não se poderão verificar as consequências assinaladas pelo artigo 31.º/2 do C.P.T.A..

Uma observação-outra, para dizer que nem todas as causas que envolvem o contencioso dos planos urbanísticos têm ou podem ter valor indeterminável, como prescreve o artigo 34.º/1 do C.P.T.A.. Basta pensar nalguns casos de *expropriação do plano* (artigo 143.º do Decreto-Lei n.º 380/99, de 22 de Setembro) para ver que assim não é, podendo e devendo funcionar aí o critério do conteúdo económico do acto, definido no artigo 33.º/a) do C.P.T.A..

Outra solução aceitável seria a de dotar de outro alcance a sentença relativa à impugnação indirecta, sustentando-se a possibilidade do Tribunal Administrativo competente estender a declaração de ilegalidade (invalidade) à norma regulamentar (ilegal) que sustentou a prática do acto administrativo. Esta hipótese é tanto mais lógica quando o Tribunal Administrativo competente é o mesmo para os dois casos – impugnação directa e indirecta (artigo 20.º/1 do C.P.T.A.). Até porque a parte demandada é também a mesma, a entidade que praticou o acto como a norma regulamentar.

Em bom rigor, o que tem existido entre nós *não* é uma dupla via de impugnação, directa e indirecta, uma vez que o juiz se tem limitado a desaplicar a norma, mantendo-se, portanto, em vigor.

Continuando o nosso périplo, não havendo prazo para a impugnação de normas (artigo 74.º do C.P.T.A.), e uma vez que os actos que violam os planos urbanísticos são nulos (artigo 103.º do Decreto-Lei n.º 380/99, de 22 de Setembro), não se percebe a necessidade da impugnação indirecta. Bastaria (então) atacar a norma do plano, ficando sem efeito o acto aplicador consequente (artigo 133.º/2/i) do C.P.A. e artigo 173.º/3 do C.P.T.A. (de complexa aplicação). Tudo em conjugação com a declaração de invalidade da norma produzir efeitos *ex tunc* (artigo 76.º/1 do C.P.T.A.)*, convidando a uma outra redacção do artigo 73.º/1 do C.P.T.A. (sem violar a Constituição).

Porque não uma aplicação mais ampla do regime vertido no artigo 73.º/3 do C.P.T.A., segundo o qual «O Ministério Público pode pedir a declaração de ilegalidade com força obrigatória geral, sem necessidade da verificação da recusa de aplicação em três casos concretos a que se refere o n.º 1»? Pelo menos naqueles casos em que a pretensão do autor coincide com a tutela do interesse público (artigo 73.º/2 do C.P.T.A., segunda parte).

De outra forma, mantém-se uma situação contraditória – manutenção das normas ilegais (do plano), embora se possam anular uma multitude de actos de aplicação – até se poder recorrer ao disposto no artigo 73.º/1 do C.P.T.A., (o que pode ser "apressado" por uma oportuna cumulação de pedidos).

Por outro lado, o disposto no n.º 2 do artigo 102.º do Decreto-Lei n.º 380/99, de 22 de Setembro (onde se prescreve que « a declaração de nulidade (dos planos) não prejudica os efeitos dos actos administrativos entretanto praticados com base no plano »), deveria obrigar a uma outra *especificidade* do contencioso urbanístico, nomeadamente dos seus planos, tendo em conta o teor do artigo 76.º/1 do C.P.T.A. (que é agora o regime regra – efeitos *ex tunc* das sentenças anulatórias), que, todavia, não parece ter um alcance tão amplo (o n.º 3 do artigo 76.º refere que a retroactividade da declaração de ilegalidade não afecta «... os efeitos dos actos administrativos que entretanto se tenham tornado inimpugnáveis...»).

A solução encontrada no artigo 102.º/2 do Decreto-Lei n.º 380/99, de 22 de Setembro, faz sentido: em primeiro lugar, a nulidade de um plano (ou das suas normas) nem sempre comportará a falta de cobertura jurídica da autorização concedida. Pode até acontecer que tenha sido anulado um plano de pormenor, mas a autorização se ajuste ao disposto no plano de urbanização ou ao plano director municipal em vigor; em segundo lugar, a nulidade dos actos não se produz, em princípio, de forma automática, carecendo de uma declaração administrativa ou judicial (artigo 134.º/2 do C.P.A.); em terceiro lugar, a declaração de ilegalidade (nulidade) de um plano urbanístico não afectará de igual modo todos os actos administrativos praticados em sua execução.

Combinando o disposto no artigo 102.º/2 do Decreto-Lei n.º 380/99, de 22 de Setembro, com o artigo 76.º/1/3 do C.P.T.A., talvez se devesse concluir que, se por um lado, os efeitos de actos cobertos por um plano urbanístico declarado nulo não desaparecem automaticamente da ordem jurídica (como vimos antes), por outro lado, também se deve negar a convalidação das autorizações – licenças que tenham resultado inválidas por estarem amparadas num plano que foi declarado nulo. Nem se objecte que tal solução comporta mais insegurança jurídica, na medida em que, pondo em causa os actos consolidados, obrigaria os particulares a prever se o plano os vai afectar, para o impugnar o mais rapidamente possível, conduzindo, assim, a uma maior litigiosidade.

Outra forma de obviar as dificuldades postas seria a de prever um prazo para a impugnação indirecta (exceptuando, obviamente, o disposto no artigo 58.º/2 do C.P.T.A.), como acontece com a invocação (por via de excepção) de alguns vícios que afectam a validade dos planos. Em França, o prazo é de seis meses a contar da entrada em vigor do plano («documento urbanístico»).

Continuamos a pensar, por outra banda, que tem sentido fixar um prazo para a acção de impugnação de normas, porque, mesmo que se tornassem inimpugnáveis, sempre haveria lugar à questão da ilegalidade por via da impugnação indirecta. Noutros países (Itália e Espanha) o prazo é de dois meses apenas, enquanto na Alemanha o prazo se estende até dois anos. Razões de segurança jurídica e de interesse público são suficientes para fundamentar a nossa posição.

Há ainda duas novidades da reforma da justiça administrativa muito importantes para o contencioso dos planos territoriais, especialmente dos PMOTs e dos PEOTs. Pela sua maior visibilidade, apenas algumas notas.

A primeira diz respeito à declaração de ilegalidade por omissão (artigo 77.º do C.P.T.A.), particularmente notória em relação ao PDM, de elaboração obrigatória (artigo 84.º/3 do Decreto-Lei n.º 380/99, de 22 de Setembro); a outra novidade relevante reporta-se aos pedidos de suspensão de eficácia das normas (artigo 130.º do C.P.T.A.), cujo âmbito de aplicação incide na *planificação plurisubjectiva* (artigo 3.º/2 do Decreto-Lei n.º 380/99, de 22 de Setembro).

Os critérios a utilizar são, nos termos do n.º 3 do artigo 130.º, essencialmente o *fumus boni iuris* e o *periculum in mora,* para além do princípio da proporcionalidade (artigo 120.º/2 do C.P.T.A.). Naturalmente que a valoração do interesse público é mais intensa na suspensão dos planos (urbanísticos) do que nos actos de aplicação, sendo que em ambos os casos há dois *fumus boni iuris* e não apenas um. Outra coisa, diferente, é a presunção de legalidade da actuação administrativa.

Para concluir este ponto, uma breve referência à natureza jurídica da *ratificação* dos planos urbanísticos (PMOTs), com projecções relevantes no contencioso urbanístico.

A doutrina e a jurisprudência têm recorrido a várias categorizações, como a aprovação tutelar, sendo uma das mais apontadas a que concebe a ratificação como acto integrativo de eficácia. O acto constitutivo seria então o acto de aprovação do plano urbanístico pela Assembleia Municipal (artigo 79.º/1 do Decreto-Lei n.º 380/99, de 22 de Setembro). Estas construções (com algumas *nuances*) assentam em vários pressupostos, como o da imputação municipal dos planos e os princípios da autonomia do poder local e da tutela administrativa (de legalidade), artigos 6.º e 235.º e ss da C.R.P..

Será assim? Vendo o procedimento de elaboração dos planos urbanísticos (sempre os PMOTs) como um procedimento complexo, em que concorrem interesses da mais variada natureza e âmbito, o *controlo de legalidade* (estatal), por via da *ratificação* (artigo 80.º/8 do Decreto-Lei n.º 380/99, de 22 de Setembro), pode incidir tanto sobre aspectos vinculados como discricionários do plano; por sua vez, o *controlo de oportunidade* ou *de mérito* atinge sobretudo as decisões municipais de natureza discricionária que envolvam a presença de interesses públicos regionais ou nacionais, naturalmente predominantes.

Abandonando o modelo da tutela (administrativa), verificamos que, de acordo com a perspectiva constitucional, pode-deve prevalecer a articulação de competências – em simetria com a concorrência e a natureza dos vários interesses públicos em jogo. Em poucas palavras, uma adequada ponderação e hierarquização dos interesses municipais e supramunicipais permite não apenas o controlo de legalidade mas também o controlo de mérito dos PMOTs através da ratificação.

O controlo de mérito, levado a cabo pela ratificação, constitui, assim, um controlo de coordenação, em harmonia com a filosofia do diploma regulador dos instrumentos de gestão (planeamento) territorial (princípio da hierarquização dos interesses públicos). Tem por objectivo, por um lado, garantir a necessária adequação dos interesses urbanísticos locais com os interesses territoriais de âmbito mais alargado; por outro, o de assegurar o acerto técnico e jurídico das soluções postas pela planificação municipal com as dos planos superiores.

A primazia da Administração Local na formulação-imputação dos seus planos não constitui uma exigência absoluta do princípio constitucional da autonomia das autarquias locais, nomeadamente quando a actividade municipal transcende o âmbito dos seus interesses, condicionando a Administração Central.

Assim sendo, pelo menos nestes casos, a *ratificação* governamental dos PMOTs não pode deixar de ser visto como o acto final de aprovação destes planos e, portanto, um acto resolutório e substantivo que, pondo fim à tramitação procedimental, determina a existência e validade do plano como norma jurídica conformadora e criadora de direitos e obrigações junto dos particulares. Não esquecendo a distinção entre validade e eficácia, as consequências são óbvias ao nível do contencioso urbanístico.

Em conclusão, na medida em que o planeamento urbanístico afecte não só interesses municipais mas também interesses de outras entidades administrativas com competência no ordenamento territorial, deve entender-se que permanece um controlo de mérito materializado na aprovação-ratificação definitiva do plano urbanístico.

Outra leitura, em obséquio a uma visão purista e radical do princípio da autonomia local, passará pela desnecessidade da ratificação governamental dos planos. Poder-se-ia então argumentar, com lógica, que a permanência deste tipo de controlo (tutela) se deve a uma certa inércia, inclusive constitucional (artigo 242.º), incompatível com os hodiernos postulados semânticos do princípio da autonomia do poder local. Reconhecendo-se constitucionalmente autonomia a uma colectividade – na prossecução dos respectivos interesses próprios – o controlo de legalidade deve ser feito exclusivamente pelos *tribunais*.

Porém, muito cuidado. Se tivermos em consideração a tal sobreposição de interesses concorrentes na elaboração dos planos urbanísticos, esta interpretação não só não nos parece a melhor, como também não se mostra a mais fiel ao pensamento do legislador constitucional.

Numa tentativa de síntese, poderíamos sustentar que o mero controlo de legalidade, através da ratificação, só faz sentido constitucional quando apenas estejam em causa interesses próprios da Administração Local.

Admitindo-se constitucionalmente (artigos 65.º/2/4 e 235.º e ss da C.R.P.) uma titularidade partilhada em matéria de urbanismo e dos seus planos, a chave do problema estará numa correcta delimitação dos interesses próprios dos entes locais, na medida em que tais conceitos participam de forma decisiva na determinação material do conteúdo e alcance da autonomia local. O que normalmente se explica, erroneamente, à luz da tutela administrativa, pode hoje esclarecer-se, com respeito pelo princípio constitucional da autonomia local, identificando no plano urbanístico interesses públicos de âmbito e nível regional ou mesmo nacional.

Afastar-se-ia, assim, a sombra de uma imprópria e inconstitucional tutela sobre a figura da ratificação, cabendo o controlo de legalidade aos juizes a aos tribunais administrativos sempre e quando estejam em jogo apenas interesses locais ou municipais.

Como tivemos ocasião de constatar, a especialidade do contencioso urbanístico também passa por aqui.

11. *Código do Urbanismo e simplificação legislativa. Sentidos desta simplificação-racionalização.* Antes de mais, *sintáctica*, o Código opera relativamente às relações das normas entre si, ligando-as sob novas modalidades, de acordo com princípios e ordens conceptuais próprios e específicos.

Semântica, pertinente ao processo de «juridicização» (em sentido amplo) e «legalização» do direito; o Direito não é apenas legislação, daí a importância dos princípios gerais, *maxime* da Constituição.

Pragmática, definindo a relação do Código com os «utentes». Monolinguísmo ou plurilinguísmo do modelo comunicativo na relação emitente (legislador) – receptor (cidadão)? A tal abertura semântica de que falámos anteriormente, sem perda de rigor e coerência conceptual.

A proposta de WITTGENSTEIN assenta na relação entre facto/linguagem; a relação Urbanismo / Código como relação de pertença, fundada sobre a comunhão do que WITTGENSTEIN chama «propriedades projectivas». Toda a imagem de qualquer forma, qualquer que ela seja, deve ter em comum com a realidade – para poder configurá-la correcta ou falsamente – a forma lógica, ou seja, a forma da realidade. A imagem tem em comum com o representado a forma lógica de representação. A forma de representação é a possibilidade que as coisas estejam umas com as outras na mesma relação com os elementos da imagem. Neste sentido, o *princípio da vinculação situacional dos bens e do solo* pode ser um princípio iluminante de um direito urbanístico sustentado e sustentável.

O mesmo se pode dizer da relação entre o acto administrativo e a respectiva fundamentação. O *risco* da fundamentação dos planos urbanísticos (artigo 87.º/2/b) do Decreto-Lei n.º 380/99, de 22 de Setembro), na relação entre as palavras e os factos, está numa lógica substancialista de inspiração aristotélica, que, através de uma linguagem articulada entre o sujeito e o predicado, tende a criar abstracções generalizantes, fixas e imutáveis (zonamento), assumindo, frequentemente, um papel substitutivo da realidade física e procedimental. Os inconvenientes que daí podem resultar, para ser lacónico, são, no mínimo três: o fascínio da captura antecipada do futuro (o destino do solo no devir); a falsificação dos territórios da planificação (canibalismo do solo urbanizável e edificável); por último, a ocultação dos factos (as pressões) na «realidade» criada pelo pensamento.

Deve pontificar, no Código, uma certa uniformidade técnica e linguística. Só através dos princípios da acessibilidade e inteligibilidade dos textos legais se cumpre cabalmente o princípio da igualdade perante a lei. Também o problema do valor da segurança jurídica. Acresce que muitas normas urbanísticas têm uma natureza técnica. Daí uma certa neo-exegese, aberta às novidades literais e às tecnolinguagens.

Não deixaríamos, no entanto, a porta aberta a *restatements* de marca doutrinal, mas, ao invés, a um Código de Princípios.

Alguma preocupação com a codificação *à droit constant* ou de micro-sistemas legislativos, porventura demasiado permeáveis ao direito jurisprudencial e sobretudo à *lex mercatoria.*

Em princípio, o Código (do Urbanismo) só deve contemplar normas (regras) que tenham uma vocação geral, sejam simples ou complexas, permitindo desta forma dar maior complexidade ao direito urbanístico e, simultaneamente, retirar-lhe complicações inúteis.

A codificação urbanística deve responder especificamente a três objectivos essenciais:

– Conter a dispersão normativa e evitar a simplificação ou desregulamentação (um equilíbrio difícil).
– Permitir o regresso ao Direito (com toda a sua densidade axiológico-normativa), superando o estádio puramente legislativo de natureza instrumental (direito positivo) e prescritivo.
– O retorno do Direito Urbanístico à cidade, ultrapassando a crise de crescimento de querer ser tudo – ordenamento do território, direito do ambiente, direito da construção.

O Direito Urbanístico trata de questões de alta dogmática, como o direito de propriedade ou o plano, procurando dar-lhes solução sem mendigar noutras paragens dogmáticas.

12. *Concluindo sem conclusões.* Qualquer tentativa de codificação exige uma rigorosa definição das regras de elaboração dos textos, um quadro verdadeiramente normativo.

Instituir uma Comissão Superior de Codificação. Competir-lhe-á, entre outras funções, estabelecer a *estabilidade formal* dos textos legais, acompanhada de uma técnica legislativa primorosa, de modo a que o Estado de Direito assegure aos cidadãos o direito de conhecerem a lei aplicável (princípios da acessibilidade e da inteligibilidade).

Uma codificação que não ignore o carácter *teleológico* do Direito Urbanístico e dos seus planos. Primariedade do interesse público como critério e limite da discricionaridade administrativa.

O problema é aqui essencialmente de conteúdo e, portanto, o de limitar e racionalizar a capacidade de plasmação e conformação do direito de propriedade do solo pelo plano (*standards* urbanísticos).

Codificar a *legislação urbanística* ou codificar o *direito urbanístico* não é a mesma coisa.

Codificar não é necessariamente desregulamentar, sabendo que a dimensão inovadora é, muitas vezes, inversamente proporcional à quantidade de direito que se pretende codificar.

O Código deve ter a *marca* da Lei Fundamental e, nesse sentido, incorporar a tutela do património imobiliário histórico-artístico, como expressão do Estado de Direito de Cultura.

A codificação do Direito Urbanístico deve saber combinar, com equilíbrio, a concentração e complexidade dos *textos únicos* com a simplicidade (não minimalidade) que preside à ideia de Código.

No Direito Urbanístico, pela natureza das coisas e do seu tecido normativo, não se pode pretender uma *codificação total,* no sentido de um Código completo e exaustivo. Refira-se que, mesmo no direito civil, o Código (Civil) deixou de ser um Direito exclusivo e unitário.

Codificar neste domínio não é o mesmo que no direito penal ou no direito civil.

O imperativo de uma *planificação modesto-situacional*, na linha do que temos vindo a sustentar noutros estudos.

Codificar não é apenas importar ideias. Seria, mais uma vez, desastrosamente comovente ou, em palavras mais secas, significaria a *mcdonalização* do ordenamento urbanístico.

Um Código de Urbanismo não se pode confinar ao pequeno mundo da grande comédie *balzaquiana.*

PAINEL III

VANTAGENS E INCONVENIENTES DA CODIFICAÇÃO GLOBAL
DA LEGISLAÇÃO DO URBANISMO

I – A VISÃO DOS JURISTAS

VANTAGENS E INCONVENIENTES DA CODIFICAÇÃO GLOBAL DA LEGISLAÇÃO DO URBANISMO

Conselheiro Nuno da Silva Salgado
(Supremo Tribunal Administrativo)

1. Designa-se por "Codificação" a operação que se traduz e concretiza em formular, concentrada e sistematicamente, as normas de uma determinada fracção da ordem jurídica, num corpo orgânico, ordenado, coerente e harmónico, a que chamamos "Código".

Os primeiros Códigos surgiram depois da Revolução Francesa e tiveram em vista traduzir o princípio revolucionário da igualdade perante a lei, mas ainda que ordenados por um critério sistemático e impregnados dos ideais do jusracionalismo iluminista, não lograram suprimir as leis locais e os costumes, perante os quais constituíam, quanto à eficácia, puro direito subsidiário.

Foi, porém, a partir do século XIX que se passou a discutir, com grande veemência, se a codificação em geral é boa ou má.

E, para nos apercebermos desta problemática, antes de tratarmos especificamente da codificação da legislação urbanística, convém referir que a codificação pode assumir três formas bem diferenciadas:

a) A primeira, que é chamada *codificação exclusiva ou global*, obtém-se com a concentração da totalidade ou da generalidade das normas de um ramo ou de um sub-ramo de direito, constituindo, por conseguinte, os códigos assim elaborados, se não a fonte única de direito no âmbito desse ramo, pelo menos a fonte principal, podendo vigorar, a seu lado, leis acessórias ou especiais, justificadas pela especificidade dos regimes que consagram. Estão, nesta situação, a Constituição, que é uma codificação global de todo o Direito Constitucional, assim como o Código Penal, que tem vocação total e exclusiva para este ramo de direito, como também o deverá ter o Código Civil, Comercial e outros de igual natureza, em relação às especificidades do direito que contêm.

b) A segunda forma de codificação, é a chamada *codificação essencial ou geral*, que visa reunir apenas os princípios relativamente firmes, estabilizados e gerais de um ramo ou sub-ramo de direito, ou seja, o chamado núcleo essencial, deixando de fora todos os princípios mais ou menos incertos ou ainda em debate na jurisprudência e na doutrina, como ainda as normas de carácter mutável, contingente ou temporais, as normas de âmbito pessoal ou local e as de carácter técnico--organizatórias.

Estão, nesta situação, as codificações dos princípios gerais de Direito Administrativo, tentadas já em vários países, onde não é possível recolher todo o Direito Administrativo, pelo que se acolhem as suas partes essenciais.

c) Finalmente, a terceira forma, a dos chamados, *Códigos parcelares ou sectoriais ou da Codificação por matérias ou ramificada*, que visa reunir apenas, sistematizada e ordenadamente, fatias de um ramo de direito que regulavam ou hão-de vir a regular uma dada matéria ou assunto. Estão, em tal situação, os Códigos do Direito Fiscal, os Códigos dos Registos ou os Códigos do Direito Internacional e o Código de Procedimento Administrativo, que, muito embora constituindo uma codificação de normas administrativas de natureza processual, tem outras de natureza substantiva, bem como o nosso futuro Código da Administração Autárquica, se vier a ser aprovado o anteprojecto já elaborado para o efeito ou outro que o vier a substituir, e um eventual Código do Urbanismo, de que agora estamos a tratar, nos quais se pega em algumas zonas do direito e sobre tal parcela ou fatia se faz um Código.

Pois bem, retomando agora a problemática atrás deixada em aberto de saber se a codificação é boa ou má, é uma perspectiva que dividiu, no passado, duas grandes escolas do direito e dois grandes jurisconsultos: A Escola Histórica do Direito e a Escola Positivista e os grandes mestres SAVIGNY e THIBAU.

Segundo a primeira e SAVIGNY, a codificação congela e cristaliza o direito. Se a lei, dada a sua rigidez e processo mais ou menos arbitrário da sua formação, não tem a plasticidade suficiente para se amoldar às constantes evoluções da vida social e pensamento jurídico dominante, o Código não pode deixar de reflectir e agravar mais tal inconveniente, dado que se torna mais difícil modificar o direito codificado e adaptá-lo às novas necessidades sociais em permanente evolução.

Vantagens e inconvenientes da codificação global da legislação do urbanismo   105

Para a Escola Positivista e THIBAU, toda a codificação visa tornar o direito mais facilmente reconhecível, mais simples, mais claro, mais certo, mais estável e coerente, em relação a todos os seus potenciais destinatários. Visa, assim, três grandes vantagens: a unificação jurídica; tornar o direito mais certo e mais preciso e contribuir para o seu progresso e perfeição, nomeadamente para a introdução e consolidação de novos sistemas de ideias e de novos institutos.

2. Em relação ao estádio actual da legislação do urbanismo em Portugal, razões fundamentais existem para que, seguindo os ensinamentos da escola Positivista e de THIBAU, ainda hoje aplicáveis, se iniciem de imediato estudos e diligências necessárias à sua codificação.

2.1. Apontam nesse sentido, em primeiro lugar, a evolução e o incremento das profundas reformas que têm sido efectuadas, sobretudo nos últimos treze anos, nas principais estruturas do edifício jurídico do nosso urbanismo, como já foi devidamente acentuado no decurso deste colóquio, com primordial incidência no seu instituto fundamental, que é o *plano* – sobre o qual recairá especialmente este nosso trabalho –, não só na sua dimensão *local* e englobadora da multiplicidade de fins ligados à ocupação, uso e transformação do solo, mas ainda na sua dimensão *supralocal* e *regional* e de natureza *prospectiva* e *previsional*, indicadora das grandes linhas de desenvolvimento harmonioso do território por ele abrangido [1].

---

[1] Cite-se, a título meramente exemplificativo, a publicação do DL n.º 208/82, de 26 de Maio, depois reformulado pelo DL n.º 69/90, de 2 de Março, que plasmou todo o regime jurídico dos "planos directores municipais" e a sua eficácia plurisubjectiva, isto é, que vincula directa e imediatamente os particulares por eles abrangidos; o DL n.º 383/83, de 20 de Julho, que criou os "planos regionais de ordenamento do território", abrangentes de áreas pertencentes a mais de um município, e que foi depois revogado pelo DL n.º 176-A/88, de 18 de Maio; o DL n.º 151/95, de 24 de Junho, alterado pela Lei n.º 5/96, de 29 de Fevereiro, que disciplinou a elaboração e a aprovação dos "planos especiais de ordenamento do território" e, finalmente, a Lei n.º 48/98, de 11 de Agosto, que concretiza a Lei de Bases da Política de Ordenamento do Território e do Urbanismo, que depois foi desenvolvida pelo DL n.º 380/99, de 22 de Setembro, e no qual se estabeleceu o regime jurídico dos instrumentos de gestão territorial, que, além do mais, reformularam a disciplina dos planos de ordenamento do território, designadamente alterando a natureza dos PROT,s que deixaram de ter eficácia

106 *Um Código de Urbanismo para Portugal?*

Concretiza tal estrutura todo um conjunto de diplomas inovadores, publicados sem grandes preocupações de unificação, coerência, encadeamento lógico e harmonização para que deve tender uma codificação, com excepção do respeitante ao Regime Jurídico da Urbanização e da Edificação. Aqui, conforme se realça no respectivo preâmbulo, houve algumas preocupações de simplificação legislativa e de unificação num só diploma dos dois regimes jurídicos anteriormente existentes e de sistematização e de articulação das suas normas respeitantes às tradicionais atribuições municipais de polícia das edificações com as relativas aos seus poderes de tutela de legalidade urbanística, a par da adopção, pelo legislador, de um único diploma para regular a elaboração, aprovação, execução e avaliação dos instrumentos de gestão territorial, operada pelo DL n.º 380/99, de 22 Setembro.

2.2. Aponta, em segundo lugar, no sentido da codificação do direito do urbanismo e da almejada certeza e da estabilidade das suas normas, o incremento a que se tem assistido, nos últimos anos, – proporcional às reformas legislativas atrás apontadas – das decisões juris-

---

plurisubjectiva, só atribuída actualmente aos "planos municipais" e "especiais" de ordenamento do território.

E tudo isto sem falar já das publicações, entretanto, também efectuadas em relação a outros institutos sobre a Utilização do Solo: Regime Jurídico da Reserva Agrícola Nacional (RAN) (DL n.º 196/89, de 14 de Junho, alterado pelo DL n.º 274/92, de 12 de Dezembro, e pelo DL n.º 278/95, de 25 de Outubro); da Reserva Ecológica Nacional (REN) (DL n.º 93/90, de 19 de Março, alterado pelos DL s. n.ᵒˢ 316/90, de 13 de Outubro, 213/92, de 12 de Outubro e 79/95, de 20 de Abril); da Rede Nacional de Áreas Protegidas (DL n.º 19/93, de 23 de Janeiro, alterado pelo DL n.º 213/97, de 16 de Agosto, e pelo DL n.º 227/98, de 17 de Julho); das Zonas Especiais de Conservação e das Zonas de Protecção Especial (DL n.º 140/99, de 24 de Abril); da Ocupação, Uso e Transformação da Faixa Costeira (DL n.º 302/90, de 26 de Setembro); do Regime das Áreas Florestais (Lei n.º 33/96, de 17 de Agosto e DL s n.ºs 139/88, de 22 de Abril, 180/89, de 30 de Maio, e de 327/90, de 22 de Abril, alterado pela Lei n.º 54/91, de 8 de Agosto, e pelo DL n.º 34/99, de 5 de Fevereiro) e ainda dos sistemas e instrumentos de execução dos Planos, assumindo entre eles especial relevância, primeiro, o Licenciamento de Obras Particulares (DL n.º 445/91, de 20 de Novembro, alterado pela Lei n.º 29/92, de 5 de Setembro e DL n.º 250/94, de 15 de Outubro e Lei n.º 22/96, de 26 de Julho) e o Licenciamento de Loteamentos Urbanos (DL n.º 448/91, de 29 de Novembro, alterado pela Lei n.º 25/92, de 31 de Agosto) e actualmente o Regime Jurídico da Urbanização e da Edificação (DL n.º 555/99, de 16 de Dezembro, alterado pelo DL n.º 197/2001, de 4 de Junho).

Vantagens e inconvenientes da codificação global da legislação do urbanismo   107

prudenciais dos nossos Tribunais Administrativos, principalmente do STA, relativamente à legislação urbanística, o que tem contribuído, juntamente com a jurisprudência do T. Constitucional na mesma matéria, através da doutrina jurídica que emana dos seus arestos, para a consolidação de tal edifício jurídico e, consequente, justificação da sua codificação.

É sobre a análise dessa jurisprudência administrativa que irá daqui em diante recair essencialmente esta nossa intervenção que, balizada pelos limites temporais que lhe foram impostos e pela natural paciência de todos aqueles que agora nos escutam, terá que ser necessariamente perfunctória e incidente apenas sobre a problemática da "Violação e Contencioso dos Planos".

3. Intimamente relacionada com esta matéria, e, por isso, a trataremos com precedência, está a da *natureza jurídica* dos planos dotados de eficácia plurisubjectiva (planos especiais e municipais de ordenamento do território), porquanto o regime contencioso desses planos será diferente consoante eles sejam qualificados como actos administrativos ou como regulamentos, já que em relação aos planos sem eficácia plurisubjectiva, ou seja, os que não são directa e imediatamente vinculativos dos particulares ("programa nacional da política do ordenamento do território", "planos sectoriais", os actuais "PROT,s" e os "planos intermunicipais" – art.º 3.º, n.ºs 1e 2 do DL n.º 380/99), se não suscitem grandes dúvidas de que, por via de regra, revestem a natureza de normas jurídicas e, por isso, sujeitas ao contencioso de normas.

A questão da natureza jurídica dos planos constitui uma *vexata quaestio*, principalmente no âmbito da doutrina, em que o plano ora é tratado como acto administrativo geral, ora como regulamento administrativo ou ainda como acto misto ou até como um instituto *"sui generis"* insusceptível de enquadramento nas formas típicas de actuação da Administração Pública, embora sejam maioritárias as teses que, face ao conteúdo variado e heterogéneo do plano, considerem *materialmente regulamentar* as correspondentes disposições ou como *actos administrativos gerais* de conteúdo *normativo ou conformativo* (Para maior desenvolvimento desta problemática, vidé Prof. Dr. A. Correia, in *"Plano Urbanístico"*, págs. 217-223 e *"Manual de Direito do Urbanismo"*, págs. 370-401).

O legislador, porém, veio afirmar expressamente (art.ºs 8.º, al. b) da Lei n.º 48/98, 42.º, n.º 1, 69.º e 108.º do DL n.º 380/99) que os

108   *Um Código de Urbanismo para Portugal?*

planos especiais e municipais de ordenamento do território, bem como as suas *medidas preventivas*, que têm igual natureza dos planos, assumem a natureza de *regulamentos administrativos*, resolvendo, assim, pelo menos formalmente, que o seu contencioso é essencialmente um contencioso de normas jurídicas, embora não tenha resolvido a questão fundamental, que é a da sua qualificação material, que tem, antes, a ver com o seu conteúdo.

De qualquer modo, o STA, em jurisprudência uniforme e reiterada, tem vindo a decidir que os planos municipais e especiais de ordenamento do território têm a natureza de *regulamentos administrativos*, quer sob o ponto de vista formal, quer material (Acs. do STA de 17.10.95, Rec. 35 829; de18.04.97, J A, Sumário, pág. 551; de 24.06.97, Rec. 40 971; de 08.07.97, Rec. 38 632; de 23.09.97, Rec. 38 991; de 09.06.99, Rec. 44 614; de 06.07.2000, Rec. 44 456; de 28.11.2000, Rec. 46 396 – no qual se decidiu expressamente que as disposições normativas de um PDM assumem a natureza de um regulamento administrativo e não de acto administrativo geral, já que se apresentam com as notas características da generalidade e da abstracção –; de 17.07.2002, Proc. 1001/02; Acs. do T. Pleno de 30.06.99, Rec. 38 998; de 02.05.2001, Rec. 38 632 e de 30.06.2000, Rec. 40 971[2]).

No Ac. do STA de 11.01.2001, Rec. 45 861 (anotado no CJA, n.º 29, pág. 47 e segs.), julgou-se que as *medidas preventivas*, aprovadas pela AM, sob proposta da CM, com base no disposto nos art.s 3.º e 7.º do DL n.º 69/90, de 02 de Março, alterado pelo DL n.º 211/92, de 8 de Outubro, como medida de garantia de áreas ou parte delas de planos municipais de ordenamento do território, cuja elaboração esteja decidida e às quais é aplicável, com as devidas adaptações, o regime estabelecido no DL n.º 794/76, de 15 de Novembro (Lei dos Solos), são, por natureza, tal como os planos em relação aos quais servem de garantia, *regulamentos administrativos autónomos*. Porém, entende alguma doutrina (Prof. Dr. A. Correia, *"Manual"*, pág. 401, nota 230 e

---

[2] Neste Acórdão, depois de se ter considerado o Plano de Urbanização da Costa do Sol, aprovado pelo DL n.º 37. 251, de 28.12.48, como um regulamento, rejeitou-se o recurso contencioso do acto do SEALOT que indeferiu o pedido de alteração a tal Plano, com o fundamento, que se nos afigura correcto, de que esse acto não era um verdadeiro acto administrativo, tal como vem definido no art.º 120.º do CPA, e, assim, contenciosamente recorrível, mas configurar, antes, essa recusa um acto que se situa no domínio de processo tendente à produção ou alteração de normas.

Vantagens e inconvenientes da codificação global da legislação do urbanismo   109

a Dr.ª Fernanda Paula de Oliveira, CJA, n.º 29, pág. 54, nota 31) que tais regulamentos assumem, antes, a natureza de *"regulamentos autorizados"*, com base numa habilitação, quer constitucional, sediada não no art.º 241.º da CRP como o são os *regulamentos autónomos*, mas sim no art.º 65.º, n.º 4 da mesma Lei Fundamental, quer legal assente na legislação respeitante ao ordenamento do território e ao urbanismo, uma vez que os planos municipais de ordenamento e as suas medidas cautelares visam a definição das regras de ocupação, uso e transformação do solo, nos quais estão intrincados interesses nacionais e locais[3].

---

[3] No mesmo Acórdão decidiu-se outra questão fundamental que é a de saber se a aplicação das *medidas preventivas* tem de ser feita expressamente pela Administração ou, se pelo contrário, ela pode decorrer do silêncio desta, através do acto tácito de deferimento. No caso, estávamos perante um pedido de informação prévia de licenciamento de obra a realizar em área sujeita a medidas preventivas, sobre o qual a Administração nada decidiu dentro do prazo legal. O Ac. entendeu que, em face do preceituado nos art.s 44.º, n.º 1 do DL n.º 445/91, alterado pelo DL n.º 250/94 e n.º 2 do art.º 108.º do CPA, havia o dever legal de decidir e, não o tendo feito a CM dentro do prazo legal de 30 dias, formou-se acto tácito de deferimento, que consubstancia um acto administrativo prévio constitutivo de um direito ao início do procedimento tendente à obtenção do licenciamento final da obra, o qual tinha um período de eficácia limitado a um ano contado a partir do momento em que se formou o deferimento tácito. Não tendo o requerente particular solicitado o pedido de licenciamento da obra neste prazo de um ano em que vigorava a eficácia do deferimento tácito – e só essa atitude constituía motivo impeditivo da caducidade –, improcedeu o direito que pretendia fazer valer, em acção para reconhecimento de direito, nos termos dos art. 69.º e segs. da LPTA, do reconhecimento dos direitos decorrentes da aprovação tácita do pedido de informação prévia, com os efeitos constantes do art.º 13.º do DL n.º 445/91, alterado pelo DL n.º 250/94.

Refira-se, porém, se com o silêncio da Administração se formou, *in casu*, o deferimento tácito da informação prévia solicitada pelo requerente particular, tal só se deve à circunstância de a legislação em vigor na altura, ao determinar que todos os actos e actividades susceptíveis de serem abrangidos por medidas preventivas ficam sujeitos a autorização administrativa, não determinar, também, concomitantemente, a paralisação dos procedimentos autorizativos, mas apenas a proibição desses actos ou a sua submissão a certos condicionalismos.

Quer dizer, não se suspendendo, com a adopção de medidas preventivas, os procedimentos de autorização, fica a Administração obrigada, perante requerimentos concretos dos particulares, a decidir dentro de um determinado prazo e, se o não fizer, forma-se um acto tácito de deferimento (art.s 108.º do CPA e 61.º do DL n.º 445/91).

Hoje, porém, já não é necessariamente assim, visto que os art.s 117.º do DL n.º 380/99, de 22 de Setembro e 13.º do DL n.º 555/99, de 16 de Dezembro, alterado pelo DL n.º 177/2001, de 4 de Junho, vieram determinar que os procedimentos de

110 Um Código de Urbanismo para Portugal?

4. Fixada a natureza jurídica dos planos, vejamos agora a problemática da sua violação.

4.1. No que concerne à violação das disposições de planos por outros planos, os art.s 101.º, n.º 1 e 102.º, n.º 1 do DL n.º 380/99, de 22 de Setembro, consagram hoje a sanção da *nulidade* dos planos elaborados e aprovados com violação de qualquer instrumento de gestão territorial com o qual devessem ser compatíveis ou conformes, abrindo-se, assim, a via da sua impugnação contenciosa junto dos tribunais administrativos. Quer dizer, a *nulidade* do plano ou de algumas das suas disposições verifica-se sempre que haja a violação dos chamados *princípio da hierarquia* (nas suas modalidades da *conformidade* ou *compatibilidade*), da *contra-corrente* (segundo o qual o plano hierarquicamente superior e mais amplo deve tomar em consideração as disposições de um plano hierarquicamente inferior e abrangente de uma área mais restrita) e da *articulação* (que significa a obrigação de compatibilização recíproca entre planos que não estão subordinados ao princípio da hierarquia e que se traduz na proibição da coexistência de planos

---

informação prévia de licenciamento ou de autorização ficam suspensos (como medida cautelar), sempre que estejam em elaboração para a área novas regras urbanísticas constantes de planos de eficácia plurisubjectiva (planos municipais ou planos especiais de ordenamento do território), suspensão essa que produz efeitos a partir da data fixada para o início do período de discussão pública até à data da entrada em vigor daqueles instrumentos, ou até decorridos 150 dias desde a data do início da respectiva discussão pública, caso as novas regras urbanísticas não tenham entrado em vigor (neste sentido, a Dr.ª Fernanda Paula Oliveira, CJA, n.º 29, págs. 54 e 55).

Daqui se conclui que, perante a legislação actualmente em vigor, se forem consagradas concomitantemente as duas medidas cautelares e de garantia de *"medidas preventivas"* dos art.s 107.º e segs. do DL n.º 380/99 e 7.º n.º 1 do DL n.º 794/76 e da *"suspensão de concessão do procedimento de informação prévia, de licenciamento e de autorização"* do art.º 117.º daquele primeiro diploma legal, que a lei não proíbe, o deferimento tácito da pretensão do requerente, tal como vem aludido no Ac. atrás citado, só se podia verificar, a existirem medidas preventivas, depois de tal medida de suspensão cessar os seus efeitos nos termos do n.º 3 do art.º 117.º ou nos casos do n.º 4 do mesmo normativo, que determina a não suspensão do procedimento no caso do pedido ter por objecto obras de reconstrução ou de alteração em edificações existentes, desde que tais obras não originem ou não agravem desconformidade com as normas em vigor ou tenham como resultado a melhoria das condições de segurança e de salubridade da edificação. Só nestas situações em que o procedimento de informação prévia, de licenciamento e de autorização, não estão suspensas, existe o dever legal de decidir.

Vantagens e inconvenientes da codificação global da legislação do urbanismo 111

que contenham disposições contraditórias ou de harmonização entre soluções adoptadas por planos municipais aplicáveis no território de um mesmo município) (Prof. Dr. A. Correia, *"Manual"*, págs. 309 a 322).

Sobre esta matéria, não detectámos ainda qualquer aresto do STA que sobre ela se tenha debruçado directamente.

4.2. As disposições dos planos podem, porém, ser violadas através de actos administrativos, o que tem como consequência a sua *nulidade*, conforme resulta hoje do art.º 103.º do DL n.º 380/99 e ainda do art.º 68.º, al. a) do DL n.º 555/99, alterado pelo DL n.º 177/2001, de 4 de Junho, e como já anteriormente resultava dos art.s 52.º, n.º 1, al. b), na redacção do DL n.º 250/94, de 15 de Outubro, relativamente ao licenciamento de obras particulares, e dos art.s 56.º, n.º 1, al. b) do DL n.º 448/91, de 29 de Novembro, que aprovou o regime jurídico dos loteamentos urbanos.

Esta doutrina tem ressaltado de vários arestos do STA, quer no âmbito de recursos contenciosos interpostos directamente de tais actos, quer mesmo incidentalmente em acções administrativas de responsabilidade civil da Administração ou em acções para reconhecimento de direitos ou intimação judicial para a prática de acto legalmente devido (Acs. do STA de 15.12.92, AP-DR de 17.05.96, pág. 7071; de 28.05.97, Rec. 31 835; de 30.09.97, Rec. 42 746; de 26.05.98, Rec. 43 778; de 22.05.2001, Rec. 44 760[4]; de 05.06.2001, Rec. 47 514 e de 15.01.2002, Rec. 47 858).

Em sentido contrário a esta doutrina, decidiu o Ac. do STA de 06.10. 98, Rec. 40 924[5].

---

[4] Este Acórdão decidiu que a deliberação que aprovou uma alteração de loteamento na vigência de PDM tem de se conformar com as respectivas disposições, cominando o art.º 56.º do DL n.º 448/91, na redacção originária, com a nulidade os actos administrativos que violem instrumento de planeamento territorial. A nulidade do acto de aprovação das alterações ao loteamento torna nulos os actos de aprovação e licenciamento de obras de construção de edifícios que nele se basearem.

[5] Onde se afirma que, sendo o regime de nulidade um regime excepcional e nada estando estabelecido em relação aos actos violadores de normas do PDM, as mesmas, como normas regulamentares, a serem praticados actos que as violem, implicam a mera anulabilidade. Cremos ser indefensável tal tese, face ao preceituado nos art.s 52.º, n.º 1, al. b) do DL n.º 445/91, de 20.11, na sua primitiva redacção, e 52.º, al. b), na redacção do DL n.º 250/94, de 15.10, relativamente ao licenciamento de obras particulares, e 56.º, n.º 1, al. b) do DL n.º 448/91, de 29.11, que aprovou o regime jurídico dos

4.3. A violação dos planos por actos administrativos praticados pelos órgãos dos municípios pode ainda dar origem ao *dever de indemnizar* por parte destes em relação aos danos suportados pelos particulares em consequência da revogação, anulação ou declaração de nulidade de licenças ou autorizações urbanísticas, sempre que a sua causa resulte de uma conduta ilícita dos titulares dos órgãos autárquicos ou dos seus funcionários ou agentes concretizada na violação por aqueles actos de planos com eficácia plurisubjectiva, medidas preventivas ou no determinado em licença ou autorização de loteamento em vigor – respondendo os titulares dos órgãos do município e os seus funcionários ou agentes solidariamente com aquele ente público, quando tenham dolosamente dado causa à ilegalidade que fundamente a referida revogação, anulação ou declaração de nulidade de licenças ou autorizações urbanísticas (art.s 68.º, al. a), 70.º, n.os 1 e 2 do DL n.º 555/99) – Prof. Dr. A. Correia, *"Manual"*, pág. 440.

Neste sentido, tem também julgado o STA (Ac. de 16.05.2001, Rec. 46 227[6] e de 05.06.2001, Rec. 47 514). Neste último decidiu-se que "são nulos os actos administrativos que decidam pedidos de licenciamento que violem o disposto em plano municipal de ordenamento do território ou alvará de loteamento em vigor, constituindo-se o município, em tais situações, na obrigação de indemnizar os prejuízos causados aos interessados" (art.s 52.º, n.os 2, al. b) e 5 do DL n.º 445/91, de 20.11, na redacção dada pelo DL n.º 250/94, de 15.11). Porém, para que tal responsabilidade exista, é necessário que haja um nexo de causalidade adequada entre os danos sofridos e a actuação dos titulares do órgão do Município que praticaram os actos declarados nulos.

---

loteamentos urbanos. Assim como seria hoje indefensável, face aos art.s 103.º do DL n.º 380/99, de 22.09. e 68.º, al. a) do DL n.º 555/99, de 16.12, alterado pelo DL n.º 177/2001, de 4 de Junho.

[6] Onde, além do mais, se decidiu que a norma do n.º 5 do art.º 52.º do DL n.º 445/91, de 20.11, ao estabelecer que o Município deve indemnizar no caso de ter licenciado uma construção contra prescrições dos Planos, está a prever uma hipótese de responsabilidade da Administração pelo dano de confiança, assimilável aos casos de responsabilidade pré-contratual (*culpa in contrahendo*), permitindo ao particular que demande o Município para ressarcimento de prejuízos ligados ao interesse negativo, isto é, os que se traduzem no reembolso das despesas feitas, ocasiões perdidas e compromissos assumidos por ter razoavelmente confiado na aprovação dada, e em ligação causal com esta confiança, e não no que deixou de ganhar em consequência de não ter podido construir um prédio com as características que pretendia.

Tal nexo de causalidade existe, bem como a obrigação de indemnizar, quando os licenciamentos nulos sejam imputáveis à conduta consciente e culposa dos titulares dos órgãos, ou seja, quando estes, com dolo ou mera negligência, licenciem obra que sabem ou deviam saber violar plano urbanístico válido e eficaz ou alvará de loteamento em vigor.

Já tal nexo de causalidade não existe se o licenciamento declarado nulo for imputável à conduta do próprio requerente do licenciamento que induziu em erro os titulares do órgão do município licenciadores, apresentando o termo de responsabilidade a que alude o art.º 6.º do DL n.º 445/91, na redacção do DL n.º 250/94, e demais elementos instrutórios do processo no sentido de fazerem crer a legalidade do licenciamento, quando este, em boa verdade, violava as regras do Regulamento do Plano de Pormenor e do próprio alvará de loteamento em vigor.

4.4. A violação culposa de instrumentos de ordenamento do território ou de planeamento urbanístico válidos e eficazes pode determinar, no âmbito da tutela administrativa, a perda do mandato dos membros dos órgãos autárquicos ou das entidades equiparadas que pratiquem ou sejam individualmente responsáveis pela prática de actos dessa natureza (art.º 8.º, n.º 1 da Lei n.º 27/96, de 1 de Agosto) ou a dissolução de qualquer órgão autárquico ou de entidade equiparada quando deliberem nas mesmas condições às atrás indicadas (*ibidem*, art.º 9.º, al. c)).

Não se conhece ainda jurisprudência do STA que tenha decidido a perda de mandato de membros dos órgãos autárquicos ou a dissolução de órgãos especificamente com fundamento em ilícitos desta natureza, designadamente no âmbito da vigência da Lei n.º 87/89, de 9 de Setembro.

4.5. A violação das disposições dos planos pode ainda ser concretizada através de actos materiais de realização de operações urbanísticas, em relação aos quais o legislador sujeitou a *embargo* os trabalhos e a *demolição* as obras realizadas em violação de plano municipal ou especial de ordenamento do território, tendo sido ou não objecto de licença ou autorização (n.º 1 do art.º 105.º do DL n.º 380/99).

Esse *embargo* de trabalhos ou a *demolição* de obras podem ser determinados pelo presidente da câmara municipal, quando violem plano municipal (*ibidem*, al. a)), pelo Ministro do Ambiente, quando violem plano especial (*ibidem*, al. b)) e pelo Ministro do Equipamento,

114 *Um Código de Urbanismo para Portugal?*

do Planeamento e da Administração do Território, quando estejam em causa a prossecução de interesse nacional ou regional *(ibidem*, al. c)), hoje, Ministro das Cidades, Ordenamento do Território e Ambiente, nestas duas últimas situações. Quer isto dizer que, em relação à violação dos planos municipais, a competência para ordenar os embargos dos trabalhos e a demolição de obras cabe tanto ao presidente da câmara municipal como ao referido membro do Governo, no exercício de uma competência *alternativa ou concorrente*, que assenta a sua justificação no facto de aqueles planos, apesar de serem elaborados e aprovados pelos órgãos municipais, incidirem sobre uma matéria que coenvolve interesses simultaneamente *locais* e *nacionais*. Daí que se não possa ver em tal competência de um membro do Governo o exercício de qualquer forma de intervenção tutelar do Governo sobre as autarquias locais ou a violação do princípio da sua autonomia, contrária ao disposto nos art.s 6.º, n.º 1, 235.º, 237.º e 242.º da CRP (Prof. Dr. A. Correia, *"Manual"*, págs. 446 e 447, nota 281).

É neste preciso sentido a jurisprudência reiterada e uniforme do STA (Acs. do STA de 04.07.91; Rec. 28 889; de 21.04.94, Recs. 29 573 e 29 852; de 23.02.95, Rec. 34 478; de 11.07.95, Rec. 26 340 e de 04.06.97, Rec.29 573), sendo esta a mesma doutrina que emana dos arestos daquele Supremo Tribunal em relação aos poderes de *embargo* de trabalhos e de *demolição* de obras já permitidas pelos art.s 6.º do DL n.º 37 251, de 28.12.1948 e 2.º do DL n.º 40 388, de 21.11.1955, onde se decidiu *una voce* que não se inseriam no exercício de poderes tutelares do Governo sobre as autarquias locais, face ao disposto no art.º 243.º, n.º 1 da CRP, mas no exercício efectivo, perfeitamente legal, dos seus poderes próprios, em matéria de ordenamento do território, dentro de uma *competência alternativa e concorrente* das autarquias locais e Governo, por coenvolver simultaneamente interesses locais e nacionais (Acs. do T. Pleno de 18.02.98, Recs. 27 816 e 27 817; de 14.01.99, Rec. 27 838; de 09.11.99, Rec. 33 998).

Igual doutrina resulta da jurisprudência tirada quanto aos *pareceres vinculativos* por parte dos órgãos da Administração Central nos processos de loteamentos (Acs. do STA de 15.12.92, AP-DR de 17.0596, pág. 7071; de14.04.,AP-DR de 31.12.96, pág. 2629; de 12.07.94, AP-DR de 07.02.94, pág. 5615; de 23.02.95, AP-DR de 18.07.97, pág. 1880; de 08.03.2001, Rec. 43 464 e do T. Pleno de 16.01.2001, Rec. 31 317 e de 15.11.2001, Rec. 37 811 – publicado na Ant. de Acs. do STA, Ano V, n.º 1, 2001, págs. 251 e segs.) –, estes

Vantagens e inconvenientes da codificação global da legislação do urbanismo   115

dois últimos a alterar a jurisprudência até aí dominante no mesmo Tribunal, ao considerarem contenciosamente recorrível o despacho ministerial que indefere o recurso hierárquico necessário interposto do despacho do organismo da administração central que tenha emitido parecer vinculativo desfavorável em processo de loteamento, por este não ser acto meramente opinativo[7].

---

[7] Nestes dois Acs do T. Pleno foi decidido que o exercício das referidas competências próprias ou concorrentes com a Administração Central (art.s 66.º, n.º 2, al. b), 65.º, n.º 2, al a), 237.º e 239.º da CRP, na redacção ao tempo em vigor) não representa qualquer forma de tutela, ou seja, de controlo ou fiscalização numa área de interesses públicos estranhos ao Estado. No primeiro Acórdão, em relação ao despacho do SEALOT que, no exercício dos seus poderes de reexame, indeferiu o recurso hierárquico necessário interposto da decisão do Director-Geral do Ordenamento do Território, que concordou com parecer vinculativo desfavorável emitido por uma CCR, ao abrigo dos art.s 4.º, 12.º, n.º 2, 14.º e 15.º, n.º 1 e 28.º do DL n.º 400/84, de 31 de Dezembro, sobre loteamento a realizar em área abrangida pelo regime transitório da Reserva Ecológica Nacional (REN), nos termos dos art.s 3.º, 4.º, 15.º, 17.º e al. d) do Anexo II do DL n.º 93/90, de 10 de Março, alterado pelo DL n.º 316/90, de 13 de Outubro. No segundo, em relação ao despacho do MPAT que indeferiu o recurso hierárquico para si interposto ao abrigo do art.º 66.º do DL n.º 448/91, de 29.11, da resolução que recaiu sobre o parecer do Director Regional do Ordenamento do Território da CCR do Centro desfavorável a um pedido de loteamento de um terreno projectado fora da área urbana.

A falta deste parecer, ou a desconformidade com o mesmo, determinava, à data da prática do acto recorrido, nos termos do art.º 56.º, n.º 1 do DL n.º 448/91 (na redacção anterior à Lei n.º 26/96, de 1 de Agosto), a nulidade da licença de loteamento.

Ambos os Acórdãos vieram, pela primeira vez, alterar a jurisprudência até então dominante no STA (por todos, Ac. do T. Pleno de 07.05.96, Rec. 27 573) que entendia ser contenciosamente irrecorrível o despacho ministerial que indeferia o recurso hierárquico necessário interposto do despacho do organismo da administração central, que tenha emitido parecer vinculativo desfavorável em processo de loteamento, com o fundamento de que o parecer emitido pelas CCR,s, nestas circunstâncias, a pedido de uma CM, é sempre um acto meramente opinativo, como mero instrumento auxiliar de decisão.

Os Acórdãos citados, pelo contrário, entenderam que tais despachos constituem *um acto prejudicial do procedimento*, ou seja, um *acto administrativo contenciosamente recorrível*, já que produz efeitos no âmbito das relações entre dois órgãos administrativos de pessoas colectivas diferentes e um particular e que se pode considerar como uma estatuição autoritária (que cria uma obrigação ou impõe uma proibição a um órgão administrativo – câmara municipal – e a um particular – o recorrente) relativa a um caso concreto, produzido por outro órgão administrativo de pessoa colectiva diferente (CCR ou órgão homologante, Ministro ou Secretário de Estado), no uso de poderes administrativos. Está-se aqui perante uma competência dispositiva da CCR, na prossecução de interesses públicos que lhe estão cometidos e que se traduzem no poder da

116 Um Código de Urbanismo para Portugal?

5. Abordada a problemática da natureza jurídica e da violação dos planos, há que analisar agora o regime jurídico do seu contencioso, que é essencialmente um contencioso de normas jurídicas, como já atrás afirmámos.

E há que distinguir entre o contencioso dos planos sem eficácia plurisubjectiva e o contencioso dos planos com eficácia plurisubjectiva e, dentre estes, entre os planos especiais e planos municipais de ordenamento do território.

5.1. Todos os planos podem ser atacados por vícios que, pela sua natureza, originam a invalidade do plano no seu conjunto, que são os vícios de *legalidade externa* (vício de incompetência, vício de forma e vício de procedimento) e por vícios que determinam a invalidade de alguma ou algumas das suas disposições, designados por vícios de *legalidade interna* (violação de lei e desvio de poder).

Um meio de impugnação comum a todos os planos é o do *direito de acção popular*, previsto no art.º 52.º, n.º 3, al. a) da CRP e disciplinado na Lei n.º 83/95, de 31 de Agosto, que tanto pode assumir a natureza de acções ou recursos administrativos ou de acções civis e que visa a tutela ou defesa dos interesses difusos do ambiente, da qualidade de vida, do património cultural ou de um correcto ordenamento do território e de que são titulares todos os indicados no n.º 1 do art.º 2.º da citada Lei (Para maior desenvolvimento da questão, vide Prof. Dr. A. Correia, "*Manual*", págs. 448 a 475).

A jurisprudência do STA tem admitido acções desta natureza com vista à defesa da legalidade dos planos (Acs. do T. de Conflitos de

---

Administração Central emitir pareceres vinculativos nos procedimentos de loteamentos que corresponde, como vimos, ao exercício de *competências próprias ou concorrentes* com a Administração Local. Este parecer desfavorável implica simultaneamente um efeito *conformativo* (a decisão tem de ser homologada) e *preclusivo* (inviabiliza, por inutilidade, o exercício das competências dispositivas próprias do órgão principal decisor, que passa a ser do próprio autor do parecer). Assim, sendo tal parecer, por natureza, conformador e ao mesmo tempo preclusivo do exercício dos poderes decisórios do órgão competente, o despacho que hierarquicamente indefere o recurso não pode deixar de afectar, de forma imediata, os interesses do requerente e ser contenciosamente recorrível como *acto prejudicial* do procedimento que tem influência no sentido final da decisão, comprometendo irreversivelmente o sentido desta.

Vantagens e inconvenientes da codificação global da legislação do urbanismo 117

06.04.2000, Proc. 347[8] e de 28.11.2000, Proc. 345[9] e Ac. do STA de 07.02.2002, Rec. 47 701[10]).

5.2. No contencioso dos planos sem eficácia plurisubjectiva, dado o seu conteúdo genérico, não há lugar, em princípio, à prática de actos administrativos, pelo que não foi encontrada jurisprudência que, mesmo de forma indirecta ou incidental, tenha determinado a declaração de nulidade ou a anulação de actos violadores das suas normas.

5.3. No que concerne aos planos especiais de ordenamento do território, além de poderem ser impugnados indirecta e incidentalmente os actos administrativos praticados ao abrigo das suas normas – como já atrás indicamos em relação a todos os planos, mas com principal incidência em relação aos com eficácia plurisubjectiva –, as sua normas

---

[8] Decidiu-se, neste Acórdão, serem os T. Administrativos os competentes para julgar acção intentada por associação de defesa do ambiente contra um Município e vários organismos da Ad. Central visando impedir a aprovação, por uma AM, de um Plano Urbanístico, que, com os acessos rodoviários e ferroviários que previa, poder conduzir a danos ambientais muito graves, pondo assim em causa o interesse público, a saúde pública e a conservação da natureza.

Esta competência para o julgamento das acções e recursos contenciosos que tenham por objecto dirimir os litígios emergentes das relações jurídicas administrativas onde se levantem questões ambientais advém da revisão constitucional de 1989, que eliminou o n.º 3 do art.º 66.º da CRP e ainda da previsão do direito de acção popular por via judicial contra a degradação do ambiente (n.º 3 do art.º 52.º da CRP) e Lei n.º 83/95, de 31.08 – Lei da Acção Popular), que prevê acções administrativas quando integradas numa relação jurídica administrativa, da competência dos T. Administrativos.

[9] Este Acórdão, na esteira do anterior, decidiu ser da competência do TAC o conhecimento de uma providência cautelar não especificada em que os requerentes pedem, em demanda contra a ex-JAE, a sustação e não execução do projecto respeitante à CRIL (Circular Interna de Lisboa), Troço Buraca/Pontinha, como preliminar da respectiva acção popular para reconhecimento do direito à não execução do referido projecto, alegadamente violador do PDM de Lisboa, e ainda das regras da Lei de Bases do Ambiente (Lei n.º 11/87, de 07.04), protectoras da saúde pública, do ambiente e da qualidade de vida.

[10] Neste Acórdão, julgou-se que a Lei n.º 83/95 veio regular o direito de acção popular para a prevenção, a cessação ou perseguição judicial das infracções previstas no n.º 3 do art.º 52.º da CRP e que esta acção procedimental administrativa (n.º 1 do art. 12.º) compreende a acção para defesa dos interesses referidos no seu art.º 1.º e o recurso contencioso com fundamento em ilegalidades contra quaisquer actos administrativos lesivos dos mesmos interesses.

118   *Um Código de Urbanismo para Portugal?*

podem ser directamente impugnadas mediante o *pedido de declaração de ilegalidade*, com força obrigatória geral, desde que os seus efeitos se produzam imediatamente, sem dependência de um acto administrativo ou jurisdicional de aplicação, ou desde que elas tenham sido julgadas ilegais por qualquer tribunal em três casos concretos, nos termos dos art.s 66.º e segs. da LPTA. Tal pedido pode ser deduzido a todo o tempo e é competente para o seu conhecimento o Tribunal Central Administrativo, com recurso das suas decisões para o STA, nos termos do disposto nos art.s 40.º, al. c) e 51.º, n.º 1, al. e) do ETAF, depois da reforma introduzida pelo DL n.º 229/96, de 29.11., e com os efeitos regulados no art.º 11.º daquele Estatuto (Acs. do STA de 28.11.2000, Rec. 46 400; de 04.05.2000, Rec. 43 918 e de 31.10.2001, Rec. 46 165).

Porém, a Resolução do Conselho de Ministros que aprovou um plano desta natureza já é um acto administrativo contenciosamente recorrível por vícios próprios (Ac. do STA de 17.07.2002, Proc. n.º 1001/02[11].

---

[11] Este acórdão, depois de considerar os Planos Especiais de Ordenamento do Território, entre os quais o Plano do Ordenamento de Albufeira da Caniçada, como um regulamento administrativo (art.º 42.º do DL n.º 380/89, de 22.09), na esteira do Ac. do STA de 28.05.2001, Rec. 48 233, decidiu que a Resolução do Conselho de Ministros que aprova aqueles planos, nos termos do art.º 49.º do DL n.º 380/99, é um acto administrativo recorrível por vícios próprios, isto é, relativos à sua legalidade interna como acto deliberativo, expressão da vontade colegial do Cons. de Ministros e do processo da sua formação. Tendo o requerente deduzido pedido de suspensão de eficácia daquela Resolução por lhe causar prejuízos de difícil reparação nos termos da al. a) do n.º 1 do art. 76.º da LPTA, entendeu o referido Ac. que os prejuízos que a recorrente invoca não decorrem de vícios de legalidade interna da Resolução impugnada, mas sim da proibição estabelecida na norma do art. 7.º, n.º 2 do plano de ordenamento, isto é, daquilo que essencialmente o define como regulamento para efeitos contenciosos. O alvo de ataque do requerente não é o acto deliberativo, a formação ou expressão da vontade colegial do Conselho de Ministros que aprovou o plano, mas o regulamento aprovado e o respectivo conteúdo, cujo contencioso é o da impugnação de normas dos art.s 63.º e segs. da LPTA (recurso de actos normativos ou declaração de ilegalidade de normas regulamentares) e não o recurso contencioso de actos administrativos. Afigura--se-nos haver aqui uma imprecisão do Ac. na medida em que entende ser aplicável às normas regulamentares dos planos especiais o recurso de actos normativos dos art.s 63.º e segs. da LPTA, quando, em boa verdade, só lhes é aplicável o pedido de declaração de ilegalidade dos art.º 66.º e segs., visto que se trata de normas regulamentares elaboradas pela Administração Central para as quais não está previsto o recurso directo (art.º 42.º, n.º 1 do DL n.º 380/89, e art.º 51.º, n.º 1, al. e) do ETAF).

Assim sendo, o Ac. indeferiu, e bem, o pedido de suspensão de eficácia requerido

5.4. Em relação aos planos municipais de ordenamento do território, além das suas disposições poderem ser atacadas indirecta ou incidentalmente na impugnação dos actos administrativos praticados ao seu abrigo, conforme já se referiu atrás em relação aos restantes planos, podem eles ser impugnados através de duas vias: o *recurso directo* (art.s 63.º a 65.º da LPTA e 51.º, n.º 1, al. e) do ETAF) e do *pedido de declaração de ilegalidade de normas* (art.s 51.º, n.º 1, al. e) do ETAF e 66.º a 68.º da LPTA), cujo conhecimento é da competência dos TAC da área da sede da autoridade recorrida (art.º 54.º, n.º 1 do ETAF e Ac. do STA de 29.01.2002, Rec.41 443[12] e de 01.05.95, Rec. 47 323[13].

Esta duplicação de instrumentos processuais para atacar normas em que os seus efeitos se produzem imediatamente é um equívoco do legislador, resultante da falta de sincronização do ETAF e LPTA, uma vez que os requisitos da legitimidade, os prazos para a sua apresen-

---

por entender não verificado o requisito da al. c) do n.º 1 do art.º 76.º da LPTA, por ocorrer manifesta ilegalidade na interposição do respectivo recurso e ainda porque, para conhecimento do eventual pedido de declaração de ilegalidade de normas e do correspondente meio cautelar suspensivo que no caso coubesse, não seria competente o STA, conforme resulta do art.º 40.º, al. c), conjugado com o art.º 26.º, n.º 1, al. g) do ETAF, na reforma introduzida pelo DL n.º 229/96, e ainda por entender, mesmo que o acto impugnado fosse efectivamente a Resolução do Conselho de Ministros que aprovou o plano, não se verificar nexo de causalidade entre eventuais vícios da Resolução em si mesma e os prejuízos invocados, que resultaram da aplicação de normas do diploma regulamentar aprovado e, finalmente, por a eventual suspensão da eficácia da Resolução do Con. de Ministros ir causar grave lesão do interesse público, atento os fundamentos que determinaram a proibição contida no art.º 7.º, n.º 2, al. d) do Plano (a actividade de "piscicultura").

[12] Este Acórdão, depois de afirmar que os PDM,s têm a natureza jurídica de regulamentos administrativos (art.º 4.º do DL n.º 69/90, de 02.05) e são elaborados pelas CM, aprovados pela AM e ratificados pelo Governo, através da Resolução do Conselho de Ministros (art.s 3.º, n.ºs 1, 2 e 3 do mesmo diploma, este último na redacção dada pelo DL n.º 211/92, de 08.10), diz que interposto recurso de impugnação de normas, em que apenas se questionam normas nele contidas, cuja autoria é de imputar às AM, os tribunais competentes para o seu conhecimento são os TAC,s (art.º 51.º, n.º 1, al.s c) e e) do ETAF).

[13] Entendeu este Acórdão que é próprio, para o efeito de declaração de ilegalidade de uma norma do Regulamento de um Plano de Urbanização, que destina determinada zona, em exclusivo, à instalação de unidades turísticas de hotelaria e similares, bem como de equipamentos complementares, operando, assim, imediatamente em relação à interessada, que tem aí instalada a sua unidade fabril, o processo a que se reportam os art.s 40.º, al. c) do ETAF e 63.º da LPTA.

120 *Um Código de Urbanismo para Portugal?*

tação, a tramitação processual e os seus efeitos são os mesmos (neste sentido, os Profs. Drs. Vieira de Andrade, in "*Justiça Administrativa*", pág. 134 e A. Correia, "*Manual*", pág. 471), por isso irão ser tratados no novo Cód. P. T. Administrativos, aprovado pela Lei n.º 15/2002, de 22 de Fevereiro (art.s 72.º e segs.), sob um único meio processual, designado por "*Impugnação de Normas*".

A impugnação contenciosa do plano no seu todo ou em alguma das suas disposições não impede que seja interposto recurso contencioso da deliberação da AM que aprovou o plano, com fundamento em vícios de ilegalidade de que padeça aquele acto, que tem como consequência o desaparecimento do ordenamento jurídico do plano (Ac. do STA de 26.03.92, Rec. 29 909 e de 17.10.95, Rec. 35 829). Em contrário, decidiu, porém, o Ac. do STA de 09.06.99, Rec. 44 614, ao entender que aquele acto não é contenciosamente recorrível, por ser um acto que se destina à aprovação de um regulamento, doutrina com a qual não concordamos, pelas razões expostas em rodapé[14].

---

[14] Este Acórdão rejeitou o recurso interposto pelo recorrente do acto administrativo praticado pela CM e respectiva AM que não atendeu à sua sugestão que formulou, no âmbito do inquérito público a que se refere o art. 14.º do DL n.º 69/90, de 02.03, alterado pelo DL n.º 211/92, de 08.10, que precedeu a respectiva aprovação do PDM, da não inclusão e classificação da zona onde se situava um seu imóvel em "zona verde de protecção integral", nos termos do PDM. O aludido Ac. rejeitou o recurso contencioso com o fundamento de que a apreciação da CM das observações dos munícipes a respeito do plano não envolve decisão, seja ela de rejeição ou de acolhimento, mas o exprimir de uma opinião sobre a sua atendibilidade, que se insere na instauração do procedimento administrativo, pelo que esta decisão camarária não constitui acto administrativo contenciosamente recorrível, porque a CM nada decide, por para tanto não dispor de poderes. Estamos de acordo com tal fundamentação. Porém, já não acompanhamos totalmente o Ac. por entender que a deliberação da AM que aprovou o PDM não é contenciosamente recorrível, por ter como efeito não a produção de um acto individual e concreto, mas a aprovação de um regulamento. Na verdade, na esteira, do Ac. do STA de 17.10.95, Rec. 35 829, entendemos que é a *aprovação* da AM do plano que confere a este a sua validade, ou seja, transforma em planos o que até aí era simples projecto ou proposta, assim como a *ratificação* do Conselho de Ministros (art.s 3.º n.º 3 e 16.º do citado DL n.º 69/90 e art.s 79.º, n.º 1 e 80.º, n.º 1 do DL n.º 380/99, de 22.09) lhe confere eficácia. Assim sendo, o acto da aprovação, que é um verdadeiro acto administrativo, pode ser contenciosamente recorrível por vícios próprios, o que não impedia que, no caso concreto do recurso que estamos a apreciar, este não devesse ser rejeitado, não com o fundamento de que a aprovação não era um acto contenciosamente recorrível, mas antes por *inidoneidade do objecto, do pedido e do meio utilizado*, por se ter tentado impugnar norma do plano que incluiu e classificou o imóvel do recorrente

Vantagens e inconvenientes da codificação global da legislação do urbanismo   121

É igualmente contenciosamente recorrível, por ser acto administrativo, a Resolução do Conselho de Ministros que *ratifica* os planos municipais de ordenamento do território (art.º 80.º, n.ᵒˢ 1 e 8 do DL n.º 380/99), mas apenas por vícios próprios, por ser considerada um acto de aprovação e acto integrativo da eficácia e conformador de um acto anterior da autarquia, que é a deliberação da AM que aprova o plano (Acs. do STA de 08.04.97, Rec. 38 999; de 27.10.98, Rec. 41 892; de 09.06.99, Rec. 44 614; Parecer da PGR de 14.01.94, in DR, II Série, de 13.09.94; Acs. do T. Pleno de 17.10.95, Rec. 35 829; de 09.11.99, Rec. 38 999 e de 02.05.2001, Rec. 38 632[15].

Daí que o recurso contencioso da ratificação de um plano, com vista à declaração de ilegalidade de normas daquele plano, sem ser por vícios próprios da ratificação, bem como o pedido de declaração de ilegalidade de normas para impugnar a ratificação, determinará a rejeição de tais meios processuais, por *inidoneidade do objecto, do pedido e do meio processual* utilizado. (Acs. do T. Pleno de 09.11.99, Rec. 38 998[16] e Ac. do STA de 23.09.97, Rec. 38 991[17]).

"em zona verde e protecção integral", sem ser através do recurso directo ou pedido de declaração de ilegalidade daquela norma (art.s 51.º, n.º 1, al. e) do ETAF e 63.º e 66.º da LPTA), mas sim do recurso contencioso do acto de aprovação, sem invocar vícios próprios deste acto.

[15] Este Acórdão, que confirmou o Ac. do STA de 08.07.97, Rec. 38 632, na esteira dos Acs. do T. Pleno de 17.10.95, Rec. 35 829; de 09.11.99, Rec. 38 999 e Acs. da Secção de 08.04.97, Rec. 38 998; de 09.06.99, Rec. 44 614 e Parecer da PGR de 14.01.94, DR, II Série, de 13.09.94, entendeu que o *acto de ratificação*, pelo Governo, de um PDM, é um acto integrativo de eficácia deste último e com a natureza de *acto de aprovação* e destina-se a verificar a sua conformidade com as disposições legais e regulamentares vigentes, nos termos dos art.s 3.º, n.º 3 e 16.º do DL n.º 69/90, pelo que o PDM pode ser atacado pelos interessados através de dois meios contenciosos: ou a *acção declarativa de ilegalidade das suas normas* que pretende ver declaradas ilegais ou o *recurso contencioso de anulação do acto de ratificação*, se visarem vícios próprios de que estes eventualmente padeçam. Se os recorrentes vierem requerer ao abrigo dos art.s 66.º e segs. da LPTA a declaração de ilegalidade da Resolução do Conselho de Ministros, que ratificou o PDM, com o objectivo de atacar normas deste Plano sem a invocação de vícios próprios deste acto administrativo, o recurso terá de ser rejeitado, por *inidoneidade do meio processual utilizado.*

[16] Neste Acórdão, decidiu-se que a resolução do Conselho de Ministros que ratificou um PDM pode ser impugnada directamente, como acto administrativo que é, por vícios próprios desse acto. A *ratificação* nestes casos não é uma ratificação em sentido técnico, na modalidade de *ratificação-sanação* (sanação de qualquer pretensa ilegalidade anterior), de *ratificação-confirmação* (confirmação por razões de conve-

122 *Um Código de Urbanismo para Portugal?*

6. Para finalizarmos esta análise do contencioso dos planos, apenas uma breve referência à problemática da *suspensão jurisdicional da eficácia das suas normas.*

Ultimamente, têm surgido na doutrina defensores de que – face ao disposto no art.º 268.º, n.º 4 da CRP, que consagra o princípio da "tutela jurisdicional efectiva" dos direitos e interesses legalmente protegidos dos administrados e prevê, entre os vários instrumentos necessários à sua concretização, a existência de "medidas cautelares adequadas" – a medida da suspensão da eficácia não pode ser negada aos regulamentos de aplicação imediata, que não dependam de acto posterior de aplicação, sempre que tal se mostre indispensável àquela garantia da "tutela jurisdicional efectiva" (Profs. Drs. J. C. Vieira de Andrade, in *"Justiça Administrativa"*, pág. 184 e F. A. Correia, *"Manual"* pág. 473).

Porém, a jurisprudência do STA, perante o disposto nos art.s 76.º da LPTA e 40.º, al. f) e 51.º, n.º 1, al. l) do ETAF, tem-se mantido uniforme no sentido da insusceptibilidade da suspensão da eficácia de actos normativos, face ao regime jurídico vigente, que apenas considera

---

niência ou oportunidade) ou de *ratificação-verificação* (correcção de incompetência), mas, antes, um *acto de aprovação*, através do qual o órgão tutelar é chamado a ajuizar da legalidade e (ou) conveniência de um acto de outro órgão, e, assim, o declara legal e oportuno, permitindo que se tornem efectivos os efeitos nele previstos, restritos, porém, à apreciação da legalidade. Trata-se de um acto integrativo da eficácia de um acto anterior da autarquia, de um acto conformador. Se um particular pretende subtrair-se aos efeitos produzidos por acto sujeito a aprovação tutelar deve: a) impugnar exclusivamente o acto aprovado, se este estiver afectado por vício de ilegalidade; b) impugnar exclusivamente o *acto de aprovação*, se este padecer de vício próprio (Prof. E. de Oliveira, *"Direito Administrativo"*, vol. I, pág. 524 e Prof. Dr. A Correia, *"Manual"*, pág. 465). O que o recorrente não pode é impugnar contenciosamente a Resolução do Con. de Ministros que ratificou o plano municipal, tendo em vista a declaração de ilegalidade de todas ou de algumas normas do plano, invocando os pretensos vícios dessas normas do plano (PDM) e nem os vícios próprios daquela Resolução. Daí que a impugnação contenciosa da Res. do C. de Ministros que ratifica um plano municipal não seja um meio idóneo para atacar as normas deste plano, com fundamento em vícios que as efectem, nem para atingir a sua abolição do ordenamento jurídico, pelo que o recurso assim interposto deverá ser rejeitado, como se decidiu neste Acórdão.

[17] Este Acórdão considerou o pedido de declaração de ilegalidade de normas como meio processual inidóneo para impugnar a ratificação dada por Resolução de Conselho de Ministros a um PDM e rejeitou tal pedido com fundamento em que tal ratificação constitui acto administrativo contenciosamente recorrível por vícios próprios.

Vantagens e inconvenientes da codificação global da legislação do urbanismo 123

aplicável aos actos administrativos (Por todos, Acs. do STA de 26.01.93, AP-DR de 14.08.96, pág. 386; de 21.03.96, Rec. 39 683 e de 09.07.96, Rec. 40 430-A).

O novo Cód. P.T. Administrativos, aprovado pela Lei n.º 15/2002 (art.s 112.º e segs.), ultrapassando estes escolhos, prevê, porém, a possibilidade de o interessado na declaração de ilegalidade de norma emitida ao abrigo de disposições de direito administrativo cujos efeitos se produzam imediatamente sem dependência de um acto administrativo ou jurisdicional de aplicação poder requerer a suspensão da eficácia dessa norma, com efeitos circunscritos ao seu caso ou o Ministério Público poder pedir a suspensão dos efeitos de qualquer norma em relação à qual tenha deduzido ou se proponha deduzir pedido de declaração de ilegalidade com força obrigatória geral (art.º 130.º, n.ºs 1 e 2).

7. Terminada a análise da evolução e desenvolvimento das reformas estruturantes do edifício do urbanismo em Portugal, com especial incidência no seu instituto fundamental, que é o plano, e do apontado incremento da jurisprudência dos nossos Tribunais Administrativos, tudo elementos a apelar para a unificação, certeza, e precisão jurídica do direito do urbanismo, para que deve tender a sua codificação, há que ter, porém, em conta uma outra vertente contraposta a essa e que pode constituir um dos seus principais inconvenientes.

Na verdade, como ensina o Prof. Dr. Gomes Canotilho (*"Direito Constitucional e Teoria da Constituição"*, pág. 1271 e *"Direito Constitucional"*, 1992, págs. 151 e 152), o direito constitucional apresenta-se como uma polaridade entre os seus elementos de *estabilidade e rigidez*, em relação aos princípios estruturantes, que devem permanecer estáveis, sob pena de a Constituição deixar de ser uma ordem jurídica fundamental, e a *flexibilidade ou abertura ao tempo* susceptível de alteração formal de acordo com as necessidades impostas pela evolução política e social.

Esta mesma polaridade ou tensão entre a *estabilidade e a flexibilidade*, como nos transmite o Prof. Dr. A. Correia (*"Manual"*, pág. 135), assume um relevo muito especial no âmbito do urbanismo, onde as respectivas normas são, por natureza, instáveis, qualificação esta que se manifesta não apenas na *alteração frequente* das normas de direito do urbanismo aplicáveis ao todo nacional, mas também na *flexibilidade* dos planos.

Daí que uma eventual codificação do direito do urbanismo possa constituir um grande obstáculo à especial abertura às mudanças históricas das concepções e da realidade urbanística.

Cremos, porém, que este inconveniente da cristalização do direito do urbanismo que possa eventualmente ser acentuado com a sua codificação será facilmente ultrapassável com a consagração expressa da revisão periódica do Código, pelo que nos enclinamos abertamente por tal codificação que, não obstante dever ser sectorial com o sentido atrás definido, deverá abranger, todavia, tanto quanto possível, toda a matéria essencial de tal ramo de direito.

Terminamos esta nossa intervenção, com os ensinamentos de Óscar Wilde, aqui aplicáveis à codificação do direito do urbanismo em Portugal: "A ambição é o último refúgio do fracasso".

Muito obrigado.

Coimbra, 22 de Novembro de 2002

VANTAGENS E INCONVENIENTES DA CODIFICAÇÃO GLOBAL DA LEGISLAÇÃO DO URBANISMO

Mestre Sofia de Sequeira Galvão
(Faculdade de Direito da Universidade de Lisboa)

Senhor Professor,
Senhor Conselheiro,
Minhas Senhoras e meus Senhores,

1. Agradecimento e nota introdutória

A minha primeira palavra é, naturalmente, para agradecer o convite que a Faculdade de Direito, o CEDOUA e a APDU me dirigiram para que estivesse hoje aqui. Estou com o maior gosto e sinceramente reconhecida pela oportunidade de participar neste colóquio e na interessante reflexão que propõe.

Efectivamente, discutir, nesta companhia, com esta assistência, uma eventual codificação do Direito do Urbanismo em Portugal é um desafio que pouca gente recusaria e que eu, confesso, recebi com entusiasmo.

Pela relevância do tema, pela excelência da organização, pelo interesse do programa proposto, felicito vivamente as três entidades promotoras, desejando que aprofundem, sempre com a mesma qualidade, este ciclo de colóquios dedicado ao 'Direito do Urbanismo do Séc.XXI'. Até porque vejo todos os dias razões acrescidas para que sintamos, todos nós, uma responsabilidade efectiva pelo que esse Direito venha a ser... Até porque importa que seja muito mais e muito melhor do que foi o Direito do Urbanismo do Séc.XX. Entre nós, essa é mesmo uma urgência irrecusável.

Mas, indo ao ponto, pedem-me uma visão de jurista sobre as vantagens e os inconvenientes da Codificação Geral da Legislação do

Urbanismo. Portanto, obedecendo (o que é decisivo, para que não vos canse com repetições daquilo que já foi dito), não vos proporei nada de diferente disso[1].

Será uma visão de jurista, porque não consigo ter outra. Para o mal e para o bem, a minha mundividência é sempre conformada por uma forma jurídica de apreender a realidade e de, a partir daí, pensar os problemas e buscar as soluções. Deixo-vos, pois, inevitavelmente, uma visão de jurista.

Depois, como me é sugerido que pondere 'vantagens e inconvenientes', farei um esforço para alinhar umas e outros. Ver-se-á para onde pende o prato da balança. Que será, evidentemente, a minha balança.

Mas, porque me é circunscrito o objecto de reflexão, reportando-o à 'Codificação Geral da Legislação do Urbanismo', e para que não haja quaisquer confusões ou equívocos, terei naturalmente que, antes de elencar prós e contras, esclarecer o que é, para mim, a legislação do urbanismo codificável... Ou, por outras palavras, o que, a pensar-se num eventual futuro Código do Urbanismo, deveria, na minha opinião, estar em condições de poder integrá-lo...

E deve perceber-se que comece, justamente, por aqui. Porque, na verdade, tal aspecto consubstancia uma verdadeira questão prévia relativamente à ponderação que me é proposta. As vantagens e inconvenientes de codificar são, necessariamente, determinados pelo universo daquilo que será codificável.

2. A legislação do urbanismo

Falando-se na 'Codificação Geral da Legislação do Urbanismo', vamos então ver o que é, ou deve ser, para este efeito, e porventura para qualquer outro, a 'legislação do urbanismo'.

Tal indagação remete-nos, inevitavelmente, para uma outra, da qual depende. Qual seja a de saber o que é, afinal, o Direito do Urbanismo...

---

[1] Aliás, para apoiar um outro tipo de exercício, assente num pensamento mais solto e abrangente, a Professora Maria da Glória Dias Garcia deixou-nos, esta manhã, uma síntese estimulante. Partilho com ela a essência da reflexão a fazer e das ponderações a enfrentar.

Vantagens e inconvenientes da codificação global da legislação do urbanismo   127

Ora, minhas Senhoras e meus Senhores, sabemos todos bem o que se tem dito (e escrito...) com tal pretexto. Conhecemos as teses, conhecemos a doutrina. Não é isso, portanto, que importa agora recuperar. Tudo isso é, aqui, pressuposto.

Portanto, assente que há sobre o assunto diversas posições possíveis, o que interessa é que vos deixe a minha visão do problema. Por sinal, bem diferente daquela que é perfilhada por algumas das pessoas que hoje aqui se reúnem[2].

É que eu acredito que o Direito do Urbanismo deve ser entendido tal como a vida e a cultura o foram sedimentando, enquanto resposta jurídica aos fenómenos de ocupação territorial e de uso do solo. Na minha perspectiva, o Direito do Urbanismo constitui um verdadeiro esteio sobre o qual, a partir do qual e por referência ao qual inúmeras outras realidades normativas são susceptíveis de apreensão.

Tal opção não desconhece que a pureza dos conceitos e o rigor das qualificações têm permitido polemizar acerca do que devam e não devam ser os contornos objectivos do *quid* jusurbanístico. Como não desmerece do acerto das razões subjacentes a tantas e tantas das propostas de definição material avançadas. Simplesmente, o que assumo, por inteiro, é um legado histórico. Legado que revela um Direito do Urbanismo moldado sobre todas as encruzilhadas, recebendo influências diversas e respondendo a necessidades múltiplas. Um Direito do Urbanismo que, desde sempre, consubstancia uma unidade compreensiva de valores e de regimes.

Nessa medida, não proponho um conceito referido à criação, à organização ou à expansão das cidades. Porque não acredito na visão que entende a política urbanística ou o Direito do Urbanismo como algo que se contém nos limites estritos da 'urbe' e da vida urbana que esta propicia. Bem ao contrário. Por imperativo histórico-cultural, o Direito do Urbanismo reconhece-se na confluência de linguagens e de registos, desafiando velhas estanquicidades e reabilitando as mais promissoras conexões. É assim que o vejo e é assim que julgo que deve ser visto.

---

[2] Sobre a busca de um critério essencialista de distinção entre Ordenamento do Território e Urbanismo *versus* um critério distintivo assente em *características predominantes*, cf. Fernando Alves Correia, *Manual de Direito do Urbanismo,* volume I, Livraria Almedina, Coimbra, 2001, pp. 51 ss..

128 *Um Código de Urbanismo para Portugal?*

Condição metodológica fundamental, designadamente quando procura fixar-se o objecto de determinada disciplina jurídica, e, com essa base, caracterizar o sistema português, é sempre a lição permitida pelo Direito positivo. Aliás, tratanto-se de construção dogmática, tal referência é incontornável...

Ora, dando esse passo, o que se encontra? Um sistema que se afirma como realidade aberta, flexível e dinâmica que abrange matérias, políticas e normas que vão do Ordenamento do Território e da Organização Administrativa ao Procedimento Administrativo, do Urbanismo ('stricto sensu'...) ao Património Cultural, da Construção aos Recursos Naturais.

A evidência do que afirmo não resulta de uma inspiração solitária ou de um convencimento pessoal. Muito pelo contrário! Se consultarem o índice das colectâneas legislativas disponíveis no mercado, o que encontram?... Exactamente o que faz sentido que lá esteja.

Veja-se, por exemplo, a compilação proposta pelo Professor FERNANDO ALVES CORREIA. O que contém? Ora bem, tratando do Direito do Ordenamento do Território e do Urbanismo, e assinalando que se trata de *legislação básica*, temos i.) normas constitucionais sobre ordenamento do território, urbanismo e ambiente; ii.) Lei de Bases da Política de Ordenamento do Território e do Urbanismo; iii.) normas legais sobre utilização do solo (abrangendo RAN, REN, Áreas Protegidas, ZECs e ZPEs, faixa costeira, áreas florestais, servidões administrativas e restrições de utilidade pública); iv.) instrumentos de gestão territorial; v.) direito e política de solos; vi.) sistemas e instrumentos de execução dos planos (incluindo, designadamente, o Código das Expropriações, o regime jurídico da urbanização e da edificação, a reconversão de áreas urbanas de génese ilegal); vii.) o contencioso do urbanismo[3].

E veja-se, também, a colectânea da responsabilidade das Dras. ANA ALVOEIRO DELGADO e ANA MARGARIDA CUNHA RIBEIRO. Neste caso, temos: i.) instrumentos de gestão territorial; ii.) urbanização e edificação; iii.) expropriação por utilidade pública; iv.) política de solos; v.) áreas urbanas de génese ilegal; vi.) áreas de desenvolvimento urbano prioritário; vii.) avaliação de impacte ambiental; viii.) rede

---

[3] Note-se como o Autor recorre, aqui, à acepção lata de urbanismo (e de Direito do Urbanismo).

Vantagens e inconvenientes da codificação global da legislação do urbanismo   129

natura; ix.) reserva agrícola nacional; x.) reserva ecológica nacional; xi.) litoral; xii.) ruído; xiii.) património cultural. Ou seja, de uma forma ou de outra, acaba por admitir-se que o Direito do Urbanismo deve ser objecto de uma visão lata e compreensiva, que é a única capaz de lhe conferir sentido e operacionalidade dogmática. Direito do Urbanismo no sentido amplo de Direito Territorial[4].

Para mim, de forma inequívoca, o lastro fica com *este* Direito do Urbanismo. Tudo o que tem expressão territorial, tudo o que incide ou se repercute no território é objecto de uma interligação problemática que requer a adequada interligação jurídica. Se perguntarmos quem a confere, a resposta não permite dúvidas – o Direito do Urbanismo!

Tal certeza resulta de dados sistémicos, nos quais avulta a ideia central de 'gestão territorial'. Para o sistema, tal como moldado a partir da Lei de Bases da Política de Ordenamento do Território e do Urbanismo, é o território que unifica e é a sua gestão que integra. Tudo aquilo que implica, em maior ou menor grau, uma acção com 'incidência territorial' deve ser problematizado e tratado no reconhecimento de que existe um esteio fundamental. Um esteio que agrega intervenções por forma a permitir coerência e articulação entre os múltiplos desígnios em presença – *v.g.*, do desenvolvimento regional sustentável à organização económico-social das actividades, da qualidade de vida à preservação e salvaguarda do património cultural, da fruição do espaço natural à racionalização do crescimento urbano.

Do que fica dito resulta que o efectivo conhecimento do nosso sistema jusurbanístico supõe uma análise abrangente e multipolar. Há referências centrais, mas a resposta não se esgota nelas. Pelo contrário. Saber quais são as referências decisivas é a grande questão.

Certo é que este *quid* jusurbanístico descobre-se a partir de múltiplas sedes, da Constituição, às inúmeras leis que regulam as acções com incidência territorial. Do ponto de vista dogmático, está em construção. Sedimentará, depurar-se-á, ganhará coerência...

---

[4] A doutrina aproxima-se deste conceito e, aparentemente, considerando o discurso inaugural do presente colóquio, proferido pelo Ministro das Cidades, do Ordenamento do Território e do Ambiente, a política também.

3. A 'codificação geral'

Ora, a codificação deve surgir, e historicamente tem surgido, quando a Ciência do Direito atinge um nível propício a tal desígnio. Um código é o produto último do trabalho jurídico-científico.

Como ensina MENEZES CORDEIRO[5], a codificação induz uma alteração global das fontes, uma alteração da linguagem, uma reelaboração de conceitos e uma efectiva refundação das proposições jurídicas. E, sendo imenso o seu impacte, é (e deve ser) necessariamente precedida de uma longa e profícua elaboração doutrinária por forma a que as reduções e sínteses a que apela respeitem a lógica interna do sistema em causa.

Ou seja, a codificação aponta um ponto de chegada da construção juscientífica. Não pode ser, nunca, pela própria natureza do processo, um ponto de partida.

Nesta perspectiva, um código, na acepção moderna que aqui releva, é, antes de mais, o fruto de uma processo de depuração, de decantação, de estabilização.

O código, qualquer código, deve ser o repositório do que resiste ao tempo e do que, para lá do tempo, separado o essencial do acessório, estabelecidas as implicações e as integrações devidas, pode configurar o núcleo do sistema, a medida da coerência do sistema.

Nesta perspectiva, um código tem em si, inevitavelmente, uma aspiração de perenidade. Está vocacionado para uma vida longa e, tendencialmente, serena.

Não é, pois, por acaso que a codificação avança por áreas em que a essência sistémica do Direito está definida, superadas há muito quaisquer eventuais hesitações identitárias. Não é também por acaso que a codificação atinge áreas em que o impulso legiferante há muito se conteve e disciplinou.

Neste sentido, propor como objecto de reflexão a codificação geral do Direito do Urbanismo pode ser, mais do que um desafio, uma autêntica provocação! Contudo, sabendo-se que muitas vezes é essa a génese de grandes projectos, o que importa é perceber se, no caso concreto, a provocação consubstancia ou não uma oportunidade...

---

[5] *Tratado de Direito Civil Português, I – Parte Geral, Tomo I*, Livraria Almedina, Coimbra 1999, pp. 47 ss..

4. Vantagens e inconvenientes

Defendi, logo de início, uma visão ampla de Direito do Urbanismo. Pensando num eventual futuro Código do Urbanismo, tenho, coerentemente, que pensar por referência àquela visão ampla.

Porém, tentando fazê-lo, encontro as mais fundadas reservas.

Não vejo como poderíamos obter um resultado sintético... A magnitude das questões é imensa, a exigência de regulação colocada é correspondente, as condições sócio-políticas de enquadramento impõem uma disciplina abrangente, a incipiência dogmática não permite ainda sínteses integradoras.

Mas também não vejo como alcançar um resultado scientífico! Falta maturidade, falta consistência, falta coerência. A construção científica supõe um percurso de sedimentação, capaz de fundar um discurso teorético e principiológico. Ora, entre nós, o Direito do Urbanismo ainda agora empreendeu tal caminho. Luta pela emancipação do Direito Administrativo. Reivindica conexões de sentido com outros ramos do Direito, designadamente do Direito Privado, mas ainda não estabilizou fronteiras ou vizinhanças. Falta-lhe tempo, falta-lhe (ainda) força!

Por maioria de razão, não vejo como produzir um resultado sistemático. Falta-lhe tudo para isso...

Mas será que tais reservas resultam da opção por um conceito lato de Direito do Urbanismo? Será que, para aqueles que defendem uma visão mais restrita do Direito do Urbanismo, a tarefa se revelaria, afinal, mais fácil?

À primeira vista, poderá parecer que sim. Mas é um engano, que embora tentador, não deixa de ser apenas e só isso mesmo. O que viria no dito Código, partindo dessa visão restrita? O que vem, por exemplo, no BauGB?! Que trata, ao longo de centenas de preceitos, de construção urbana, ordenamento do território e expropriações?, dedicando ao 'direito específico das cidades' apenas um capítulo?... Visão restrita, nesse caso?!

A inevitabilidade da interligação problemática e da interligação jurídica determinada pela regulação das acções com incidência territorial coloca um problema complexíssimo, mas forçoso, de alargamento compreensivo da disciplina normativa em consideração. Para usar a linguagem comummente aceite, há aspectos, *maxime* na ligação ordenamento do território/urbanismo, em que é teórica e praticamente impossível estabelecer separações ou limites... Não há clivagens, antes uma continuidade de sentido e esta requer uma resposta homogénea e plena.

A este propósito, não resisto à citação do *Manual de Direito do Urbanismo,* do Professor Doutor FERNANDO ALVES CORREIA quando, a pgs. 70, diz: *No entanto, a proximidade das duas disciplinas jurídicas que vêm sendo referidas* [Direito do Ordenamento do Território e Direito do Urbanismo] *é de tal ordem que, em alguns pontos deste Manual, sentiremos necessidade de tocar vários aspectos que pertencem, certamente, ao âmbito do direito do ordenamento do território. Assim sucederá na parte dedicada às regras de ocupação, uso e transformação do solo, que se apresentaria **totalmente claudicante** se não abrangesse a apresentação das diferentes normas legais sobre utilização do solo e a análise das normas dos diferentes tipos de planos territoriais* (destaque nosso).

Ou seja, mesmo para quem defende a vantagem de distinguir, há que confessar a impossibilidade de apartar uma realidade da outra, uma disciplina da outra, uma dogmática da outra.

Todos nós que damos aulas sabemos bem que assim é! Os nossos alunos não têm uma parte importante do seu tempo lectivo dedicada ao estudo dos planos territoriais, da política de solos, e não aprendem a vaguear, com à-vontade, entre tais disciplinas e aquelas outras que regulam o controlo prévio das operações urbanísticas, que estabelecem regimes especiais de uso do solo, que disciplinam as avaliações de impacte ambiental, ou que enquadram a actividade expropriatória da Administração (para não esgotar as hipóteses...) ?

Recorra-se, de novo, ao *Manual...* do Professor Doutor FERNANDO ALVES CORREIA... Não está lá, ilustrando bem o que acaba de dizer-se, um pouco disto tudo? Precisando, depois de uma caracterização geral do Direito do Urbanismo, da formação e evolução histórica do Direito do Urbanismo e da organização administrativa do urbanismo, não surge logo uma grande parte dedicada às regras de ocupação, uso e transformação do solo, com a referência às normas legais sobre utilização do solo (*v.g.* RAN, REN, Áreas Protegidas, faixa costeira, áreas florestais, servidões administrativas e restrições de utilidade pública), ao regime jurídico dos instrumentos de gestão territorial e à relação entre planos urbanísticos e princípio da igualdade? E não é assim por força da necessária interligação problemática e jurídica existente entre todos estes temas e todas estas regras???

Vantagens e inconvenientes da codificação global da legislação do urbanismo 133

Portanto, seja ampla ou restrita a visão do Direito do Urbanismo que se perfilhe (e claramente pendo para a primeira[6]...), vejo com dificuldade que possam existir, neste projecto, vantagens evidentes. Tudo aquilo que, em abstracto, seriam vantagens próprias da codificação — a circunstância de ganharmos em simplicidade, em coerência, em lógica, em rigor e, sobretudo, em qualidade científica e dogmática —, não vejo, por força do estádio de evolução do nosso Direito do Urbanismo, como atingi-las em concreto. Quanto aos inconvenientes, lamentavelmente, é-me fácil identificar vários — todos, função da incipiência científica e dogmática do actual Direito do Urbanismo português que precisa de amadurecer e de se aprofundar antes de empreender por desígnios que supõem a (prévia) consolidação de um percurso.

Ou seja, confesso aquilo que me parece incontornável. A larga supremacia dos inconvenientes relativamente às vantagens, em matéria de codificação do Direito do Urbanismo. Tal opção induziria, artificialmente, males graves e evitáveis. Tornaria distante o que o não é, abriria fissuras sistémicas onde elas não existem, estabeleceria clivagens onde nada as justifica. Depois, ainda por cima, por via disto, poderia estar-se perante uma verdadeira caixa de Pandora que, um dia, talvez fosse imperativo voltar a fechar. Porventura, com estragos deixados pelo caminho, num processo de reversibilidade penosa e difícil.

Minhas Senhoras e meus Senhores, sou muito céptica, portanto. E é o meu cepticismo que deixo para a discussão!

Há imenso trabalho a fazer antes de nos lançarmos nesta aventura de codificar o Direito do Urbanismo... Depois, se os passos forem seguros, talvez... Um dia...

Aliás, quando o projecto surgir como inevitável, terá chegado o momento certo. Para já, creio que é cedo.

Muito obrigada.

---

[6] Esperando ter demonstrado que, consciente ou inconscientemente, também o fazem aqueles que parecem querer circunscrever o Direito do Urbanismo ao urbanismo *stricto sensu*.

II — A VISÃO DOS URBANISTAS

O DIREITO NA PRÁTICA DO URBANISMO

Prof. Doutor Sidónio Pardal
(Universidade Técnica de Lisboa)

I. A importância determinante do direito no urbanismo

Contemplando o estado geral da humanidade, podemos afirmar que presentemente o principal factor limitante ao desenvolvimento e bem-estar social está na esfera do Direito, da configuração jurídica e administrativa das instituições, e nos códigos de relacionamento comunicacional. O progresso conseguido nas ciências naturais, na medicina e nas engenharias não pode ser aproveitado em toda a sua extensão enquanto não houver respostas do Direito, que alicercem uma tessitura social harmoniosa, complexa, solidária, organizada com base em princípios de racionalidade, de valores civilizacionais que materializem os Direitos do Homem, as garantias de justiça, a confiança no Estado e a realização do indivíduo. O que nos distancia deste ideal é um atraso no domínio dos conhecimentos e capacidades do exercício da política, a qual tem a incumbência da organização administrativa e do poder legislativo. A confiança no poder judicial e a sua eficiência são também fundamentais. Toda esta problemática remete para uma teoria e aplicação do Direito.

No caso específico do Direito do Urbanismo e dos ramos que lhe estão próximos, como o Direito do Ambiente, o Regime Agro-Florestal e Silvo-Pastoril, é pertinente a avaliação dos conteúdos das leis, considerando que é condição necessária para a sua legitimação que respeitem os princípios de racionalidade e os conhecimentos das ciências envolvidas no processo de planeamento do território. Esta exigência é, com oportunidade, reconhecida e destacada pelo legislador do Decreto-Lei n.º 380/99, no art.º 4.º, ao impor que "os instrumentos de gestão territorial devem explicitar, de forma racional e clara, os fundamentos das respectivas previsões, indicações e determinações...".

Os maus resultados da prática urbanística em Portugal explicam--se, em parte, pela fraca qualidade do desenho urbano, da arquitectura e da construção. Mas são também o reflexo de uma legislação que não tem uma consciência profunda e clarividente da temática que está a tratar. A aceitação da lei sem a questionar, adoptando a filosofia do Direito positivo, não é confortável nem consequente na procura de uma evolução. Mais atraente e promissor é o conceito de *Estado de Direito* que se distingue do Direito positivo, porque não aceita, passivamente e de forma acrítica, as leis que emanam da vontade e do poder legislativo comum, e procura colocar acima desse poder e dessa vontade uma axiomática de valores fundamentais.

II. Um código do urbanismo

A ideia de se configurar um Código do Urbanismo que reunisse de forma sistematizada e articulada toda a legislação, para ser levada à prática com resultados positivos, pressupõe que previamente seja elaborado um trabalho metódico, alicerçado nas seguintes questões de fundo:

1. Aprofundamento do que são as prerrogativas dos diversos regimes da propriedade imobiliária, seus direitos e deveres.
   Explicitação clara do que é e como se determina o estatuto jurídico de cada prédio e dos direitos reais do seu proprietário.
2. Os instrumentos de regulação do mercado imobiliário e as garantias de disponibilização de solo para todos os usos e actividades – o sentido útil do território assumido como um recurso básico de sustentação da vida.
3. O Urbanismo, englobando o planeamento do território em geral, como função pública.
4. O poder e os critérios de classificação dos usos do solo, direitos de exploração, de construção e de utilização.
5. A questão da divisão da propriedade no contexto de cada categoria de uso do solo.
6. Os planos territoriais, os seus conteúdos prospectivos, normativos e regulamentares, as entidades que vinculam, os direitos e obrigações que constituem nas esferas da Administração Pública, da propriedade privada e dos cidadãos utentes.

O direito na prática do urbanismo

7. O sistema de expropriação e do exercício do direito de preferência. O código de avaliações do mercado *versus* código de avaliações oficial.
8. A fiscalidade sobre o património imobiliário.

III. A PROPRIEDADE IMOBILIÁRIA E O SEU VALOR

A economia clássica considera a renda fundiária associada à produção agrícola pelo que o aumento do valor depende das técnicas de cultivo, da fertilidade do solo, e da extensão da superfície. Estes critérios, em parte, continuam válidos para a produção agrícola e florestal, mas não se aplicam ao solo urbano, cujo valor depende da localização para a implantação de empreendimentos e dos direitos de construção e utilização que a Administração Pública aí autoriza.

Actualmente, as divisões da propriedade e infraestruturação consentidas, os usos e os índices de construção autorizados determinam o valor do solo urbano e para-urbano e afectam profundamente o valor do solo rústico quando o mercado alimenta a expectativa de alterações do uso do solo agro-silvo-pastoril e quando simplesmente se permite que os terrenos rústicos fiquem ao alcance de segmentos da procura urbana ou se prestem a entesouramentos de carácter especulativo. O solo deixa de constituir em si o seu valor fundamental, o qual passa a ser determinado pelo sistema geográfico que o enquadra e pelas possibilidades de aproveitamento que os conteúdos dos planos, em particular, conferem singularmente a cada prédio. O valor do solo já não depende da iniciativa empresarial e vontade do seu proprietário e passa a ser determinado por um jogo de critérios, poderes e procedimentos técnico-administrativos e interesses sociais.

O sistema territorial é uma obra social complexa que condiciona a vida de todos os seus habitantes e, por essa razão, o Estado e as Autarquias outorgam-se o direito de contrariar as conveniências particulares dos proprietários privados dos terrenos para fazer valer uma política de solos que prossiga objectivos de interesse público. Na prática nem sempre a focagem e fundamentação deste interesse público é evidente e pode diluir-se em procedimentos burocráticos cegos que não atendem ao interesse público nem ao interesse privado e criam rotinas que prejudicam ambos. É de sobremaneira desejável que a lei seja também um garante de respeito e de resposta aos justos interesses públicos e privados que cumpre ao planeamento do território satisfazer.

Os valores que estão em jogo, principalmente os de ordem financeira, são de tal monta que o Direito e a Lei não podem deixar na rotina da gestão administrativa a livre produção e distribuição das mais-valias decorrentes da afectação dos usos do solo e dos seus índices de construção. O poder de gerar e de administrar mais-valias no sector do imobiliário carece de uma regulamentação jurídico-administrativo que o retire do alcance de qualquer arbitrariedade e o subordine ao controlo de procedimentos administrativos elucidados e determinados pela Lei.

A escolha dos terrenos urbanizáveis requer um procedimento técnico-administrativo que considere os valores dos terrenos rústicos, os encargos de urbanização, as mais-valias razoáveis, os lucros normais do investimento e da actividade empresarial e perspective os preços dos produtos finais, sejam eles destinados a habitação, terciário, indústria ou outras utilizações.

As diferenças entre a propriedade rústica e a propriedade urbana são reconhecidas, nomeadamente ao nível fiscal, são-no também no âmbito do Regime Florestal, o qual coloca os proprietários de prédios florestais, classificados no "regime florestal parcial", perante o facto de terem de escolher entre aceitarem as condições inerentes a esse estatuto jurídico aplicado à sua propriedade ou optarem pela expropriação, passando esses terrenos para o "regime florestal total", integrados no património do Estado.

Os condicionamentos à propriedade imobiliária multiplicam-se de forma fragmentada, por incursões de leis avulsas e regulamentos administrativos dispersos, criando uma teia actualmente confusa, ameaçadora para os proprietários privados e pouco eficaz na perspectiva do interesse público que tem de estar subjacente a estas actuações.

Na teoria do Direito do Urbanismo é da maior importância precisar os estatutos jurídicos e os direitos reais que configuram os diversos tipos de propriedade de solo. No caso do uso florestal há que considerar, por um lado, as prerrogativas da propriedade privada, a sua capacidade para prosseguir o correcto tratamento e exploração dos recursos florestais e, por outro lado, reconhecer a função que compete aos Serviços Florestais de salvaguarda e valorização dos recursos naturais onde se incluem os espaços silvestres, em geral e, os florestais em particular.

A demarcação dos espaços rústicos, requer garantias de estabilidade e de confiança. As necessidades de desenvolvimento territorial que envolvem alterações do uso do solo, sacrificando espaços rústicos, devem ser equacionadas com grande antecedência em planos prospectivos para evitar investimentos oportunistas. Compete ao Direito apresentar a equação dos factores em causa neste tipo de operações, de modo a mostrar e controlar o fenómeno nas suas múltiplas vertentes: urbanísticas, ecológicas, paisagísticas, económicas e financeiras, fiscais e dominiais.

Em condições normais e desejáveis, o preço do solo deve ter uma correspondência com o rendimento auferido pela sua exploração ou simples utilização, no âmbito do uso útil autorizado. Dizemos uso útil porque um prédio pode estar a ser instrumentalizado para fins especulativos, socialmente perniciosos e, portanto, contrariando a função social da propriedade; nega-se, neste caso, o seu sentido útil.

Espera-se da condição jurídica e económica da propriedade imobiliária que o proprietário tenha não só o dever mas também a necessidade incontornável de assegurar a função útil do prédio, através da sua utilização directa pelo próprio ou por arrendamento. Actualmente, este princípio de enquadramento é contrariado por imensas situações, entre as quais se destacam:

a) Prédios abandonados devido a heranças indivisas. Faltam instrumentos que permitam às autarquias actuar no sentido de resolver estes casos respeitando os direitos dos herdeiros e colocando os prédios em bom estado de conservação e utilização social.

b) Prédios devolutos devido à sua classificação, em planos territoriais, para fins de interesse público sem que se concretize a sua expropriação, em tempo útil. Neste caso o proprietário é vítima de uma expropriação indirecta, o que constitui um grave desrespeito ao direito da propriedade.

c) Prédios, aos quais os planos territoriais possibilitam alterações de uso ou sobredensificações geradoras de consideráveis mais-valias. Estes prédios, estando na posse de proprietários que não são promotores sofrem agravamentos de preço incomportáveis para o mercado, ficando "congelados".

d) Entesouramento passivo no imobiliário, sendo da conveniência dos proprietários manter os prédios devolutos, ponderando as desvantagens reais de os arrendar, entre as quais se destacam:

■ As rendas são francamente inferiores à inflação do valor de mercado do imóvel o que só se verifica na condição deste estar disponível. Isto induz o proprietário a mantê-lo devoluto ou com uma utilização precária.

■ O trauma psicológico das rendas congeladas que, apesar de não afectar os novos arrendamentos, continua a afectar gravemente os antigos e não deixa de ser um facto político ameaçador, na história contemporânea da política imobiliária.

■ A inoperância da justiça, em tempo útil, nos casos de incumprimento no pagamento das rendas ou na utilização incorrecta dos prédios.

e) A ausência de critérios de habilitação e competência profissionais para o acesso à propriedade de solos florestais e agrícolas, colocando estes terrenos num mercado onde podem entrar procuras de outros segmentos estranhos ao sector.

f) Edifícios onde há fracções arrendadas por valores francamente desactualizados e outras devolutas, à espera de uma disponibilização total do prédio para ser demolido e objecto de renovação.

Desde o Código Seabra, que remonta aos meados do Século XIX, que não se registam significativos desenvolvimentos teóricos no capítulo dos direitos reais relativos à propriedade imobiliária, não obstante as profundas transformações nas relações da sociedade com o território.

A administração urbanística necessita que o Direito trabalhe sobre os diversos modos de apropriação e utilização do território, considerando a especificidade dos prédios definida, pelo estatuto jurídico da propriedade e pelos direitos reais que são reconhecidos ao seu proprietário.

O desdobramento dos tipos de propriedade, formas de arrendamento, de empréstimo e de concessão, carecem de uma precisão jurídica que proporcione à gestão urbanística modelos de disponibilização do território, suficientemente diversificados, para facilitar a procura de soluções que viabilizem a gestão, na sua vertente física e financeira.

Até que ponto a propriedade de um imóvel está condicionada ao cumprimento de regulamentos urbanísticos e a projectos que configuram a sua forma e especificam o seu uso? Mesmo na propriedade rústica, nos campos agrícolas, as actividades estão cada vez mais regulamentadas, restringindo os direitos de uso e de utilização relativamente ao que se pode cultivar.

O direito na prática do urbanismo

O desdobramento entre a figura de proprietário e usufrutuário presta-se a explorações interessantes para a gestão imobiliária. Figuras como a do comodato, direito de superfície, propriedade em condomínio e outras que se vão criando, nomeadamente associadas à exploração do imobiliário turístico (propriedade em *time-sharing*), requerem estudos.

O que aconteceu com os loteamentos clandestinos, encobertos pelas vendas em avos indivisos, loteamento em quintinhas e desanexações sucessivas foi possível devido a um atraso no Direito do Urbanismo, mas também à incapacidade administrativa e ao discurso de circunstância de alguns urbanistas, que chegaram ao ponto de vislumbrar virtudes naquelas patologias.

As políticas de solos, conjugadas com as estratégias de promoção imobiliária de iniciativa pública para a habitação e outros usos, devem habilitar as Autarquias e o Estado a lançar no mercado, produtos afectos a diversos regimes de propriedade, permitindo diferenciar preços para o mesmo tipo de produto e, assim, satisfazer os vários segmentos da procura atendendo à sua capacidade financeira, sem sacrificar a qualidade do produto, a qualidade do espaço urbano e da paisagem, respeitando uma lógica económica na formação do preço.

IV. OS INSTRUMENTOS DE REGULAÇÃO DO MERCADO IMOBILIÁRIO

O Estado e as Autarquias têm o dever de assegurar a disponibilidade de terrenos para os diversos usos e de controlar os seus preços e, para isso, o legislador deve pôr à sua disposição um conjunto de instrumentos de combate à especulação fundiária e ao açambarcamento de solos.

Na prática actual não tem sido possível obter a declaração de utilidade pública de terrenos que a Administração Pública quer adquirir para urbanizar por sua iniciativa e lançar no mercado livre. O entendimento restrito do interesse público de terrenos para urbanizar contraria o disposto na Lei de Solos de 1976 e vai no sentido de reconhecer como prerrogativa da propriedade privada a apropriação das mais-valias da urbanização, o que corresponde a reconhecer que o proprietário do terreno detém a quase exclusividade do direito de urbanizar. Isto contraria frontalmente o princípio que considera o direito de urbanizar como competência iminentemente pública e municipal.

O próprio conceito de perequação, apresentado no Decreto-Lei n.º 380/99, reconhece tacitamente que as mais-valias pertencem aos proprietários pelos quais são, equitativamente, repartidas. A distribuição perequacionada dos direitos de construção, para além de encobrir a questão das mais-valias, é apresentada com excessivo optimismo na sua praticabilidade nos planos de urbanização e nos planos de pormenor. Cinco cenários podem ocorrer:

1.º Todos os proprietários formam voluntariamente uma empresa de urbanização para a qual entram com o capital dos seus terrenos e, no final, distribuem os resultados do empreendimento (mais-valias e lucros). O processo é relativamente pacífico desde que exista uma grande confiança e transparência na gestão.

2.º O plano distribui os direitos de construção localizando a área de construção que cabe a cada proprietário no polígono cadastral do seu terreno, permitindo-lhe desenvolver separadamente dos outros o seu empreendimento particular. O processo é pacífico embora o conjunto fique dependente da iniciativa e ritmo de cada empreendimento. No caso de algum proprietário não avançar com a sua urbanização gera-se um contencioso que ainda não se sabe bem como resolver com recurso a instrumentos como a imposição administrativa e expropriação. Sob o ponto de vista urbanístico este processo condiciona negativamente o desenho urbano que se vê obrigado a respeitar uma base cadastral rústica na distribuição dos benefícios em espécie.

3.º Os proprietários recebem os seus direitos de construção em terrenos que, à partida, não lhes pertencem. Coloca-se aqui o problema de assegurar uma gestão do plano que se posicione acima da vontade e iniciativa dos proprietários e que assegure condições de equidade que estes aceitem. Acresce que neste processo é difícil avaliar o valor relativo dos terrenos rústicos e dos lotes, considerando relações de vizinhança, campos visuais, acessibilidades e outros factores que diferenciam o valor dos lotes dentro do espaço do plano.

4.º Pode ainda acontecer que as mais-valias geradas no âmbito de um plano sejam inferiores ao valor do solo rústico envolvido. Isto sucede quando a maior parte dos terrenos são afectados pelo plano a parques e jardins, equipamentos sociais e outros usos que não geram mais-valias no seu próprio terreno, pela simples razão que estas parcelas não se destinam ao mercado.

Alguns destes equipamentos geram mais-valias indirectas nos lotes vizinhos, é o caso dos parques e jardins enquanto outros, como cemitérios, centrais de camionagem geram menos-valias.

5.º Colocando-se de parte, por não ser admissível, que um proprietário seja obrigado a entrar com o seu terreno para uma sociedade de urbanização, a Câmara Municipal pode recorrer a um processo expropriatório. Tal via não é vantajosa para a Autarquia nem para os outros proprietários que adiram a esse processo porquanto têm que expropriar por valores muito elevados que decorrem do actual Código de Expropriações. O expropriado beneficiará imediatamente das mais-valias sem se envolver em qualquer risco empresarial.

O principal instrumento regulador do mercado imobiliário consiste na capacidade das instituições públicas terem acesso ao solo para o configurar de acordo com as necessidades da procura e exigências do mercado e, assim, poderem disponibilizá-lo segundo estratégias que respondam a todos os segmentos da procura não especulativa. Uma política de solos eficiente considera todos os agentes (utentes, promotores, construtores, mediadores, proprietários de solos com usos deslocados que vêem os seus terrenos envolvidos em processos de transformação e outros proprietários de prédios estabilizados).

A disciplina urbanística precisa de um conjunto de instrumentos jurídicos que enquadrem os interesses e comportamentos de todos estes agentes, parametrizando as componentes que formam o preço dos produtos imobiliários. Os planos territoriais determinam imperativamente os usos do solo e os seus direitos de desenvolvimento. Há que tirar ilações deste facto no que diz respeito às dependências do mercado relativamente à driscricionariedade dos actos administrativos que elaboram e alteram os conteúdos dos planos.

O mercado imobiliário não pode ser, pela sua natureza, um mercado livre e, muito menos, perfeito. Contudo, há todo o interesse em que funcione segundo regras de mercado, onde se respeitem princípios de solvência financeira e de distribuição, de modo a satisfazer as necessidades gerais dos diversos segmentos da procura.

A decisão sobre quais os solos rústicos a ser urbanizados envolve a geração de mais-valias e, estas, por sua vez, colocam em confronto os interesses dos proprietários desses solos e o interesse público de reter, pelo menos, uma parte dessas mais-valias. A entidade pública que detém o poder de protagonizar aquela decisão encontra-se numa situação muito delicada caso não haja um controlo claro dos montantes que as mais-valias podem atingir e a forma de as reter e distribuir. Este assunto não tem qualquer tratamento na nossa legislação nem na regulamentação administrativa do Urbanismo. Apenas existe uma referência às mais-valias na venda de imóveis, mas neste contexto, está-se, geralmente, perante um imposto sobre os lucros de um investimento imobiliário (imposto sobre rendimento), e não propriamente perante mais--valias simples.

A fiscalidade tem instrumentos positivos, como a Contribuição Autárquica que, se for devidamente calibrada, pode e deve actuar como um desmotivador da posse de prédios devolutos. Já a SISA é um imposto perverso que penaliza a mobilidade geográfica das famílias e das empresas retirando fluidez ao mercado.

V. O URBANISMO COMO COMPETÊNCIA PÚBLICA

É consensual e óbvio que o território é um produto escasso e as alterações de uso e formas de utilização estão, cada vez mais, dependentes de autorizações, licenças e fiscalizações por parte de múltiplos órgãos da Administração Pública. Se, por um lado, se reconhece o direito à propriedade privada do solo, enquanto suporte das actividades económicas, de motivações para a iniciativa individual e de privacidades, observa-se também o carácter preponderante das políticas e medidas administrativas que se legitimam no interesse público subjacente à organização do espaço territorial.

As questões relativas ao direito de alteração do uso do solo, direito de urbanizar e direito de edificar não estão claras para os urbanistas, quer na redacção das leis quer na interpretação e instrumentalização que se faz dos planos.

Na prática, os Planos Regionais de Ordenamento do Território (PROT) e os Planos Directores Municipais (PDM) estão a ser utilizados para configurar e legitimar direitos de urbanização e de construção para a gestão urbanística de pormenor, o que está profundamente errado. Não há uma explicitação inequívoca sobre as diferenças entre os regulamentos de PROT, PDM, PU (Planos de Urbanização) e PP (Planos de Pormenor) no que diz respeito à constituição de direitos, de urbanização e construção, que possam ser invocados quer pela Administração Pública quer pelo sector privado.

Também não há doutrina clara relativamente à alteração de conteúdos dos planos em processos de revisão, nomeadamente quando daí resulte a redução de áreas urbanizáveis e índices de construção.

Se é confusa a demarcação de competências, entre a esfera pública e privada, quanto aos direitos de urbanizar e construir, não é menos confusa a sua distribuição dentro da Administração Pública, onde se atropelam o Poder Local e o Poder Central e há problemas de coordenação entre os organismos da Administração Central. O peso da burocracia e os níveis de desresponsabilização, na análise dos processos administrativos que dependem destes organismos, constituem um factor de bloqueio e de atraso ao desenvolvimento do país.

VI. Classificação dos usos do solo e índices de construção

A afectação de usos de solo através dos planos implica que os proprietários percam a prerrogativa de alterarem livremente o uso dos seus prédios ficando dependentes de autorizações e licenciamentos. De forma implícita mas muito concreta, a dinâmica de planeamento confere e retira direitos à propriedade imobiliária sem uma assunção clara de que o está a fazer. O processo é nebuloso e os destinos incertos. O acto de vincular administrativamente um solo a determinado uso retira, por princípio, ou conflitua com a propriedade privada no direito de alterar o uso do solo. Acontece que as mutações de uso têm valências muito diferentes o que obriga a considerá-las uma a uma.

– A alteração do uso florestal para uso agrícola tornou-se cada vez mais problemática, desde a lei do Regime Florestal, de 1901, e da lei de protecção da riqueza florestal do país, de 1927, e, posteriormente, com a fixação de quotas a diversas culturas agrícolas.

– A alteração de uso agrícola para silvestre/florestal é pacífica excepto no caso da plantação de eucaliptais; em certas situações pode, sob o ponto de vista ecológico, nomeadamente para a protecção da fauna selvagem, justificar-se a conservação de campos de cultivo e de zonas de clareira, estruturantes de uma boa compartimentação da paisagem.

– A alteração de rústico para urbano é uma competência da Administração Pública. Por princípio, não deve fazer parte das prerrogativas da propriedade o direito de urbanizar.

– A alteração de urbano para rústico é pouco frequente, mas acontece no contexto de grandes obras públicas, tais como a construção de barragens cujas albufeiras implicam com aglomerados urbanos, ou bairros clandestinos em zonas de alto risco geotécnico que obriga à renaturalização do espaço.

– A implantação de elementos do sistema urbano em meio rústico (estações de tratamento de efluentes e de resíduos, complexos industriais, equipamentos relacionados com o turismo,...). Aqui não se trata de urbanizações, não há lugar a loteamentos, verifica-se apenas a localização, em meio rústico, de elementos do sistema urbano que por razões ambientais, não podem ser implantadas em meio urbano.

A demarcação de unidades territoriais afectas a classes de uso do solo, considerando o interesse em manter um uso dominante, é uma operação que tem lugar próprio em PROT, com carácter prospectivo, e em PDM, com maior detalhe, observando as categorias de uso que podem coexistir, em cada unidade territorial concreta. O mérito e eficácia destes planos regionais e concelhios depende das suas relações com os planos sectoriais e do impulso que podem emprestar à localização e organização integrada dos usos, actividades e redes de infra-estruturas e serviços. **Um tema central de qualquer plano territorial deve ser a regulação do preço e a disponibilização efectiva do imobiliário. Esta vertente é completamente omissa nos planos territoriais em vigor.** Há uma relação directa entre o processo de classificação do solo, as estratégias de gestão dos planos e a formação dos preço dos prédios.

A classificação do solo deve respeitar uma sequência onde em primeiro lugar se demarcam as zonas únicas, de parques e reservas, que correspondem às áreas protegidas. A REDE NATURA 2000, que não faz parte das áreas protegidas pela sua extensão desmesurada, cria um grave problema que, porventura, poderá ser minorado com a regulamentação da gestão destes espaços.

O segundo uso a ser demarcado é o urbano, considerando que se trata de um sistema delicado, complexo, dispendioso e do qual depende a qualidade de vida da maioria da população.

O terceiro uso a ser demarcado é o agrícola e o remanescente são os espaços silvestres e silvo-pastoris disponíveis para a produção florestal, caça e outras actividades económicas inerentes a este uso.

VII. OS PLANOS TERRITORIAIS, OS SEUS CONTEÚDOS

A legislação em vigor, onde se estabelecem normas para a elaboração dos Planos Directores Municipais (Decreto-Lei n.º 380/99, artigos 84.º, 85.º e 86.º), apresenta-se confusa, nomeadamente no que diz respeito ao conteúdo material uma vez que considera, num mesmo artigo, aspectos analíticos e aspectos de definição de estratégia que deveriam ser tratados separadamente de modo a tornar mais clara esta informação. O conteúdo documental reduz-se ao regulamento, à planta de ordenamento e à planta de condicionantes o que é muito redutor. O dilema do legislador adivinha-se. Por um lado, pretende-se evitar um processo pesado, complicado, moroso e inoperante e, para evitar estes inconvenientes, capitula-se no rigor, na profundidade e na qualidade. Para sair deste ciclo vicioso é necessário desenvolver uma capacidade conceptual para trabalhar com a realidade a um nível mais complexo, mais sofisticado, na vertente teórica e prática.

No caso dos PDM é pertinente contemplar-se o desdobramento dos seus conteúdos normativos em três níveis distintos:

a) O nível garantístico, regulamentar por excelência, o qual tem um carácter mais rígido, determinístico e vinculador de todas as entidades, públicas e privadas. É aqui que, por exemplo, se alicerça a confiança dos agentes do mercado.

No PDM a área que trata da regulamentação dos usos do solo, na parte garantística, devia ter um período de vigor de pelo menos 15 anos, porque é aqui que se segmenta o mercado, criando confiança nestas demarcações.

O plano, nesta vertente da afectação dos usos deve criar rigidez, estabilidade de longo prazo, de tal modo que os proprietários de solos rústicos não vejam hipóteses de mais-valias rápidas e coloquem os seus terrenos no mercado apenas para estes usos e não com objectivos especulativos, visando a urbanização.

b) O nível das competências municipais, responsável pelos assuntos de interesse público que se resolvem na esfera da autarquia, onde o PDM deve ter um carácter orientador e onde as alterações poderão ser efectuadas, de forma relativamente expedita, dependendo da aprovação da Câmara e da Assembleia Municipal.

c) O nível das relações entre a Autarquia e a Administração Central no que respeita às competências da Administração Central

150 *Um Código de Urbanismo para Portugal?*

que interferem com o território municipal. Também aqui não tem sentido o PDM condicionar, de forma despropositadamente rígida, a acção da Administração Central. É razoável que se permitam e facilitem ajustamentos no sentido de acolher as iniciativas dos diversos serviços da Administração Pública, sujeitando-se sempre a um processo de decisão transparente, participado, mas porventura mais aligeirado em termos de procedimentos.

VIII. O CÓDIGO DAS EXPROPRIAÇÕES

O sistema expropriatório prende-se com a questão dos critérios para o reconhecimento da utilidade pública de terrenos que, por sua vez, é determinante no exercício dos direitos de preferência e, tudo isto, remete para a necessidade de haver dois Códigos de Avaliações: um Código de Avaliações de Mercado, naturalmente sensível aos oportuni-dades e comportamentos especulativos e também às crises deflacionis-tas dos preços, e um Código de Avaliações Oficial que deve pautar-se por uma banda insensível a esses desvios que cumpre à política de solos evitar. Os valores oficiais são superiores aos do mercado em situações de crise e inferiores aos do mercado em contextos de clara especulação. Por sua vez, a existência de um mapa oficial de preços do imobiliário, a publicar anualmente por uma comissão oficial, seguindo critérios articulados com as estratégias de planeamento do território, ajudaria a clarificar e regular o próprio mercado. Estas comissões e estes mapas existem em países como a Alemanha, sendo extremamente consequentes pela saudável influência e respeito que suscitam no pró-prio mercado.

IX. A FISCALIDADE SOBRE O IMOBILIÁRIO

A SISA é um imposto com efeitos negativos no mercado, porque lhe tira fluidez, e com efeitos perversos na estrutura do povoamento, porque desmotiva e penaliza a mobilidade das famílias e das empresas na procura de localizações mais vantajosas. Mas, perante a circunstân-cia de termos que optar entre a SISA ou a sua substituição pelo IVA dedutível no produto final do imobiliário, cuja taxa, por não ter sido negociada a tempo com Bruxelas, cremos que teria de ser de 19%, é sensato optar-se por manter a SISA a uma taxa moderada.

A "substituição" da SISA pelo IVA dedutível na venda de prédios novos é uma operação fiscalmente arriscada, sem interesse sob o ponto de vista da receita e complexa em termos de regulamentação e controlo administrativo e fiscal.

Manter a SISA como está é grave, sendo urgente a sua alteração reduzindo a taxa para 2% e acabando com as isenções. Com esta alteração a receita aumentaria cerca de 25% atendendo a que as receitas actuais da SISA são cerca de 1,5 % do montante global das transacções. O imposto ficaria mais eficiente, nomeadamente, em termos distributivos.

A Contribuição Autárquica (CA) deve ser um imposto que garanta uma receita estável para as autarquias e, enquanto imposto, deve estar calibrada para motivar a utilidade social e a rentabilidade dos prédios.

O processo auto-declarativo para a determinação do **Valor de Base Territorial**, assumido com base de incidência da CA é o que mais se ajusta à realidade do país nesta matéria e o seu processamento torna-se relativamente fácil e fiável, na medida em que os prédios e os proprietários, praticamente na sua totalidade já estão registados em termos de localização, uso e a maior parte das matrizes fiscais já têm as áreas de terreno e as áreas de construção, sendo este último o único factor a carecer de verificação (note-se que esta informação da área de construção consta no Registo Predial e está também nas escrituras de compra e venda).

Torna-se assim extremamente fácil o cálculo do **Valor de Base Territorial** dos prédios, único valor que se presta a ser presumido por via legal e administrativa.

Não se recomenda a introdução de novos factores num modelo auto-declarativo pois, para além de não terem qualquer relevância na formação do **Valor de Base Territorial** aumentam a probabilidade de erro.

A elaboração do cadastro geométrico pode decorrer em paralelo, não constituindo uma condição necessária para pôr em prática um novo modelo eficiente e justo de Contribuição Autárquica. Enveredar pelo sistema tradicional das avaliações casuísticas levadas a cabo por peritos, adoptando um valor fiscal referido ao valor patrimonial ou aos valores de mercado, é optar por uma via pesada, complicada, morosa, dispendiosa e de resultados incertos.

Nas condições actuais recomenda-se que seja adoptado como valor fiscal o conceito de **Valor de Base Territorial** que no caso dos prédios urbanos é em grande parte determinado pelo valor da área de construção autorizada e para prédios rústicos corresponde ao Valor Fundiário da economia agrária. Este **Valor de Base Territorial** tem uma banda de variação muito estreita, o que constitui uma vantagem relativamente ao valor de mercado que, face à desregulação em que se encontra actualmente, oscila numa banda muito larga e não se presta a ser uma referência para uma determinação clara e objectiva do valor fiscal.

O **Valor de Base Territorial** é calculado tendo em consideração a localização, dimensões e utilização dos prédios.

Desta forma a Contribuição Autárquica incidirá sobre a propriedade na sua vertente territorial, sem penalizar o investimento produtivo ou valorizador do património arquitectónico e paisagístico. Aplica-se como um imposto sobre a propriedade em si, ignorando as vertentes associadas ao seu rendimento, o qual já é tributado no IR. Esta separação entre a tributação do património imobiliário e a tributação sobre o investimento produtivo, que deve incidir sobre o seu rendimento, é inovadora, lógica e justa.

É importante encarar este modelo, como um ponto de partida para gradualmente se evoluir, no sentido de se criar um sistema mais sofisticado e mais eficiente como instrumento motivador da posse de prédios bem conservados e eficientemente utilizados e explorados. Consideramos que é correcta e pragmática a aplicação de uma colecta moderada, que mereça a aceitação e aprovação do contribuinte, corrigindo o sistema actual e entrando num processo de transição para um modelo mais sofisticado.

Face à situação actual do mercado, da informação cadastral e da própria Contribuição Autárquica vigente recomenda-se a aplicação deste modelo, de configuração muito simples mas de elevado rigor lógico, na forma como trata equitativamente todos os proprietários, considerando a base de incidência que atende às principais características que demarcam o estatuto jurídico dos seus prédios.

VANTAGENS E INCONVENIENTES DA CODIFICAÇÃO GLOBAL DA LEGISLAÇÃO DO URBANISMO

Prof. Doutor Paulo Correia
(Universidade Técnica de Lisboa)

1. Introdução

O país encontra-se hoje praticamente coberto por Planos Directores Municipais eficazes que definem, para todo o território de cada município, os usos do solo e respectivos parâmetros urbanísticos. Os perímetros urbanos consagrados nestes planos traduzem uma capacidade potencial de crescimento urbano que permitiria, no seu limite, alojar cerca de 35 milhões de habitantes.

A partir de 1965 foi aberta à iniciativa privada a faculdade de urbanizar. Têm-se sucedido os regimes de operações de loteamento promovidas por particulares, sem contudo ser necessária a pré-existência de planos urbanísticos eficazes conformadores dos direitos e obrigações específicas aplicáveis àquelas áreas. Só com o actual regime de operações urbanísticas associado à entrada em vigor da generalidade dos PDM deu um primeiro passo no sentido da supressão desta carência do planeamento urbanístico e do seu regime legal.

Paralelamente, e à excepção do período entre 1976 e a entrada em vigor da primeira Lei das Finanças Locais, em que o Estado apoiou financeiramente as autarquias locais interessadas na constituição de reservas de solo municipal, a Administração Pública vem-se demitindo de assegurar ela própria a produção de solo urbano com vista à regularização da oferta, tanto em quantidade, como em localização, como em preços. Esta opção de política faria tanto mais sentido quanto a exis-

154 *Um Código de Urbanismo para Portugal?*

tência de PDM permitiria apoiar eficazmente a sua execução no espaço e no tempo.

Parece ter-se entendido que o mercado privado de solo, da urbanização e construção será capaz de se auto-regular e de satisfazer a procura. Por outro lado, entendeu-se também que o mercado deve dispor de uma folga razoável traduzida no sobredimensionamento das áreas urbanizáveis e na possibilidade de edificação (para qualquer uso) fora dos perímetros urbanos, por forma a permitir prevenir situações de monopólio ou de oligopólio.

No entanto, a falta de capacidade de intervenção pública activa no mercado de solos, no sentido de assegurar a oferta de solo urbano e urbanizável em quantidade, localização e preços adequados às próprias soluções urbanísticas planeadas, aliada à ausência de programação da expansão urbana de cada centro urbano e conjuntos de centros urbanos, e sendo o sistema fiscal do imobiliário ultrapassado e ineficaz, em especial quanto à tributação da propriedade do solo e das mais valias imobiliárias, tem permitido desvios significativos dos planos, acompanhados de comportamentos especulativos.

Podem distinguir-se três contextos genéricos distintos quanto a conflitos e limitações do processo de planeamento, seus reflexos no mercado imobiliário e no processo de desenvolvimento:

- As regiões metropolitanas, onde a procura de novas áreas urbanas edificadas destinadas a todos os usos ainda se encontra por satisfazer e onde a renovação urbana – mudança de uso ou densificação – permitem a apropriação privada de mais valias importantes.
- As cidades médias e pequenas, designadamente os seus conjuntos que formam verdadeiras comunidades urbanas, sobretudo quando em localizações favoráveis ao negócio imobiliário decorrentes de inserção favorável na rede urbana regional ou nacional, podem permitir a apropriação privada de mais valias ainda significativas (embora a níveis de valores inferiores às regiões metropolitanas) sobretudo face ao menor volume de investimento necessário.
- A edificação dispersa, sem infra-estruturas urbanas, como solução para a habitação (tanto em primeira como em segunda residência) geralmente em moradia, ou para unidades industriais, comerciais e de armazenagem isoladas, em solo muito menos valorizado do

que em área urbana. Os padrões de localização da edificação são condicionados sobretudo pelo relevo, disponibilidade de acessos, de água e de energia a nível local.

As principais limitações actuais à eficiência e eficácia do planeamento e ordenamento do território resultam assim da falta de articulação entre este e o processo de desenvolvimento, bem como da inadequação da administração do território, tanto em termos do quadro institucional e legal, como em termos do seu exercício.

2. O Quadro Legal e Institucional Actual do Processo de Planeamento Urbanístico

No actual quadro legal do planeamento urbanístico, os Planos Municipais de Ordenamento do Território – Planos Directores Municipais, Planos de Urbanização e Planos de Pormenor, constituem a base do licenciamento das iniciativas dos particulares, conformando os seus direitos e obrigações a partir do zonamento do usos do solo. A teoria e a prática do zonamento do uso do solo, nascida no Movimento Moderno, encontra-se bem enraizada no nosso país, consistindo na delimitação de áreas consideradas homogéneas, associando-lhe regras e parâmetros urbanísticos relativos a ocupações e regime de transformação. A técnica do zonamento recusa a conjugação de usos numa mesma área considerando-a promíscua e comprometedora da qualidade ambiental e funcionalidade das cidades. As áreas mais antigas das cidades são aqui denominadas como 'zonas mistas', não distinguindo usos compatíveis ou complementares de usos cuja coexistência seja realmente negativa e ignorando a importância da regulamentação da conjugação de utilizações de áreas de construção como questão distinta mas complementar da regulamentação do uso do solo.

Enquanto a Administração Pública dispôs do monopólio da urbanização foi-lhe relativamente simples assegurar o cumprimento dos planos de zonamento, sobretudo em áreas de expansão ou de renovação urbana: a Administração Pública adquiria todo o solo necessário a cada fase do processo de urbanização a valores com base no uso actual, só então definia o seu aproveitamento urbanístico, tanto em termos de uso do solo como de desenho urbano, executava as obras de infra-estruturas e a dotação em espaços exteriores e equipamentos colectivos, alienando os lotes infra-estruturados à iniciativa privada, por vezes já com os projectos de edificação aprovados ou mesmo edificando ela própria parte dos edifícios para posterior comercialização. Note-se que a Administração retinha naturalmente as mais valias totais por o solo se encontrar na sua posse ao longo de todo o processo de urbanização.

A partir da abertura da possibilidade de urbanizar à iniciativa privada, estes planos deixaram de ter todas as condições de eficácia real:

- Por não distinguirem as consequências distintas para o mercado livre de uma 'zona' poder corresponder a um uso 'lucrativo' ou a um uso 'dotacional' (expressão castelhana para os espaços exteriores, infra-estruturas e equipamentos públicos), limitaram--se a introduzir mais valias puras nos solos particulares em zonas correspondentes a usos 'lucrativos' e a provocar reacções negativas nos proprietários de solos destinados pelo zonamento a usos 'dotacionais'.
- Os proprietários dos solos 'lucrativos' puderam reter por períodos mais ou menos longos os seus solos sem utilização ou com utilização distinta da estabelecida no plano, com vista a apropriarem-se do máximo da mais valia introduzida no solo pelo próprio plano, confirmada pelos valores de mercado ao longo do tempo. A ausência de um sistema fiscal de penalização da sub-utilização ou do abandono de uso, bem como de recuperação daquelas mais valias para a Administração permite-lhes esta retenção de propriedade, desviando o solo da sua função social (determinada no plano), sem qualquer necessidade de investimento e sem penalização.
- Os proprietários dos solos 'dotacionais' e menos 'lucrativos' (usos menos valorizados ou com ocupações previstas menos densas), procuram influenciar alterações ou ajustamentos ao plano, em geral executando as obras a prazos mais curtos do que os proprietários indicados no ponto anterior, subvertendo tanto o faseamento (mesmo que apenas implícito) de execução do plano, como mesmo a sua solução urbanística (pressões sobre o poder político para alteração do próprio zonamento inicial).
- Na ausência de sistemas perequacionados de repartição de benefícios e encargos, a Administração suporta custos de solo para

usos não 'lucrativos' a valores idênticos aos dos usos 'lucrativos', isto é, a própria Administração paga aos proprietários particulares do solo destinado a usos 'dotacionais' mais valias de valor equivalente às que ela própria introduz através dos seus planos eficazes nos solos 'lucrativos', no respeito pelo princípio de justiça, mas sendo duvidosa a sua recuperação, dada a ineficácia do sistema de determinação e de tributação de mais valias imobiliárias.

O planeamento do uso do solo não dispensa orientações territorialmente mais abrangentes quanto à estruturação do território (grandes infra-estruturas, equipamentos, pólos de actividade económica, etc.), nem o desenho das áreas urbanas novas ou a renovar (em termos de planeamento e de projecto), bem como uma política de solos activa e que inclua a aplicação dos instrumentos fiscais do imobiliário. Pretende conciliar-se as virtudes de cada solução (incluindo a sua flexibilidade) em termos materiais, funcionais, económicas e ambientais.

A reclamada flexibilização do planeamento urbanístico deve significar:

- Complementar o planeamento do uso do solo – unidades de ordenamento sem segregação de usos urbanos –, com a definição das infra-estruturas, equipamentos colectivos e áreas urbanas estruturantes das áreas urbanas e do concelho.
- Estabelecer o desenho urbano das 'zonas' ou seus conjuntos, articulado com um sistema de gestão perequacionado e programado.
- Distinguir entre usos do solo (tipo de adaptação do solo, para fins urbanísticos, adequado a determinado tipo de actividades) e utilizações das áreas de construção (actividade que utiliza determinada área edificada em cada piso de um edifício), estabelecendo regras de compatibilidade, incompatibilidade e complementaridade entre utilizações – no mesmo edifício ou na mesma zona.
- Estabelecer utilizações e usos desejáveis complementares para zonas monofuncionais e o seu eventual regime de incentivos.
- Estabelecer as condições prévias relativas a infra-estruturas, equipamentos, espaços exteriores para a localização de certos usos e utilizações.
- Estabelecer percentagens mínimas e/ou máximas de certos usos e/ou utilizações em cada espaço de planeamento, bem como as

regras para a sua distribuição justa – com ou sem plano de pormenor, mas sempre com um sistema de gestão perequacionado.
- Gradação do interesse público dos usos do solo, com vista a permitir ajustamentos a planos em vigor sem comprometer a solução do plano, considerando prioritários os usos 'dotacionais', mas explicitando prioridades para os usos 'lucrativos' segundo localizações, de acordo com os objectivos de desenvolvimento.

Quanto ao actual quadro institucional, os desajustamentos são igualmente manifestos. Embora o actual sistema de organização dos serviços municipais procure uma articulação e responsabilização claras entre o executivo municipal organizado por pelouros e as chefias técnicas dos diversos departamentos municipais, através de uma estrutura vertical, a verdade é que a coordenação (horizontal) entre departamentos tem-se mostrado, de um modo geral deficiente. Por outro lado, a responsabilidade técnica é geralmente confiada aos técnicos que são promovidos na sua carreira mais em função da sua antiguidade do que da evolução dos seus conhecimentos, sendo pouco expressiva a formação contínua formal.

A eficácia real da gestão municipal requer uma gestão moderna de recursos técnicos e humanos, que passa pelo destacamento em cada momento dos técnicos mais adequados (pela sua formação e perfil) para missões concretas como a elaboração de uma proposta de plano ou o apoio ao decisor (político) num 'dossier' concreto. A gestão por objectivos com a prévia fixação de metas (temporais e materiais) não parece ser compatível com o quadro institucional vigente.

Por outro lado, o regime actual das finanças locais, herdeiro de um período de forte expansão urbana determinado pelas intensas migrações populacionais do interior para o litoral do país, e dos espaços rústicos para as áreas urbanas, levou a que a importância das receitas provenientes da cobrança das taxas municipais pela realização de infra-estruturas urbanísticas em operações de loteamento urbano assumisse uma importância relativa excessiva, em conjunto com o FEF – Fundo de Equilíbrio Financeiro. Não porque estas receitas não sejam justificáveis, mas pelo facto das receitas municipais provenientes da colecta de contribuições e de impostos (contribuição predial autárquica, sisa, mais valias), serem diminutas.

Vantagens e inconvenientes da codificação global da legislação do urbanismo   159

Os instrumentos fiscais que incidem especificamente sobre o imobiliário têm um enorme impacto sobre o funcionamento do mercado imobiliário, sobre a formação dos seus valores e sobre o processo de desenvolvimento urbano. No entanto, no país, continuam a ser encarados como os restantes instrumentos fiscais, isto é, principalmente como vias para o financiamento da Administração Pública. O exemplo mais claro desta atitude encontra-se na manutenção do Imposto da Sisa, cuja finalidade é meramente fiscal. Apontam-se em seguida três instrumentos fiscais que deveriam ter uma grande importância neste âmbito.

As sucessivas leis das finanças locais (desde 1979) vêm mantendo as receitas municipais fortemente dependentes das receitas provenientes de taxas municipais nos municípios com dinâmica significativa de urbanização e edificação ou do FEF (Fundo de Equilíbrio Financeiro) nos municípios sem dinâmicas significativas.

A contribuição autárquica, enquanto instrumento de tributação da propriedade, deveria constituir a base das finanças locais, permitindo assegurar a estabilização dos usos e ocupações urbanas. No entanto, devido ao seu actual sistema de incidência e à desactualização generalizada dos valores matriciais (teoricamente correspondentes aos valores venais), representa um parte diminuta das receitas quando deveria ter uma importância crescente nas receitas locais, sobretudo à medida que as áreas urbanas tendam para uma estabilização do seu crescimento. As propostas recentes de reforma desta contribuição apontam no sentido de distinguir entre duas componentes de valor de uma propriedade imobiliária identificadas por Alfred Marshall como sendo: o valor de localização (*situation value*) e valor do sítio (*site value*). Para esta última componente contribuem o solo e as benfeitorias. As formas de distinguir o solo das benfeitorias, e a garantia de não penalizar a conservação ou melhoramento das benfeitorias através da tributação da sua posse são várias, embora sempre discutíveis. O modelo do Reino Unido – a *municipal tax* – segue este paradigma, variando o valor da colecta sobre cada prédio em função do orçamento anual de despesas municipais e englobando as taxas de conservação de infra-estruturas e de equipamentos colectivos segundo os índices de localização, área de solo, área de construção e usos.

As benfeitorias introduzidas em prédios após um número de anos mínimo após a realização de uma nova edificação (ou a reconversão ou reconstrução de anterior edificação) não devem ser tributadas em sede deste instrumento ou serem objecto de dedução específica. A reforma desta contribuição permitiria não só repor a justiça fiscal quanto à tributação da propriedade imobiliária, como desencorajaria a retenção do solo urbano e urbanizável sub-utilizado ou em abandono de uso e/ou utilização (associada ou não a mecanismo de incentivo/desincentivo), como ainda permitiria aos municípios dispor de uma base de financiamento estável.

As mais valias imobiliárias, sejam as que resultam apenas da aprovação de planos ou de licenciamentos e autorizações, sejam as que resultam de obras públicas, são devidas à sociedade. Não se tratam pois de ganhos de capital, embora actualmente seja consideradas como tal e englobadas no IRS e IRC. As suas receitas são indispensáveis à viabilização económica e financeira da execução dos planos municipais (que as introduzem).

No entanto, a sua tributação enfrenta várias dificuldades. Desde logo a determinação do seu valor, o que requer a distinção dos valores de um prédio antes e depois da introdução das mais valias, o que em geral é também acompanhado da realização de benfeitorias e proveito sobre esta realização. Para além das dificuldades na determinação destes valores acresce a necessidade de dispor de uma administração fiscal muito eficiente na colecta em tempo útil.

A taxa municipal pela realização de infra-estruturas urbanísticas visa cobrar aos promotores de operações de loteamentos urbanos, ou de empreendimentos urbanísticos com consequências semelhantes, os custos de infra-estruturas gerais de promoção pública (já realizadas ou a realizar) que irão beneficiar directamente aqueles loteamentos e empreendimentos. Em teoria, esta taxa inclui uma componente de recuperação de mais valias introduzidas por investimento público, ainda que com a diferença da sua colecta se fazer antes da introdução da mais valia.

Na prática destina-se a custear os investimentos públicos em infra-estruturas e assim o desenvolvimento urbano. Sendo uma taxa municipal, a fixação dos seus níveis e a sua colecta não dependem da Administração Central. Trata-se pois de um poderoso instrumento de política de solos pela influência diferenciada que pode ter entre usos e entre municípios.

De facto, com a previsível estabilização do crescimento urbano, a base tributária das receitas municipais deve assentar no património existente e nas mais valias urbanas. Para que isto seja possível há que dispor de um sistema de informação sobre a propriedade (cadastro da

Vantagens e inconvenientes da codificação global da legislação do urbanismo   161

propriedade, benfeitorias, classificação do solo, valor tributável) permanentemente actualizado, bem como de um sistema de determinação dos valores tributáveis do imobiliário justo. Este último requer um sistema auto-regulável e aproximado à evolução dos valores do próprio mercado, permitindo a sua utilização simultânea pela Administração sempre que necessite de intervir no mercado envolvendo-se na posse do solo.

3. Os Elementos Fundamentais de um Código de Urbanismo para Portugal

Parece-nos clara a vantagem de dispor de um Código do Urbanismo para Portugal, unificador dos princípios, conceitos e normativa indispensável ao desenvolvimento urbano e que excede a legislação que hoje se considera ser estritamente urbanística, contribuindo assim também para a consolidação do Direito do Urbanismo português.

Neste sentido, propõe-se, em seguida, uma breve estrutura com este fim:

1. – Princípios gerais do ordenamento e desenvolvimento do território, administração urbanística e política territorial
   • Princípios gerais do ordenamento e desenvolvimento do território, e da administração urbanística
   • Organização e distribuição das competências urbanísticas
   • Princípios gerais de política territorial e de planeamento urbanístico
   • Gestão urbanística
   • Intervenção administrativa no uso do solo e na edificabilidade
   • Protecção da ordem jurídica urbanística
   • Eficácia administrativa, exercício de acções urbanísticas e segurança jurídica dos administrados
2. – Organização administrativa e competências
   • Orgãos administrativos e competências urbanísticas
   • Observatórios e entidades reguladoras
3. – Regime jurídico do solo
   • Classificação e qualificação do solo
   • Efeitos da classificação e qualificação do solo
   • O solo não urbanizável

4. – Ordenamento e desenvolvimento do território e planeamento urbanístico
- Instrumentos de ordenamento e de desenvolvimento do território (tipologia, finalidades, forma, conteúdo, tipologias de normas, elaboração, tramitação, revisão e alteração)
- Instrumentos de planeamento do território (tipologia, finalidades, forma, conteúdo, tipologias de normas, elaboração, tramitação, revisão e alteração)
- Articulação com a legislação nacional sectorial
5. – Gestão urbanística
- Entidades de gestão
- Execução do planeamento
- Valores do solo
- Sistemas de execução de planos urbanísticos
- Aquisição e alienação de solo pela Administração
- Execução de obras de urbanização
- Conservação de obras de urbanização
- Expropriação
- Execução de programas de actuação urbanística
- Património fundiário municipal
- Património fundiário do Estado
- Gestão económica (impostos e taxas)
- Programa de obras públicas do Estado
- Gestão de áreas metropolitanas e de comunidades urbanas
6. – Intervenção administrativa no uso do solo e na edificação
- Regimes coercivos, licenças e autorizações relativas ao uso do solo e à edificação
- Habitabilidade
- Usos transitórios
- Alienação do património do Estado
- Articulação com a legislação sectorial
7. – Protecção da legalidade urbanística
- Medidas de protecção
- Infracções urbanísticas e seu regime sancionatório
- Prescrição
- Publicitação dos actos
- Articulação com a legislação sectorial
8. – Eficácia administrativa e segurança jurídica dos administrados
- Funcionamento da Administração

- Revisão e recurso de actos administrativos
- Responsabilidades da Administração e dos administrados
- Publicitação do planeamento urbanístico
- Efeitos do planeamento urbanístico
- Impugnação administrativa dos actos
- Segredo profissional

Lisboa, 22 de Novembro de 2002

PAINEL IV

AS EXPERIÊNCIAS E AS TENTATIVAS EM DIREITO COMPARADO
DE CODIFICAÇÃO DO DIREITO DO URBANISMO

DIE DEUTSCHEN ERFAHRUNGEN MIT DER KODIFIZIERUNG DES BAURECHTS

Prof. Doutor Ulrich Battis
(Universidade de Berlim)

1. Deutschland hat eine lange föderalistische Tradition. Deshalb sei eingangs festgehalten, daß die erste Kodifikation des Baurechts in Deutschland das allgemeine Baugesetz für das Königreich Sachsen vom 1. Juli 1900 ist, entstanden am Ende der großen europäischen Kodifikationsepoche des 19. Jahrhunderts, konzeptionell eine durchaus wegweisende Kodifikation, die sich an die Spitze des Entwicklungsprozesses in Deutschland gesetzt hat, aber durchaus auch zwischenstaatliche Anstöße aus anderen Ländern, etwa aus Preußen, Bayern, Baden, verarbeitet hat.[1]

Im Folgenden kann darauf nicht näher eingegangen werden, zumal nach dem Zweiten Weltkrieg im westlichen Teil Deutschlands das Baurecht insgesamt neu konzipiert worden ist.

Grundlegend für die Neukonzeption war ein Rechtsgutachten des BVerfG[2] zur Kompetenzverteilung von Bund und Ländern. Das BVerfG lehnte eine Bundeskompetenz für das gesamte Baurecht ab. Statt dessen sprach es dem Bund die Kompetenz für das Bodenrecht i.S. von Art. 74 I Nr. 18 GG zu. Dazu zählte das BVerfG die Bauleitplanung, die Bauleitumlegung, die Zusammenlegung von Grundstücken, das Erschließungsrecht und die Bodenbewertung. Das Bodenverkehrsrecht einschließlich des Enteignungsrechts subsumierte das Gericht unter dem Begriff „Grundstücksverkehr" i.S. von Art. 74 I Nr. 18 GG. Eine Bundeskompetenz für das Bauordnungsrecht verneinte das Gericht, sodaß gem. Art. 30, 70 I GG insoweit die Länder zuständig sind.

---

[1] So Breuer, In: Bauer/Breuer u.a. (Hrsg.), 100 Jahre Allgemeines Baugesetz Sachsen, 2000, S. 209/241.

[2] BVerfGE 3, 407.

Innerhalb des deutschen öffentlichen Baurechts wird dementsprechend zwischen Städtebaurecht (= Bauplanungsrecht) und Bauordnungsrecht unterschieden.

Das Städtebaurecht legt die Raumnutzung innerhalb einer Gemeinde, und zwar regelmäßig durch diese fest. Es ist flächenbezogen und Bundesrecht.

Das Bauordnungsrecht (Bauwerksrecht) regelt die ordnungsrechtlichen Anforderungen an ein konkretes Bauwerk (bauliche Anlage). Es ist objektbezogen und Landesrecht.

2. Das Bauordnungsrecht dient materiell
- der Gefahrenabwehr (früheres Baupolizeirecht), z.B. Standsicherheit, Brandschutz, Schallschutz,
- der Verhütung von Verunstaltungen (Baugestaltungsrecht),
- Wohlfahrts- und sozialpflegerischen Belangen, z.B. Pflicht zum Bau von Spielplätzen und Grünanlagen,
- der Sicherung ökologischer Standards beim Bauen und bestimmt
- als formelles Bauordnungsrecht das bauaufsichtliche Verfahren.

Durch die bauaufsichtliche Vorschrift über die Baugenehmigung werden Bauplanungsrecht und Bauordnungsrecht miteinander verzahnt. Eine Baugenehmigung darf nur erteilt werden, wenn das Vorhaben öffentlich-rechtlichen Vorschriften, insbesondere also den Vorschriften beider Rechtskreise genügt.

Kodifiziert ist das Bauordnungsrecht jeweils in 16 Bauordnungen der 16 Bundesländer. Inhaltlich sind diese Gesetze von den Ländern aus der gemeinsam erarbeiteten Musterbauordnung, die selbst aber keine Gesetzeskraft hat, entwickelt worden.

Die zu Beginn der 90er Jahre einsetzende Vereinfachungs- und Privatisierungswelle hat dazu geführt, daß die Gemeinsamkeiten zwischen den Ländern abnehmen. Grundsätzlich ist der Wettbewerb der Länder bei der Ausgestaltung des für die wirtschaftlichen Rahmenbedingungen wichtigen Bauordnungsrechts legitim. Es ist jedoch festzustellen, daß konzeptionell unterschiedlich gestaltete Bauordnungen innerhalb einer Region, so Brandenburg einerseits und Berlin andererseits, die positiven Effekte der Beschleunigungs- und Vereinfachungsgesetzgebung zunichte machen. Das weitestgehende Deregulierungskonzept verficht Bayern, gefolgt von Nordrhein-

Westfalen und Sachsen. Derzeit bemüht sich eine von der Bauminister-konferenz eingesetzte Kommission darum, die höchst unterschiedliche Rechtsentwicklung in die Musterbauordnung einzuarbeiten. Hinsichtlich der technischen Standards, etwa Feuerschutz, werden auch Vereinheitli-chungen angestrebt. Hinsichtlich des Verfahrens, insbesondere der vers-chiedenen Formen der Freistellung, des vereinfachten Verfahrens und des bloßen Anzeigeverfahrens, wird es zu einer Vereinheitlichung wohl nicht mehr kommen. Die bayerische Konzeption zielt letztlich darauf, die staatliche präventive Bauaufsicht abzuschaffen und vollständig zu privatisieren.

Der Einfluß des Gemeinschaftsrechts auf die Landesbauordnungen ist eher gering. Zu nennen ist in erster Linie die Umsetzung der Bau-produkten-Richtlinie in den Bauordnungen. Erheblich ist der Einfluß anerkannter privater europäischer Normungsgremien, wie CEN (Comité Européen de Normalization), auf die Erstellung technischer Normen. Auf diese nehmen wiederum die Rechtsvorschriften der Bauordnungen Bezug.

3. Das Städtebaurecht (= Bauplanungsrecht) ist erstmals bundesei-nheitlich 1960 durch das Bundesbaugesetz geregelt worden. Das Städtebaurecht bestimmt als Recht der Bauleitplanung, welche Grunds-tücke bebaubar und welche Art (z.B. Wohnen, Gewerbe) sowie welches Maß (z.B. Geschoßzahl, Geschoßfläche) der Nutzung zulässig sind. Die Nutzung der Grundstücke wird, ergänzend durch die Baunutzungs-verordnung einer aufgrund das BBauG/BauGB ergangenen Rechtsver-ordnung näher geregelt.

Als Recht der Bodenordnung dient das Städtebaurecht der Vorbe-reitung und Durchführung der durch die Bauleitplanung aufgestellten städtebaulichen Ziele, z.B. durch die Umlegung von Grundstücken oder die Erschließung von Grundstücken.

Das besondere Städtebaurecht regelt vor allem städtebauliche Sanierungsmaßnahmen und städtebauliche Entwicklungsmaßnahmen.

1960 ist die Bauleitplanung den Gemeinden bewußt als Selbstverwaltungsaufgabe in Ausübung ihrer Planungshoheit (Art. 28 II GG) übertragen worden.

Die Erweiterung der Bauleitplanung von einer nur reagierenden Auffangplanung zu einem entwicklungsplanerisch geprägten Planungs-verfahren, das ergänzt durch ein gestaffeltes Planvollzugsin-strumentarium eine planvolle Gemeindeentwicklung ermöglichen sollte,

170 *Um Código de Urbanismo para Portugal?*

erfolgte sukzessive: 1971 durch das Städtebauförderungsgesetz, ein örtlich und zeitlich begrenztes, das Bundesbaugesetz ergänzendes Sonderrecht, 1976 und 1979 jeweils durch Novellierungen von BBauG und StBauFG.

Durch die Nichtverwirklichung der zunächst beabsichtigten Abschöpfung planungsbedingter Wertsteigerungen einerseits und durch die Verstärkung der planerischen Festsetzungsmöglichkeiten sowie des Vollzugsinstrumentariums andererseits verblieb das novellierte Bundesbaugesetz anders als das Städtebauförderungsgesetz insgesamt in den beiden wesentlichen, bereits im 19. Jh. ausgebildeten Konstruktionsprinzipien des Städtebaurechts: Die Bodenwertfrage blieb abgesehen von Sonderregelungen für gemeindliche Vorkaufsrechte und das Planungsschadensrecht weitgehend frei von öffentlich-rechtlichen Einflußnahmen. Die Regelung der Bodennutzung hingegen intensivierte sich mit zunehmender Planunterworfenheit des Grundeigentums.

Die Novellierung des Städtebauförderungsgesetzes von 1984 verfolgte bereits das Ziel, das nachhaltig auch den Erlaß des Baugesetzbuchs von 1996 prägte, nämlich Verfahrenserleichterungen für die Praxis zu schaffen. Das als zeitlich befristetes Sonderrecht ergangene Baugesetzbuch-Maßnahmengesetz von 1990 reagierte auf die durch Zuwanderung entstandenen Engpässe auf dem Wohnungsmarkt. Im Zuge des Investitionserleichterungs- und Wohnbaulandgesetz von 1993 sind das Baugesetzbuch, das Baugesetzbuch-Maßnahmengesetz, die Baunutzungsverordnung, eine das Baugesetzbuch ergänzende Rechtsverordnung durch das Investitionserleichterungs- und Wohnbaulandbeschaffungsgesetz novelliert worden.

Das bis zum 31.12.1997 befristete Sonderrecht des Baugesetzbuch-Maßnahmengesetzes ist zum 1.1.1998 überwiegend in das neu gefaßte Baugesetzbuch übernommen worden. Ziel dieser Novellierung war vornehmlich

– die Vereinheitlichung und Vereinfachung des zersplitterten Bauplanungsrechts,
– die Stärkung des Umweltschutzes,
– der Ausbau der Kooperation von Verwaltung und Bürgern durch die ausdrückliche Regelung von städtebaulichen Verträgen und eine weitere Kooperationsform zwischen Gemeinde und Investor, dem vorhabenbezogenen Bebauungsplan,

– die Stärkung der Stellung der Gemeinde durch weitestgehenden Wegfall von staatlichen Genehmigungspflichten beim Erlaß von Bebauungsplänen und
– die Optimierung der Bauleitplanung durch Beschleunigung und Stärkung der Rechtssicherheit (Grundsatz der Planerhaltung).

Die zahlreichen Novellen veranschaulichen, daß sich im Städtebaurecht ökonomische und politische, insbesondere ökologische Entwicklungen niederschlagen. Der Dynamik des gesellschaftlichen Geschehens entspricht es, daß das öffentliche Baurecht häufig Gegenstand der Gesetzgebung ist. Die Bedeutung des Städtebaurechts für die Volkswirtschaft, aber auch seine Abhängigkeit von der politisch administrativen Verfaßtheit des Gemeinwesens ist im Prozeß der deutschen Einigung deutlich geworden. Das während der Wiedervereinigung Deutschlands in den neuen Ländern eingeführte öffentliche Baurecht hat bei der wirtschaftlichen Rekonstruktion eine Schlüsselrolle zu erfüllen.

Die jüngsten Novellierungen sind primär gemeinschaftsrechtlich geprägt. Da die Europäische Gemeinschaft sich von Anfang an programmatisch als Rechtsgemeinschaft verstanden hat, kann es nicht verwundern, daß die nationale Gesetzgebung ständig gemeinschaftsrechtlich beeinflußt wird. Diese wachsende Europäisierung des deutschen Baurechts wie die des gesamten deutschen Verwaltungsrechts führt sukzessive zu strukturellen Veränderungen des gewachsenen und hochentwickelten deutschen Rechtssystems. Im Prozeß der Umsetzung des europäischen Rechts in nationales Recht nimmt die Bundesrepublik Deutschland traditionell einen der hinteren Plätze ein. Dies kann nicht nur mit den spezifischen Problemen der Umsetzung von Gemeinschaftsrecht in einem Bundesstaat erklärt werden. Ausgerichtet auf das Ideal der im 19. Jh. hochentwickelten Systematik des deutschen Rechts (BGB-Kodifikation) neigen deutsche Juristen dazu, den häufig diplomatische Kompromißformeln wiedergebenden, zuweilen aktionistischen, vielfach aus anglo-amerikanischen Quellen gespeisten Richtlinien der Gemeinschaft mit großer Reserviertheit zu begegnen. Insbesondere im Baurecht finden sich Beispiele für eine letztlich erfolglose und im europäischen Wettbewerb der Rechtssysteme Nachteile bringende Abwehrhaltung. Genannt sei die sich über Jahrzehnte hinschleppende mangelhafte Umsetzung der zu Beginn der 70er Jahre auf nationaler Ebene generell abgelehnten Umweltverträglichkeitsprüfung in das deutsche Planungsrecht.

Mit § 1a BauGB hat die Novelle 1997 den entscheidenden ersten Schritt zur bewußten Öffnung des Rechts der Bauleitplanung gegenüber dem europäischen Umweltrecht getan. Zugleich hat § 1a BauGB entschieden, daß ein möglicher zweiter Weg der Umsetzung des Gemeinschaftsrechts auf lokaler Ebene (Umweltleitplanung, Umweltgrundlagenplanung, getragen von Umweltfachbehörden) nicht beschritten wird. Diese Entscheidung heißt nicht, daß nach dem Streit zwischen der Bau- und der Umweltseite nunmehr „der Bock zum Gärtner" gemacht werden soll. Vielmehr ist es Aufgabe der Bauleitplanung, die Vorgaben der Fachplanung, auch die der umweltrechtlichen Fachplanung, planerisch umzusetzen. Erfahrungen der Praxis zeigen, daß trotz mancher Schwierigkeiten dieser Schritt erfolgversprechend verläuft.

Das Gesetz zur Umsetzung der UVP-ÄnderungsRL, der IVU-RL und weiterer EG-Richtlinien zum Umweltschutz vom 2. August 2001 ist der zweite Schritt zur Integration des gemeinschaftsrechtlichen Umweltrechts in das Recht der Bauleitplanung. Zugleich macht der deutsche Gesetzgeber endlich seinen Frieden mit der UVP. Die Novelle bemüht sich, die europarechtlichen Vorgaben direkt umzusetzen. Diese geschieht durch eine zum Teil nicht geglückte überkomplizierte Gesetzgebungstechnik.

Wichtiger ist jedoch, daß das Gesetz den europarechtlichen main-stream offen aufnimmt, nämlich ein stärker verfahrensgeleitetes Umwelt- und Planungsrecht, das auf Partizipation und Transparenz durch Verfahren setzt. Und so ist z.B. die überlange Vorschrift zur grenzüberschreitenden Unterrichtung (§ 4a BauGB) nur angesichts der Bedeutung verständlich, die die Organe der Gemeinschaft, insbesondere die Europäische Kommission der Überwindung von Binnengrenzen beimessen. Erstmals ist es möglich, daß ausländische Bürger einen förmlichen Beteiligtenstatus i.S. von § 3 BauGB erhalten. Die deutsche Abwehrstrategie, alles was für die Umweltverträglichkeitsprüfung notwendig sei, werde seit jeher im Recht der deutschen Bauleitplanung verwirklicht, läßt sich angesichts der Regelungen von § 1a BauGB mit Verweisung auf das UVP-Gesetz, Anforderungen an das Screening und § 2a BauGB (Umweltbericht) anschaulich widerlegen.

Auch der langjährige deutsche Widerstand gegen die Plan-UVP hat sich nicht durchsetzen können. Bis Juli 2004 muß die Plan-UVP in

Deutschland umgesetzt sein, einschließlich des neuen Verfahrens des Monitoring. Die Umsetzung der Plan-UVP ist Anlaß zu einem dritten und entscheidenden Schritt der Europäisierung des Rechts der Bauleitplanung. Eine von der Bundesregierung eingesetzte Expertenkommission, deren geschäftsführendes Mitglied ich war, hat im August 2002 ihre Vorschläge vorgelegt.

Darin heißt es programmatisch: „Die Vorschläge der Kommission zielen darauf,

- das Konzept der gemeinschaftsrechtlichen Vorgaben mit dem bestehenden deutschen Rechtssystem strukturell zu harmonisieren,
- Umweltschutz und Bauleitplanung durch den Einsatz der Umweltprüfung als einheitliches Trägerverfahren für UVP, FFH und naturschutzrechtliche Eingriffsregelung zu optimieren (vgl. auch Plan-UP-RL, Vorb. Nrn. 5, 9),
- Verfahrensvereinfachungen durch Abschichtungsmöglichkeiten und die Vermeidung von Doppelprüfungen zu erreichen,
- das Verfahrensrecht zu stärken, um dadurch die Bestandssicherheit für städtebauliche Pläne und Satzungen zu erhöhen sowie
- die Novelle zur Bewältigung aktueller Probleme zu nutzen, insbesondere Stadtumbau Ost, Flexibilisierung planungsrechtlicher Steuerungsmöglichkeiten für Nutzungen im Außenbereich (Intensivtierhaltung, Biogas, Windenergie), Flexibilisierung planerischer Festsetzungen."

4. Die Erfahrungen, die in Deutschland seit 1950 im Bauordnungsrecht in den Ländern und seit 1960 im Städtebaurecht bundesweit gesammelt worden sind, besagen, daß das öffentiche Baurecht als Planungsrecht und zugleich maßgebliches Recht einer Schlüsselindustrie, der Bauindustrie, eines der wichtigsten Ressourcen verteilenden Rechts nicht zu einer derartigen Beruhigung der Rechtslage führt, wie sie dem Kodifikationsideal des 19. Jh. entsprach und wie sie trotz mancher Änderungen im Kern für das deutsche Bürgerliche Gesetzbuch in der Vergangenheit galt. Bei den Veränderungen lassen sich zwei unterschiedliche Entwicklungsstränge unterscheiden. Zum einen geht es um die innerstaatliche Anpassung an ökonomische und politische Veränderungen, signifikant die Veränderungen des ökologischen Bewußtseins, zum anderen hat in den letzten 20 Jahren der

Prozeß der Europäisierung des deutschen Städtebaurechts rasante Fortschritte gemacht. Da es dem deutschen Städtebaurecht gelungen ist das europäisch geprägte Umweltrecht weitgehend zu integrieren, hat es sich nicht nur strukturell verändert, sondern zugleich seine Leitfunktion für Planungen auf kommunaler Ebene ausbauen können. Abgeschlossen ist dieser Prozeß noch keineswegs. Gerade die anstehende jüngste Novelle zur Umsetzung der Plan-UVP-Richtlinie wird zugleich versuchen, den im europäischen Vergleich wohl einzigartig intensiven Rechtsschutz zugunsten einer stärkeren Prozedualisierung des Verfahrens zu konsolidieren – Rechtmäßigkeitsgewähr eines ordnungsgemäßen Verfahrens. An die Einhaltung der Verfahrensanforderungen wird die gesetzliche Vermutung geknüpft, daß die mit dem Verfahren angestrebten materiellen Ziele und damit die entsprechenden materiellen Anforderungen gewahrt sind. Ob dieser Ansatz erfolgreich sein wird, hängt nicht zuletzt davon ab, ob die Gerichte bereit sind, diesen Weg mitzugehen.

AS EXPERIÊNCIAS ALEMÃS NA CODIFICAÇÃO DO DIREITO DO URBANISMO[1]

1. A Alemanha tem uma longa tradição Federal. Tendo isso em conta, retenhamos como ponto de partida que a sua primeira Codificação do Direito do Urbanismo, o Código Geral do Urbanismo para o Reino da Saxónia, aconteceu a 1 de Julho de 1900, no crepúsculo da grande época europeia de codificações do século XIX. Na sua Concepção esta codificação constituiu-se sem contestação num Modelo, tendo-se colocado à frente do processo de desenvolvimento na Alemanha, embora recebendo simultaneamente contribuições de outros Estados Federados (*Länder*) como a Prússia, a Baviera, a Baden.[2]

No seguimento desta minha intervenção não me será possível aprofundar este aspecto do desenvolvimento legislativo, tanto mais que após a Segunda Guerra Mundial o Direito do Urbanismo da parte ocidental da Alemanha foi inteiramente remodelado.

Fundamental nesta nova concepção foi um acórdão do Tribunal Constitucional Federal[3] sobre a partilha das competências entre o Estado Federal (*Bund*) e os Estados Federados (*Länder*), em que foi negada a existência de uma competência legislativa do Estado Federal relativa ao Direito do Urbanismo no seu todo. Em vez disto, adjudicou ao Estado Federal a competência sobre o Direito dos Solos no sentido do artigo 74, alínea I, n.º 18, da Lei Fundamental. Neste foram, pelo Tribunal Constitucional Federal, incluídos a Planificação Urbanística (*Bauleitplanung*), o Reparcelamento do solo urbano de acordo com as disposições do plano (*Bauleitumlegung*), o Agrupamento de Terrenos (*Zusammenlegung von Grundstücken*), o Direito de Infra-estruturação (*Erschliessungsrecht*) e a Avaliação dos Solos (*Bodenbewertung*). Para além disso, o Tribunal Constitucional Federal definiu o Direito da Transmissão de Propriedade Imobiliária (*Bodenverkehrsrecht*), inclusive o Direito da Expropriação, como fazendo parte do conceito "Transmissão de propriedade imobiliária" (*Grundstücksverkehr*) no sentido do artigo 74 alínea I n.º 18 da Lei Fundamental. E negou ainda

---

[1] Tradução de Anja Bothe.

[2] Cfr. Breuer, in Bauer, Breuer e outros (org.), "100 anos de Código Geral do Urbanismo da Saxónia", 2000, p. 209, 241.

[3] Acórdão do Tribunal Constitucional Federal 3, 407.

176 Um Código de Urbanismo para Portugal?

a existência de uma competência do Estado Federal *(Bund)* sobre o Direito das Construções *(Bauordnungsrecht)*, pois que segundo os artigos 30 e 70, alínea I, da Lei Fundamental, tal é da competência dos Estados Federados *(Länder)*.

Em conformidade com isto, diferencia-se no Direito Público do Urbanismo *(öffentliches Baurecht)* alemão entre o Direito do Urbanismo *(Städtebaurecht)* (=Direito do Planeamento Urbanístico, *Bauplanungsrecht)* e o Direito das Construções *(Bauordnungsrecht)*.

O Direito do Urbanismo define o uso do espaço ao nível autárquico, e a entidade que o define é, por regra, a autarquia. Este ramo do direito refere-se ao território e situa-se ao nível do Direito Federal.

O Direito das Construções contém as exigências feitas às edificações *(bauliche Anlagen)* em termos de solidez *(ordnungsrechtliche Anforderungen)*. Este ramo do direito refere-se aos objectos e situa-se ao nível do Direito dos Estados Federados.

2. O Direito das Construções diz respeito aos seguintes conteúdos:
i – prevenção de acidentes (antigo Direito de Fiscalização das Construções), p.ex., segurança dos fundamentos da construção, protecção contra incêndios, protecção contra ruídos,
ii – prevenção de prejuízos estéticos (Direito da Estética das Edificações – *Baugestaltungsrecht)*,
iii – defesa do bem estar e das condições sociais, p.ex., obrigação de construção de parques infantis e de espaços verdes,
iv – a protecção do padrão ecológico das construções,

e define, como direito formal das construções, o processo de licenciamento referente ao direito das construções *(bauaufsichtliches Verfahren)*.

Através do parágrafo sobre a licença de construção, que diz respeito ao controle em termos do direito das construções, são engrenados o Direito do Planeamento e o Direito das Construções. Uma licença de construção só poderá ser emitida, se o projecto respeitar todas as normas do direito público, especialmente as que derivam dos dois ramos de direito acima referidos (o Direito de Planeamento e o Direito das Construções).

O Direito das Construções é codificado em cada um dos 16 Códigos do Direito das Construções *(Bauordnungen)* referentes respectivamente a cada um dos 16 Estados Federados. Em termos de conteúdo, estes Códigos foram desenvolvidos a partir de um Modelo de Código do Direito das Construções, elaborado em comum pelos Estados Federados; no entanto este Modelo não tem por si próprio força de lei.

No início dos anos 90 iniciou-se um processo de simplificação e privatização que levou à diminuição dos elementos comuns entre os Códigos dos diversos Estados Federados. Em princípio, a competição entre os Estados Federados na formulação do Direito das Construções, de grande importância para a determinação das condições básicas da economia, é legítimo. Mas temos, no entanto, de constatar, que, quando os Códigos do Direito das Construções são estruturalmente diferentes e cada um deles vinculativo numa só região, por ex., o de Brandeburgo por um lado e o de Berlim por outro, então os efeitos positivos, das alterações legislativas de aceleração e simplificação são destruídos. O conceito mais desregulador é o defendido pela Baviera, seguido pela Norterenano-Vestefália e Saxónia. Actualmente, uma comissão instituída pela Conferência dos Ministros das Construções (dos Estados Federados) está a tentar integrar todos estes desenvolvimentos tão díspares do Direito no Modelo de Código do Direito das Construções acima mencionado. Ambiciona-se igualmente uniformizar os níveis técnicos, p.ex., a protecção contra incêndios. É muito provável que não seja possível alcançar uma uniformização dos processos de licenciamento em termos do Direito das Construções, especialmente no que diz respeito as várias formas de dispensa, de procedimentos simplificados e de comunicação prévia. A concepção existente na Baviera tem em última instância como objectivo acabar com o controlo prévio do Estado, conduzindo assim a uma completa privatização.

A influência do Direito Comunitário nos Códigos do Direito das Construções dos Estados Federados é diminuta. Poderemos referir em primeiro lugar a introdução da Directiva sobre os produtos de construções nos Códigos do Direito das Construções. Considerável é a influência que os organismos privados europeus reconhecidos de uniformização têm na elaboração de normas técnicas, como o CEN (Comité Européen de Normalization). Por seu lado, as Normas dos Códigos do Direito das Construções referem-se a eles.

3. O Direito do Urbanismo (= Direito do Planeamento Urbanístico) foi pela primeira vez regulado a nível federal de modo uniforme em 1960, através do Código Federal do Direito do Urbanismo. O Direito do Urbanismo determina, como Direito de Planificação Urbanística, que terrenos terão vocação edificatória, de que tipo (p.ex., habitação, indús-

178 *Um Código de Urbanismo para Portugal?*

tria) e quais as intensidades de utilização que serão permitidas (p.ex., número de andares, área de pavimento). O uso dos terrenos é regulamentado de modo mais preciso no Regulamento sobre as Construções e Utilizações dos Terrenos (*Baunutzungsverordnung*), regulamento este que resulta do Código Federal do Urbanismo.

Como Direito de Ordenamento dos Solos, o Direito do Urbanismo serve para a preparação e execução dos objectivos urbanísticos determinados na planificação urbanística, p.ex., o reparcelamento dos terrenos ou a infra-estruturação dos terrenos.

O Direito do Urbanismo Especial contém essencialmente disposições relativas à recuperação e desenvolvimento urbanístico.

Em 1960 a competência da planificação urbanística foi transferida para as autarquias, passando a fazer parte do exercício da sua soberania de planeamento (artigo 28 parágrafo II da Lei Fundamental).

O desenvolvimento da Planificação Urbanística dos seus primórdios, em que se limitava somente a ser um planeamento passivo e reactivo, até à sua forma actual como processo de planeamento virado para o desenvolvimento, ambicionando, através de um Programa de Execução, um desenvolvimento do município consoante o Plano, processou-se segundo várias etapas sucessivas: em 1971 através da ratificação do Código Federal da promoção financeira do urbanismo, um direito especial e suplementar ao Código Federal do Urbanismo, local e temporalmente limitado, e em 1976 e 1979 através das alterações do Código Federal do Urbanismo e do Código Federal da Promoção Financeira do Urbanismo.

Devido, por um lado, à não realização das pretendidas compensações valorizativas dependentes do plano e, por outro lado, ao reforço das possibilidades de determinação legal dos planos e dos instrumentos de execução, a emenda do Código Federal do Urbanismo manteve, ao contrário do que aconteceu no Código Federal de Promoção Financeira do Urbanismo, ambos os princípios fundamentais desenvolvidos no século XIX: a problemática da Avaliação dos Solos mantém-se fora da alçada do Direito Público, excepção feita a algumas normas especiais como o Direito de Preferência e o Direito de Indemnização pelos prejuízos causados pelos planos; e a regulamentação do uso do solo não só se manteve como inclusive se tornou cada vez mais intensa, devido ao aumento da importância das restrições sobre a propriedade do solo pelo plano.

A emenda do Código Federal da Promoção Financeira do Urbanismo de 1984 teve já o mesmo objectivo seguido posteriormente pela ratificação do Código Federal do Urbanismo de 1996, e que era o de conseguir uma simplificação dos procedimentos para a sua aplicação práctica. O Código de medidas de 1990, baseado no Código Federal do Urbanismo, era um direito especial e temporalmente limitado, como reacção à escassez no mercado de habitação resultante do aumento de imigração. Através da Legislação para a Facilitação de Investimentos e para a Disponibilização de Solos Urbanizáveis, de 1993, foram emendados o Código Federal do Urbanismo, o Código de medidas, e o Regulamento sobre as Construções e Utilizações (um regulamento complementar ao Código Federal do Urbanismo).

O conteúdo do Código de medidas, um direito especial e válido até 31/12/1997, entrou, na sua maior parte, na revisão do Código Federal do Urbanismo de 1/1/1998. Os objectivos desta revisão eram basicamente os seguintes:

– a unificação e simplificação do Direito do Planeamento Urbanístico, até então disperso,
– o reforço da Protecção do Meio Ambiente
– a intensificação da cooperação entre a administração e o cidadão através da regulamentação explícita dos contratos urbanísticos e através do plano urbanístico referente apenas ao projecto em causa (*vorhabenbezogener Bebauungsplan*), uma outra forma de cooperação entre a autarquia e o investidor,
– o reforço do papel das autarquias através da dispensa, na maior parte dos casos, da obrigatoriedade de autorizações das entidades do Estado Federado nas ratificações de planos urbanísticos e
– a optimização do Planeamento Urbanístico através da aceleração e do reforço da Segurança Jurídica (Princípio da Conservação dos Planos).

O grande número de emendas mostra como o direito do urbanismo se deixa influenciar pelos desenvolvimentos económicos e políticos, nomeadamente os de âmbito ecológico. Da dinâmica das transformações sociais decorre o facto de o Direito público do Urbanismo sofrer inúmeras modificações legislativas. A importância do Direito do Urbanismo para a economia nacional e, igualmente, a sua dependência relativamente à composição política e administrativa da comunidade, manifestou-se claramente no processo da unificação alemã. O Direito Público do Urbanismo introduzido nos novos Estados Federa-

180 *Um Código de Urbanismo para Portugal?*

dos, aquando da reunificação da Alemanha, cumpre deste modo um papel importantíssimo na reconstrução económica desses novos Estados.

As emendas mais recentes são, em primeiro lugar, influenciadas pelo Direito Comunitário. A Comunidade Europeia entendeu-se a si mesma, desde o seu início, de um modo programático, como Comunidade Jurídica e, assim sendo, não nos deverá surpreender que haja constantes influências do Direito Comunitário sobre a legislação nacional. A crescente europeização do Direito do Urbanismo e do Direito Administrativo alemão levou a successivas modificações estruturais no complexo e muito desenvolvido sistema jurídico alemão. No decorrer do processo de transformação do Direito Europeu em direito nacional, a República Federal da Alemanha ocupa tradicionalmente um dos últimos lugares no processo de conversão do Direito Europeu em direito nacional. Isto não pode ser explicado apenas através da natureza federal do Estado Alemão e dos problemas específicos que daí derivam relativos à sua adaptação a um Direito Comunitário. Simpatizando, precisamente, com o Ideal, muito desenvolvido no séc. XIX, da Sistemática do Direito Alemão (a codificação do Direito Civil), tendem os juristas alemães a serem reservados perante as fórmulas de compromisso diplomático, por vezes programáticas, reflectindo reiteradamente as suas origens anglo-americanas, das directivas Comunitárias. Especialmente no Direito do Urbanismo encontram-se exemplos de uma posição de defesa que, em última análise, não poderá ter successo e que arrasta desvantagens na concorrência europeia dos sistemas jurídicos. Refiramos aqui a insuficiente conversão da Prova de Sustentabilidade Ecológica para o Direito de Planeamento Urbanístico Alemão, arrastando-se durante décadas e rejeitada na generalidade, a nível nacional, no início da década de 70.

O primeiro passo, decisivo para uma abertura do Direito de Planeamento relativa ao Direito do Ambiente Europeu, realizou-se com a emenda de 1997, nomeadamente com a introdução do § 1a do Código Federal do Urbanismo. Com o § 1a do Código Federal do Urbanismo decide-se igualmente que não será realizada uma segunda modalidade possível na transformação do Direito Comunitário ao nível local (planeamento ambiental, planeamento básico ambiental, da responsabilidade das autoridades técnicas nas questões do ambiente). Tal não significa, no entanto, que após o conflito entre os interesses da construção e do ambiente, se tenha então perdido a paciência para com os ecologistas. Antes pelo contrário, é sim tarefa do Planeamento Urbanístico

As experiências alemãs na codificação do direito do urbanismo   181

implementar as condicionantes do Planeamento Sectorial, o que inclui as do Direito do Ambiente. As experiências concretas mostram que este passo dado promete algum sucesso, apesar de algumas dificuldades.

A Lei para a Implemantação da Directiva de Alteração da Prova de Sustentabilidade Ecológica, da Directiva sobre a Prevenção e Diminuição da Poluição do meio ambiente e outras Directivas Comunitárias sobre a protecção do meio ambiente, de 2 de Agosto de 2001, é o segundo passo para a integração do Direito Europeu do Ambiente no Direito do Planeamento Urbanístico. Simultaneamente significa o fim dos conflitos entre o legislador alemão e a Directiva Europeia de Sustentabilidade Ecológica. Esta emenda esforça-se por se poder implementar directamente os condicionantes do Direito Europeu no Direito Alemão. No entanto esta transformação não foi plenamente realizada porque se processa através de uma técnica legislativa demasiado complicada.

Todavia, o essencial é a lei incorporar claramente a corrente dominante, ou seja, um Direito do Ambiente e do Planeamento de cariz processual, baseando-se na participação e transparência conseguida através do procedimento. E assim, p. ex., somente quando se pensa no significado que os órgãos da Comunidade, especialmente a Comissão Europeia, dão ao ultrapassar das fronteiras internas da Europa, é que se poderá compreender a extensão desmesurada que ocupa a regra que impõe a obrigatoriedade de comunicação aos países vizinhos que possam vir a ser afectados por um determinado plano urbanístico (§ 4a Código Federal do Urbanismo). É, pela primeira vez, possível, que cidadãos estrangeiros tenham um estatuto jurídico formal, de acordo com o § 3 do Código Federal do Urbanismo. A resistência alemã utilizando, como estratagema, a afirmação de que tudo o que é exigido pela Prova de Sustentabilidade Ecológica seria, desde sempre, realizado no interior do próprio Planeamento Urbanístico Alemão é, claramente, contrariada pelos regulamentos do § 1a do Código Federal do Urbanismo, com referência à Lei da Prova de Sustentabilidade Ecológica e às exigências de screening e do § 2a do Código Federal do Urbanismo (relatório referente ao estado do meio ambiente).

Igualmente a longa resistência alemã contra a Prova de Sustentabilidade Ecológica nos planos não conseguiu impor-se. De facto o instrumento de Prova de Sustentabilidade Ecológica terá de ser, até ao mês de Julho de 2004, introduzido no Direito Alemão, inclusive o novo procedimento de Monitoring. A introdução do instrumento da Prova de

Sustentabilidade Ecológica nos planos é motivo para um terceiro e decisivo passo no processo da europeização do Direito de Planeamento. Uma Comissão de Peritos, instituída pelo governo federal alemão, e na qual eu participei como membro da direcção, apresentou em Agosto de 2002 as suas propostas. Nelas é dito de um modo programático: "As propostas da comissão têm os seguintes objectivos:

  i – harmonizar, em termos estruturais, os conceitos, inerentes às exigências do Direito Comunitário, com o Sistema Jurídico Alemão,

  ii – optimizar a protecção do meio ambiente e o planeamento urbanístico, através da centralização numa única autoridade responsável para os procedimentos referentes à Prova de Sustentabilidade Ecológica, à aplicação dos regulamentos de usurpação que são o Regulamento Europeu sobre a protecção da flora-fauna-habitat e o Direito da Protecção da Natureza (cf. também o Regulamento sobre o Instrumento da Prova do Plano em termos de Sustentabilidade Ecológica, anotações introdutórias n.º 5, 9).

  iii – simplificar os regimes procedimentais, através da possibilidade de estratificação e de inibição da repetição de provas,

  iv – fortificar o Direito de Procedimento de modo a aumentar a estabilidade dos planos e dos regulamentos urbanísticos, e

  v – aproveitar a emenda para ultrapassar problemas actuais, especialmente a reestruturação urbanística do leste, a flexibilização das possibilidades de governação dos planos, possibilitando o seu uso em zonas exteriores aos planos urbanísticos (criação intensiva de gado, gás natural, energia do vento), flexibilização das determinações legais dos planos."

4. As experiências realizadas, na Alemanha, após 1950, no Direito das Construções ao nível dos Estados Federados e, após 1960, no Direito do Planeamento Urbanístico ao nível do Estado Federal, demonstram que, contrariamente às aspirações do Ideal de Codificação do séc. XIX, e contrariamente ao que aconteceu, apesar de algumas alterações, no cerne do Código Civil Alemão, o Direito do Urbanismo Público como Direito de Planeamento e, simultaneamente, determinante numa indústria chave, a indústria da construção civil, sendo um dos ramos do Direito que reparte uma das matérias primas mais impor-

As experiências alemãs na codificação do direito do urbanismo   183

tantes, não conduz, no entanto, a uma estabilização do campo jurídico. No que respeita às alterações, poderemos distinguir duas direcções principais de desenvolvimento. Segundo uma, provinda do interior do Estado, teremos a adaptação do aparelho do Estado a todas as alterações económicas e políticas, e em que ganham especial relevância as evoluções da consciência ecológica; segundo a outra, teremos, no decorrer destes últimos vinte anos, os enormes desenvolvimentos do processo de europeização do Direito do Urbanismo alemão. E, na medida em que o Direito do Urbanismo alemão conseguiu com êxito integrar uma parte considerável do Direito Europeu do Ambiente, modificou-se, não só em termos estruturais, como igualmente alargou a sua função de direcção para planeamentos ao nível local. Mas este processo não está de modo nenhum concluído. Precisamente, decorre actualmente o processo de implementação da emenda mais recente, que conduzirá à integração da Directiva Europeia sobre o Instrumento de Prova de Sustentabilidade Ecológica dos Planos, procurando-se deste modo uma consolidação da protecção jurídica alemã, já de si, e em termos europeus, muito intensa, através dum reforço do detalhe das regulamentações procedimentais dos processos – constituindo a Garantia Jurídica de um processo regular. A observação das exigências feitas ao Processo liga-se ao pressuposto jurídico de que tal resultará necessariamente do cumprimento dos objectivos materiais desse mesmo Processo. Se este pressuposto se concretiza ou não na prática, dependerá essencialmente de se saber se os tribunais se encontram ou não preparados para seguirem esta via.

LE CODE FRANÇAIS DE L'URBANISME

Prof. Doutor Jean-Pierre Lebreton
(Université de Versailles Saint-Quentin-en-Yvelines)

SOMMAIRE

I. L'urbanisme et le mode d'établissement des codes. A. Le Code de l'urbanisme, produit de la codification administrative. 1) l'organisation de la codification par le décret de 1948. 2) la codification de l'urbanisme. B. D'une génération de codes à l'autre. 1) les défauts de la codification entreprise dans le cadre du décret de 1948 et les remèdes, appliqués notamment au Code de l'urbanisme. 2) la relance de la codification. **II. Le Code de l'urbanisme, à l'épreuve du temps.** A. La gestion du code. 1) le mode de mise à jour. 2) les réserves suscitées par la pratique. B. L'effacement des contours de l'urbanisme. 1) l'évolution de la législation. 2) Les prises de position jurisprudentielles.

Pays de droit écrit, profondément marqué par une culture cartésienne, la France est une terre d'élection pour la codification. La persuasion que le droit peut être rangé dans de grands édifices fortement charpentés par une architecture savante est profondément ancrée dans la culture française et s'exprime avec plus ou moins de force tout au long de l'histoire contemporaine du pays[1].

La codification peut consister dans le regroupement des textes existants: le premier essai remonte au règne de Henri III (1551-1589) quand fut confiée à Barnabé Brisson la tâche d'élaborer un recueil complet des édits et ordonnances du royaume[2]. La codification peut

---

[1] Une expression particulière saisissante de cette persuasion est donnée par l'article 19 de la loi des 16-24 août 1790, toujours en vigueur, qui pose: «les loi civiles seront revues et réformées par le législateur; il sera fait un code général de lois simple, clair et approprié à la Constitution».

[2] Ce travail, qui répondait à une revendication présentée par les Etats Généraux de Blois, fut accompli, et de manière remarquable, par Barnabé Brisson. Mais cette

également avoir pour objet de moderniser et d'adapter le droit existant; sous le règne de Louis XIV, Colbert prit l'initiative de grandes Ordonnances qui régissaient tout un domaine – la Marine, les Eaux-et-Forêts, le Commerce – et qui, pour certaines, ont pu demeurer en vigueur, en tout ou partie jusqu'à la seconde moitié du XXème siècle. Ce même principe de modernisation et d'adaptation du droit existant inspire, au lendemain de la Révolution, le Consulat et l'Empire: cinq codes sont établis – Code civil, Code de procédure civile, Code de commerce, Code d'instruction criminelle et Code pénal – qui ont eu un retentissement dans toute l'Europe.

Puis le souffle codificateur cessa, pendant une longue durée; en particulier, l'idée d'une codification du droit de l'administration fit l'objet de prises de position doctrinales ici ou là au cours du XIXème siècle, mais sans plus. Il faut attendre le lendemain de la Seconde Guerre mondiale pour qu'à nouveau s'exprime une volonté politique forte d'élaboration de codes; mais cette fois l'ambition est plus modeste, ce qui ne veut pas dire simple à mettre en œuvre: il ne s'agit plus de réformer le droit mais de maîtriser les conséquences de l'inflation normative en rendant accessibles les textes existants.

Au cours de ce nouveau cycle de codification, qui n'est pas achevé, le Code de l'urbanisme est publié, en deux parties la première annexée à un décret de 1973, la seconde, à un autre décret de 1977, un code qui s'est aujourd'hui fondu dans le paysage juridique avec la force de l'évidence et la discrétion qui sont les signes d'un indéniable succès. Il est assurément un instrument fort précieux pour les praticiens de l'urbanisme et pas seulement les juristes, mis à leur disposition en plusieurs versions:

- version papier présentée par plusieurs maisons d'édition, Dalloz étant la plus réputée, pas seulement pour la célébrité de sa présentation en forme de petit livre rouge, mais aussi pour la qualité des annotations comprenant des commentaires, assez brefs, et des références jurisprudentielles, abondantes; ces annotations sont depuis l'an dernier l'œuvre d'une équipe de l'université de Nice Sophia-Antipolis dirigée par le doyen René Cristini,

---

œuvre qui prit le nom de Code Henri III ne fut pas promulguée par le roi, faute pour lui de l'avoir soumis, comme il l'avait prévu, aux Parlements. Le Code Henri III fut mis à jour et plusieurs fois réédité sous le règne des rois qui suivirent.

– version électronique en ligne accessible sur le site Internet officiel «http//legifrance.gouv.fr/», qui présente le mérite considérable de faire l'objet d'une permanente mise à jour, dès la publication d'un texte modifiant le code.

Le Code de l'urbanisme est devenu un instrument tellement familier que l'on finit par ne plus y prêter attention; c'est un signe de sa réussite; cela explique aussi qu'il n'est pas un objet de discussion doctrinale, peut-être à tort; ce colloque international a, entre autres mérites, celui de fournir l'opportunité tout à la fois de présenter ce code et de lui appliquer une réflexion critique salutaire, ordonnée dans une double perspective temporelle[3]:

– l'une applicable aux conditions dans lesquelles le Code de l'urbanisme a été établi «L'urbanisme et le mode d'établissement des codes» (I),

– l'autre à son évolution, bientôt trente ans après son établissement «Le Code de l'urbanisme, à l'épreuve du temps» (II).

Au risque de ne pas paraître logique, cette présentation s'achève par ce qui, a priori, aurait dû être examiné en premier, à savoir le champ couvert par le code: cela tient à ce que cette question a pris une dimension vraiment problématique récemment, au travers de l'évolution du droit de l'urbanisme.

I. L'URBANISME ET LE MODE D'ÉTABLISSEMENT DES CODES[4].

Le Code de l'urbanisme est un produit issu du mouvement contemporain de codification engagé après la seconde guerre mondiale et

---

[3] L'étude présentée par mon collègue Henri Jacquot à l'occasion d'un autre colloque international a été pour ce rapport une précieuse source d'inspiration: Henri Jacquot, Il codice dell'urbanistica in Francia e la pratica della codificazione di testi legislativi e regolamentari in Francia, in La disciplina pubblica dell'attività edilizia e la sua codificazione, Atti del quinto convegno nazionale Ancona 16-17 novembre 2001a cura di Erminio Ferrari, Giuffrè editore 2002,

[4] *Sur la codification conduite dans le cadre du décret du 10 mai 1948*:

G. Ardant, La codification permanente des lois, règlements et circulaires, RDP 1951, p. 35, C. Ettori, Les codifications administratives, EDCE 1956, n°10, p. 41, plus exactement d'une première phase de ce mouvement qui se présente sous les traits d'une œuvre accomplie par l'Administration sous la direction du gouvernement; le travail alors accompli est fort significatif et se traduit par l'établissement d'une quarantaine de codes, au nombre desquels figure celui intéressant l'urbanisme. Mais des signes d'essoufflement ont conduit les Pouvoirs publics à revoir le mode institutionnel de fabrication des codes; une nouvelle phase de codification s'est engagée à partir de 1989, associant le Parlement plus étroitement à l'accomplissement du travail.

A. *Le Code de l'urbanisme, produit de la codification administrative.*

A la Libération, la France s'engage dans une politique de modernisation de l'Etat qui comprend notamment la mise en ordre de la production normative toujours plus abondante et mal maîtrisée. A cette fin, le décret n.º 48-800 du 10 mai 1948 fixe le cadre d'un travail de codi-

---

Rapport de la Commission supérieure chargée d'étudier la codification et la simplification des textes législatifs et réglementaires, J.O. annexes administratives, 8 mai 1952; J. Fourré, Les codifications récentes et l'unité du droit en France, Revue juridique et politique, indépendance et coopération, 1986, p. 738; R. Saint-Alary, Les codifications administratives et l'évolution du droit en France, Revue juridique et politique, indépendance et coopération, 1986, p. 746,

    sur la relance de la codification après 1989:

    entretien avec G. Braibant, La relance de la codification, Dossier RFDA 1990, p. 303; entretien avec G. Braibant, Problèmes actuels de la codification française, RFDA 1994, p. 663; G; Braibant, Le gouvernement relance la codification, LPA septembre 1999 n° 184, entretien avec G. Braibant, Codification, RFDA 2000, p. 493.

    sur l'ensemble du problème de la codification en France:

    B-G. Mattarella, La codification du droit: réflexions sur l'expérience française contemporaine, RFDA 1994, p. 664

    sur la codification en général:

    G. Braibant, Encyclopédie Universalis V° Codification, B. Oppetit, De la codification, Recueil Dalloz-Sirey 1996, chron. p.33, trois dossiers de Revue Droits La codification I 1996 n° 24 (12 contributions dont: G. Braibant, Unité et difficultés de la codification, p. 61-72, B. Oppetit, Avenir de la codification, p. 73-81, B. Oppetit, Essai sur la codification, PUF (Droit, éthique et société) 1998, R. Drago, La codification en droit administratif français et comparé, p. 95-101), La codification II 1996 n°27 (7 contributions), La codification III 1998 n° 28 (11 contributions).

fication qui s'est poursuivi pendant près de quarante ans, à la fois modeste et ambitieux.

1) l'organisation de la codification par le décret du 10 mai 1948.

Modeste, la codification engagée dans le cadre du décret du 10 mai 1948 l'est assurément si on la compare aux codes napoléoniens. Il ne s'agit plus de jeter les bases d'un ordre nouveau mais de mettre en ordre le droit existant. Pour employer un vocable d'aujourd'hui, on peut dire que la préoccupation est alors d'ordre «managérial»:

«Cette codification s'insère dans une organisation rationnelle des services publics. Elle a été suggérée par le Comité central d'enquête sur le coût et le rendement des services publics. Elle est liée au concept de productivité. Elle tend à l'efficacité accrue du travail des fonctionnaires. Elle apparaît nécessaire en des années où le service public revêt de plus en plus le caractère d'une entreprise dont le coût doit être calculé avec minutie. Cette époque est aussi celle des plans et des nationalisations. On est en présence d'une société entière qui est tellement liée par des textes que les collectivités comme les individus ont strictement besoin d'être éclairés par une documentation adéquate»[5].

Et, en conséquence de cette approche technique, la codification se fait «à droit constant»: suivant une formule reprise par les diverses lois qui ont ordonné l'élaboration de codes, il s'agit d «apporter aux textes en vigueur les adaptations de forme rendues nécessaires par le travail de codification à l'exclusion de toute modification de fond»; et l'Instruction générale de La Commission supérieure chargée d'étudier la codification et la simplification des textes législatifs et réglementaires[6] renchérit: «en principe, le projet de code doit constituer la simple reproduction de la législation existante, sous la seul réserve de la présentation logique des articles qui la composent, avec toutes les imperfections et les lacunes que peut présenter une législation».

---

[5] Charles Ettori, conseiller d'Etat, Les codifications administratives, Etudes et documents du Conseil d'Etat 1956, p. 42.

[6] Sur cette Commission voir infra 2).

Ambitieuse, la codification se promet de l'être. Elle doit être permanente – les codes devront faire l'objet de mise à jour régulières – et surtout, elle entend être totale:

- elle doit s'étendre à tous les domaines qui font l'objet de réglementation publique au point que selon le projet initial «il ne devra pas subsister une seule loi, un seul règlement de portée générale qui ne soit intégré dans un Code. Seul le texte de la Constitution doit demeurer indépendant de la codification»[7],
- elle doit s'appliquer à l'ensemble des textes, législatifs et réglementaire; il est même prévu qu'elle comprenne les circulaires.

Pour donner un support institutionnel à cette ambition, le décret crée une **Commission supérieure chargée d'étudier la codification et la simplification des textes législatifs et réglementaires** qui a pour président un secrétaire d'Etat, membre du gouvernement, pour vice--présidents, le Président de la section de l'Intérieur du Conseil d'Etat et un président de chambre de la Cour des comptes; elle comprend également ment un petit nombre de membres qui appartiennent à des assemblées élues ou sont des hauts fonctionnaires ou des magistrats[8]. Sa mission consiste à organiser le travail de codification, à en fixer les principes et veiller à leur respect, à répartir la mise au point des codes entre les ministères et à régler les éventuels litiges; à cette fin, elle est assistée d'un Rapporteur Général qui assure l'unité des méthodes.

La procédure d'édiction d'un code commence normalement par le vote d'une loi qui autorise le gouvernement à entreprendre le travail de codification des textes législatifs dans une matière donnée; en effet, même si le principe de codification «à droit constant» exclut des modifications de fond de ces textes, leur mise en ordre conduit à des changements de forme des textes législatifs auxquels l'Administration ne peut procéder sans avoir reçu la permission du Parlement. Après quoi, la direction compétente du ministère concerné recense, avec les autres services ministériels intéressés, les textes à réunir et à ordonner. Un projet de code est mis au point et soumis à une commission spéciale instituée par un arrêté ministériel; ce projet est ensuite transmis à la

---

[7] Charles Ettori, article précité, page 42.

[8] Elle comprend, outre son président et ses vice-présidents, 5 parlementaires, 8 hauts fonctionnaires, 3 magistrats (1 Conseiller d'Etat, 1 Conseiller à la Cour de cassation, 1 présidente de conseil général), 1 maire.

Commission supérieure; en cas d'adoption par celle-ci, le projet est adressé au Conseil d'Etat avant d'être soumis à la signature du chef du gouvernement.

2) la codification de l'urbanisme.

Dans le cadre régi par le décret du 10 mai 1948, **l'urbanisme a fait l'objet non pas d'une mais de deux entreprises de codification.**

La première a consisté dans l'élaboration d'un Code de l'urbanisme et de l'habitation, publié en annexe à un décret du 26 juillet 1954. Il s'agit en réalité d'un travail partiel puisque ce code regroupe seulement les textes législatifs concernant l'urbanisme, la construction et l'habitation.

Les choses en sont toujours à ce stade au début des années soixante-dix. Une loi n.º 75-535 du 20 juin 1972, qui répond à la demande du ministère de l'Equipement, décide l'élaboration de plusieurs codes notamment pour l'expropriation et le domaine public fluvial; elle prévoit également la refonte du code de l'urbanisme et de l'habitation, ce pour plusieurs raisons:
- ce code est resté inachevé; la codification n'a pas été appliquée aux textes réglementaires,
- il se trouve en outre que plusieurs lois sont intervenues en matière d'urbanisme, sans faire référence au code; faute d'avoir été mis à jour, celui-ci est donc dépassé,
- enfin, il faut mettre le contenu du Code en harmonie avec les articles 34 et 37 de la constitution de 1958 qui a modifié les domaines respectifs de la loi et du règlement.

La loi du 20 juin 1972 retient la solution de séparer l'urbanisme de la construction et de l'habitation et d'établir un code pour chacune de ces matières: cela tient à l'abondance de la matière normative mais aussi à ce que l'évolution de la législation a conduit à une dissociation partielle des règles applicables à l'urbanisme et à la construction, les premières étant faites pour une part notable de règles contenues dans des plans locaux et sanctionnées par des autorisations administratives préalables, notamment le permis de construire, alors que les secondes sont faites pour l'essentiel de règles nationales qui ont cessé d'être sanctionnées par les permis de construire depuis la loi d'orientation foncière du 30 décembre 1967.

Une des difficultés, commune aux codes établis sous la Vème République, tient dans la nécessité de procéder à la répartition des matières législatives et réglementaires; il faut notamment reclasser dans la partie réglementaire du code les dispositions qui ont été adoptées par la loi dans des domaines qui échappent désormais à sa compétence. A cette fin, le gouvernement doit s'employer à procéder à la «délégalisation» des dispositions intéressées, dans les conditions que prévoit le second alinéa de l'article 37 de la constitution:après avis du Conseil d'Etat pour celles intervenues avant la Vème République, après que le Conseil constitutionnel a reconnu leur caractère réglementaire pour celles intervenues après l'entrée en vigueur de la constitution.

Finalement, le travail de codification qui doit beaucoup à un membre du Conseil d'Etat, M. Bruno Genevoix, aboutit en 1973 avec **la publication de deux décrets du même jour, le 8 novembre 1973 en annexe desquels figurent respectivement les parties législative et réglementaire du code de l'urbanisme.** En réalité, la partie réglementaire comprend seulement les dispositions issues de décrets ou de lois «délégalisées» dans les conditions rappelées ci-dessus. Un troisième, du 3 janvier 1977, publie une troisième partie du code, comprenant les dispositions adoptées par arrêtés ministériels.

B. *D'une génération de codes à l'autre.*

La codification entreprise sous l'empire du décret de 1948, et notamment celle appliquée au droit de l'urbanisme, présente des défauts techniques que les Pouvoirs publics se sont efforcés, à partir de 1989, de corriger pour la **seconde génération de codes, au nombre desquels devaient figurer un nouveau Code de l'urbanisme**, selon le programme retenu par la nouvelle commission de codification en 1995[9].

---

[9] Cité en annexe de la circulaire relative à la codification des textes législatifs et réglementaires, J.O. du 5 juin 1996.

1) les défauts de la codification entreprise dans le cadre du décret de 1948 et les remèdes, appliqués notamment au Code de l'urbanisme.

Dès 1958, J-C. Groshens dénonce: «les instigateurs (de la codification) étaient moins des juristes que des comptables et des spécialistes de l'organisation, préoccupés avant tout de la réforme des conditions de travail dans les services publics; la codification les intéressaient uniquement en tant qu'instruments de réforme administrative et non en tant qu'instruments de réforme législative»[10]. On pourrait prolonger ce point de vue et observer que ces instigateurs n'ont pas perçu les implications juridiques d'une codification qui est nécessairement beaucoup plus qu'un travail de compilation et de documentation.

Le mode de codification par décret convient pour la partie réglementaire d'un code. Le décret lui confère une pleine valeur juridique en validant ses dispositions et abrogeant les textes dont elles sont issues; il se peut qu'à l'occasion de cette opération une discordance apparaisse entre les textes figurant dans le code et ceux dont ils sont issus, soit que la codification oblige à des ajustements de forme, soit que l'auteur du code saisisse l'occasion pour procéder à des changements touchant le fond du droit; mais cette discordance ne pose pas de problème juridique.

Il n'en va pas de même pour la partie législative du code. Le décret de codification ne peut abroger une loi; il en résulte qu'après l'établissement du code coexistent d'une part les textes sources qui seuls conservent une autorité normative et l'expression codifiée de ces textes à laquelle les usagers du droit se réfèrent, compte tenu du mode rationnel de présentation. La coexistence est sans importance si la codification s'est bien effectuée, comme le veut la doctrine affichée, «à droit constant»: l'expression codifiée peut présenter des écarts de pure forme mais elle n'affecte pas le sens de la norme. Or, ce n'est pas toujours le cas: en dépit de la volonté de codifier à «droit constant», le sens du texte codifié peut s'écarter du texte source; un tel incident a d'autant plus de chance de survenir que la forme d'un texte, comme on le sait, entretient d'étroites liaisons avec le fond: appliquée à des textes

---

[10] J-C. Groshens, La codification par décret des lois et règlements, Recueil Dalloz, 1958, chronique.

disparates, adoptés au fil du temps sans fil directeur ni cohérence d'inspiration, l'opération consistant dans leur ré-agencement et la rationalisation de leur présentation peut en changer le sens; à plusieurs reprises, des auteurs ont insisté sur les difficultés de la codification «à droit constant» et attiré l'attention sur la part d'illusion qu'elle pouvait comporter[11]. Un risque non négligeable de contentieux apparaît: il peut être objecté à l'application de dispositions figurant dans un code qu'elles résultent de dispositions législatives ayant fait l'objet de modifications autres que de pure forme; et il est arrivé à plusieurs reprises que le Conseil d'Etat et la Cour de cassation constatent ainsi l'illégalité des dispositions codifiées et en écartent l'application[12].

Si encore on pouvait se reporter aux textes législatifs qui ont fait l'objet de la codification pour s'assurer de disposer de la norme vraiment opposable, ce pourrait paraître un moindre mal. Mais ce n'est pas toujours le cas: le législateur peut adopter des lois qui modifient non pas les textes sources mais leur expression codifiée; et ce faisant, il ratifie implicitement, en tout ou en partie, des dispositions du code qui se substituent à celles des textes sources.

Il résulte ainsi de cette pratique de codification de dispositions législatives des incertitudes sur les normes applicables faisant peser sur les codes une légitime suspicion; comme l'observe le premier rapport de la Commission supérieure de codification, créée par le décret du 12 septembre 1989, «Dans de telles conditions, la codification, loin de simplifier le droit, complique plutôt la situation et accroît l'insécurité». Une telle situation est vite apparue insupportable: elle créait des situations d'imbroglio juridique, par la juxtaposition de textes législatifs sources et de dispositions codifiées ayant le même objet mais de valeur simplement réglementaire, elle était la source de contentieux et de con-

---

[11] M. Suel, Essai sur la codification à droit constant. Précédents. Débuts. Réalisation, Impr. JO, 3ème édition, 1999, R. Libchaber, Sur l'effet novatoire de la codification à droit constant, Revue trimestrielle de droit civil 1997, p. 778, A. Lienhard et C. Rondey, Incidences juridiques et pratiques des codifications à droit constant, Dalloz-Affaires 2000 n° 34, p.521, N. Molfessis, Les illusions de la codification à droit constant et la sécurité juridique, Revue trimestrielle de droit civil 2000, p. 186.

[12] entre autres à propos d'articles du Livre des procédures fiscales Cour de cassation (chambre criminelle) 23 janvier 1989 et CE 22 mai 1989; voir également plus récemment CE 13 septembre 1995, Ministre du budget c/ Mme Anna Simha.

fusion pour l'usager, ce en contradiction avec l'objectif de simplification et de clarification attaché à la codification.

Pour surmonter cette situation, une première solution a consisté à faire approuver les dispositions législatives de codes par le Parlement. C'est ainsi qu'une loi du 3 avril 1958 a validé quinze codes publiés depuis 1951. Par la suite, la validation législative, faute de s'inscrire dans une ligne politique claire, s'est faite au coup par coup; et c'est ainsi **que la partie législative du Code de l'urbanisme, publiée en 1973, fut validée par une loi n°76-1285 du 31 décembre 1976**. La situation n'est pas pour autant devenue satisfaisante: d'une part les incertitudes juridiques demeurent pour toute la période, plus ou moins longue, séparant la publication du code de l'intervention de la loi; et d'autre part, comme le rappelle Henri Jacquot, «l'abrogation des textes anciens ne résultait pas seulement de la force de loi reconnue au code. La loi de «ratification» devait énumérer les anciennes lois dont les dispositions avaient été codifiées et qui, en conséquence, devaient être abrogées. Mais certains dispositions anciennes pouvaient être oubliées et demeuraient en vigueur, ce qui limitait la portée juridique du code»[13]

2) la relance de la codification.

Après plusieurs années pendant lesquelles la codification paraît être l'objet d'un certain désenchantement, un nouvel élan est donné, résultant d'une claire détermination de gouvernements successifs[14], impulsée par le Président de la République[15], et aussi de l'activité

---

[13] Henri Jacquot, étude précitée.

[14] La codification est l'objet d'importantes circulaires, publiées au Journal officiel des Premiers Ministres: Jacques Chirac (circulaire du 15 juin 1987 relative à la codification des textes législatifs et réglementaires, J.O. du 17 juin, p. 6459), Michel Rocard (circulaire du 25 mai 1988 relative à la méthode de travail du gouvernement, J.O. du 27 mai, p. 7381), Alain Juppé (circulaire relative à la codification des textes législatifs et réglementaires, J.O. du 5 juin 1996, p. 8263).

[15] Juste après son élection à la présidence de la République en 1995, Jacques Chirac adresse un message au Parlement où il déclare: «(...) l'inflation normative est devenue paralysante (...) Une remise en ordre s'impose, par un exercice général de codification et de simplification des textes» (message du 19 mai 1995, Doc. Assemblée Nationale 1994-1995 n° 283, Doc. Sénat, 1994-1995 n°2014); et «lors du séminaire consacré à la réforme de l'Etat du 14 septembre 1995, le Gouvernement a décidé

déployée avec énergie par une personnalité éminente de l'administration française, ancien président de la section du rapport et des études du Conseil d'Etat, M. Guy Braibant[16]. Pour ce faire, la méthode de préparation des codes est revue et le Parlement est étroitement associé à l'accomplissement de la mission.

Pour la préparation des codes, le gouvernement a remplacé la commission instituée par le décret de 1948, par une nouvelle, aux attributions nettement renforcées. Un décret du 12 septembre 1989 a institué la «**Commission supérieure de codification**»:

– Sa composition et son organisation sont de nature à rehausser son prestige; elle est présidée par le Premier Ministre et a comme vice-président un président de section en activité ou honoraire du Conseil d'Etat; M. Guy Braibant a été nommé à cette fonction en 1997 et reconduit pour une durée de 4 ans en 2001; la commission comprend également un membre du Conseil d'Etat, un de la Cour de cassation, un de la Cour des comptes, tous les trois nommés par le Premier Ministre sur la proposition de l'institution à laquelle ils appartiennent; elle comprend encore deux membres de la commission des lois de l'Assemblée Nationale et du Sénat et les directeurs d'administration centrale intéressés; à ces membres permanents s'ajoutent en fonction du code examiné des personnalités intéressées, membre du Conseil d'Etat, de la commission compétente de l'Assemblée Nationale et du Sénat, le ou les directeurs d'administration centrale concernés.

– Les attributions de la Commission sont renforcées: il lui appartient de «procéder à la programmation des travaux de codification», de «susciter, animer et coordonner les groupes de travail chargés l'élaborer les projets de codes» et de désigner le rapporteur particulier de chacun de ces groupes et enfin d'adopter et de transmettre au gouvernement les projets de codes[17].

---

d'achever la codification de l'ensemble de l'ensemble des lois et règlements dans un délai de cinq ans» (circulaire du 30 mai 1996 précitée).

[16] S'il était besoin d'une preuve de cette activité, il suffirait de se reporter à la bibliographie sur l'expérience française de codification où le nom de Guy Braibant figure à plusieurs reprises, y compris dans un article à la Revue française de droit administratif dont il est cosignataire avec le Premier Ministre de l'époque, Michel Rocard (voir supra note 1).

[17] Un décret n° 2002-1064 du 7 août 2002 a encore confié à la commission des

Suivant la circulaire du Premier Ministre du 30 mai 1996, la décision de procéder à l'élaboration d'un nouveau code est prise lors d'une réunion interministérielle, convoquée par le Premier Ministre, sur proposition du vice-président de la Commission supérieure. A cette occasion, sont définies les directives d'établissement du code; un service de ministère remplit la fonction de chef de file; le responsable de ce service constitue le groupe de travail chargé d'élaborer le projet, soumis ensuite à la Commission supérieure qui, en cas d'approbation, le transmet au gouvernement.

Un autre trait important du nouveau mode de codification réside dans **l'association plus étroite du Parlement**, suivant des modalités qui ont évolué:

- dans un premier temps, de 1989 à 1999, la publication de la partie législative du code a résulté d'une approbation législative[18]; mais cette procédure s'est heurtée à l'obstacle de l'encombrement de l'ordre du jour des Assemblées parlementaires; il faut dire aussi que le thème de la codification n'est pas de nature à susciter l'enthousiasme politique des membres de ces Assemblées…

- aussi dans un second temps, une solution plus réaliste a consisté à faire adopter les parties législatives des codes dans le cadre d'une loi d'habilitation autorisant, en application de l'article 38 de la constitution, le gouvernement à intervenir dans le domaine de la loi: la loi précise la liste des codes intéressés et le délai pendant lequel le gouvernement peut intervenir, par la voie d'ordonnances; à l'issue du délai de l'habilitation, le gouvernement doit déposer sur le bureau des Assemblées un projet de loi de ratification des ordonnances.

Plusieurs codes[19] ont ainsi pu être adoptés par voie d'ordonnances en application d'une loi d'habilitation du 16 décembre 1999 que le

---

responsabilités supplémentaires relatives au fonctionnement du service public de diffusion du droit par l'internet (J.O. du 9 août).

[18] Ont été ainsi approuvés: le code de la propriété industrielle, le code de la consommation, une partie du code rural, le code général des collectivités territoriales et le code des juridictions financières.

[19] La partie du code rural qui n'avait pu être adoptée par le Parlement, les code de la santé publique, de l'éducation, de justice administrative, de commerce, de l'environnement, de la route, de l'action sociale et le code monétaire et financier.

Conseil constitutionnel a déclaré conforme à la constitution, en reconnaissant dans la codification «un objectif de valeur constitutionnelle d'accessibilité et d'intelligibilité de la loi»[20]. Certaines de ces ordonnances ont fait l'objet d'une ratification explicite par le Parlement[21].

Un dernier trait d'évolution du mode de codification résulte de la loi no 2000-321 du 12 avril 2000 relative aux droits des citoyens dans leurs relations avec les administrations, dont l'article 3 dispose:

«La codification législative rassemble et classe dans des codes thématiques l'ensemble des lois en vigueur à la date d'adoption de ces codes. Cette codification se fait à droit constant, sous réserve des modifications nécessaires pour améliorer la cohérence rédactionnelle des textes rassemblés, assurer le respect de la hiérarchie des normes et harmoniser l'état du droit.»

Le principe de la codification à droit constant fait ainsi l'objet d'assouplissements pour les trois cas de la «cohérence rédactionnelle des textes, du respect de la hiérarchie des normes (normes constitutionnelles et normes internationales) et pour les besoins de l'harmonisation de l'état du droit. Des changements intéressant le contenu des textes peuvent être apportés, à la condition qu'ils soient dictés par des considérations strictement juridiques; ceux qui consisteraient dans de véritables réformes demeurent exclus.

II. LE CODE DE L'URBANISME, À L'ÉPREUVE DU TEMPS.

Après le premier code de 1954, le second, de 1973, faut-il une fois de plus ouvrir une fois de plus le chantier d'un nouveau code pour l'urbanisme, comme l'envisageait la Commission supérieure de codification en 1995? Il est vrai que l'urbanisme a été affecté par de substantielles réformes. Certaines de ces réformes le touchent directement: on peut citer, entre autres, les lois de décentralisation au début des années quatre-vingts, puis au début des années quatre-vingt-dix, la

---

[20] décision n° 98-421 DC du 19 décembre 1999 relative à la loi portant habilitation du Gouvernement à procéder, par ordonnances, à l'adoption de la partie législative de certains codes.

[21] Ainsi l'article 87de la loi n° 2002-2 du 2 janvier 2002 pour la partie législative du code de l'action sociale.

loi d'orientation pour la ville et enfin la récente loi du 13 décembre 2000 relative à la solidarité et au renouvellement urbains qui procède à une véritable refonte d'outils importants de l'urbanisme; d'autres lois ont des incidences indirectes: celles qui réforment le paysage institutionnel, en encourageant la création des groupements de communes et celles qui développent des politiques sectorielles en matière d'environnement. Toutes ces interventions législatives ont le plus généralement pris la forme de modifications du Code de l'urbanisme (A), mais elles ont également eu pour effet de saper les contours de la matière au point que l'on n'en saisisse plus clairement les limites (B).

A. *La gestion du code.*

1) les modes de mise à jour.

Une codification n'a de sens que si elle est permanente. A cette fin, deux modes de mise à jour avaient été retenus pour les codes établis dans le cadre du décret de 1948, au nombre desquels figure celui de l'urbanisme[22]:
- l'incorporation, tous les ans, dans le code des textes qui le modifient ou le complètent sans s'y référer explicitement, selon la même procédure que celle applicable à l'établissement du code;
- la modification directe des articles du code par les nouveaux textes intervenus dans son champ.

Le premier mode de mise à jour n'a jamais été mis en œuvre, probablement parce qu'il est irréaliste ou à tout le moins parce que les Pouvoirs publics ne se sont pas donnés les moyens de le mettre en œuvre. La seconde modalité a été appliquée avec constance: les lois urbanisme ont normalement procédé par la voie de modifications d'articles ou de groupes d'articles du code. Un telle gestion a donné des résultats tels que le code demeure bien un instrument fiable de la documentation juridique; néanmoins, **la satisfaction, indiscutable, doit**

---

[22] Ces modes de mise à jour sont précisés par la loi (précitée) du 30 juin 1972.

être nuancée de quelques réserves, présentées ci-après par ordre croissant d'importance.

2) les réserves suscitées par la pratique.

Une première réserve intéresse la lisibilité des lois portant réforme de l'urbanisme. Elles ont été rédigées sous forme de modifications du code. Quand les modifications en question consistent dans la refonte de tout un ensemble d'articles du code, leur lisibilité n'est pas affectée. En revanche, il arrive aussi que la réforme procède par de simples retouches de dispositions dispersées; aussi le texte de la loi ne permet-il pas d'avoir une vision d'ensemble de la réforme. L'illustration qui suit est tirée de la loi du 13 décembre 2000 relative à la solidarité et au renouvellement urbain; son article 8 est ainsi rédigé:

« L'article L. 300-4 du code de l'urbanisme est ainsi modifié:

1° Dans le deuxième alinéa, les mots: «elle peut prendre la forme d'une concession d'aménagement. Dans ce cas, l'organisme concessionnaire peut se voir confier les acquisitions par voie d'expropriation» sont remplacés par les mots: «elle peut prendre la forme d'une convention publique d'aménagement. Dans ce cas, l'organisme cocontractant peut se voir confier les acquisitions par voie d'expropriation ou de préemption, la réalisation de toute opération et action d'aménagement et équipement concourant à l'opération globale faisant l'objet de la convention publique d'aménagement»;

2° Le troisième alinéa est ainsi rédigé:

«Les organismes mentionnés à l'alinéa précédent peuvent se voir confier le suivi d'études préalables nécessaires à la définition des caractéristiques de l'opération dans le cadre d'un contrat de mandat les chargeant de passer des contrats d'études au nom et pour le compte de la collectivité ou du groupement de collectivités.»;

3° Dans le quatrième alinéa, les mots: «aux concessions ou conventions» sont remplacés par les mots: «aux conventions publiques d'aménagement»;

4° Il est ajouté un alinéa ainsi rédigé:

«La convention publique d'aménagement peut prévoir les conditions dans lesquelles l'organisme cocontractant est associé aux études concernant l'opération et notamment à la révision ou à la modification du plan local d'urbanisme.».

Il convient toutefois de relativiser la critique; car elle n'est pas propre aux dispositions codifiées mais apparaît souvent chaque fois qu'une loi procède par retouches d'une loi antérieure.

La seconde réserve résulte des conséquences de modifications introduites, le plus souvent, sans que la structure du code soit changée;

on pourrait à cet égard parler de mise à jour du code «à plan constant». Or un plan n'est pas neutre; il a été conçu en adéquation avec le contenu de la matière telle qu'elle était à l'époque de l'établissement initial du code. Au-delà d'un certain degré d'évolution, des distorsions peuvent affecter le rapport entre la structure du code et son contenu. Un tel phénomène peut paraître de moindre importance dans la mesure où le plan et les intitulés des divisions du code n'ont pas de valeur normative. Toutefois, il convient de remarquer que ces intitulés ont l'effet de vitrines et, de ce fait, sont de nature à influer sur la perception que les usagers ont du contenu du code. Deux exemples peuvent être cités:

- le livre III du code comporte, en introduction, l'exposé de règles communes aux «actions et opérations d'aménagement», mais sans définir ce que recouvrent ces notions; puis il poursuit par un titre 1er «Les opérations d'aménagement»; doit-on comprendre qu'il n'existe pas d'opérations d'aménagement, au sens des dispositions introductives, en dehors de celles que décrit le titre 1er? On serait enclin à le croire; pourtant, l'administration[23] et la doctrine[24] soutiennent généralement le point de vue contraire; si c'est bien le cas, on ne peut s'empêcher de regretter que le code, conçu pour favoriser l'accès au droit, est de nature à induire l'usager en erreur;

- l'article L. 121-10 du Code de l'urbanisme, en vigueur avant la loi relative à la solidarité et au renouvellement urbains, énonçait les objectifs que doivent satisfaire les «documents d'urbanisme»; il avait été introduit par une loi du 7 janvier 1983 et placé en tête d'un chapitre «Dispositions communes au schéma directeur et au plan d'occupation des sols». Or d'autres instruments de planification spatiale figurent ailleurs dans le code, introduits dans la plupart des cas, postérieurement à la loi du 7 janvier 1983; étaient-ils eux-mêmes des «document d'urbanisme» au sens de l'article L. 121-10, tenus de remplir les obligations qu'il énonce? Il y avait là un sujet d'hésitation[25].

---

[23] circulaire du 31 juillet 1991 portant commentaire de la loi d'orientation pour la ville.

[24] notamment Etienne Fatôme et Jean-Pierre Lebreton, Partenariat public-privé et renouvellement urbain.

[25] sur la question, voir les actes du colloque de Nice Les directives territoriales d'aménagement, Nice-Sophia-Antipolis 24 et 25 février 2000, publiés dans la revue

3ème réserve, la plus sérieuse: des lois ont été promulguées qui n'ont pas pris en compte le champ du code de l'urbanisme.

Cette non prise en compte peut jouer dans deux sens. La loi peut d'abord inclure dans le code des dispositions qui ne relèvent pas de son champ; c'est ainsi que, parmi les règles générales d'urbanisme (premier chapitre du code), la loi relative à la solidarité et au renouvellement urbains a prévu que les engagements relatifs à la vente d'un terrain comprennent des informations relatives au bornage dudit terrain et a fait figurer cette prescription dans le Code de l'urbanisme plutôt que dans le Code civil[26]. La loi peut également ajouter des exigences d'urbanisme, sans les inclure dans le Code de l'urbanisme; ce qui arrive notamment pour les réformes qui n'ont pas été préparées par la Direction générale de l'urbanisme et de la construction du ministère de l'Equipement, chargée de veiller à la mise à jour du Code.

L'inadvertance du service ou des parlementaires qui sont à l'origine du texte peut expliquer l'oubli. Mais elle peut avoir de regrettables conséquences; c'est ainsi qu'une loi d'orientation agricole a imposé à l'élaboration de documents locaux d'urbanisme des obligations de procédure, sans les faire figurer dans le Code de l'urbanisme; les collectivités responsables de cette élaboration n'y ont le plus souvent pas prêté attention; à l'occasion d'affaires contentieuses, le juge de l'excès de pouvoir a ainsi annulé des plans d'urbanisme et rappelé à ces collectivités l'existence d'une obligation dont elles ignoraient l'existence.

L'oubli peut aussi être volontaire; c'est ainsi que certains instruments de planification spatiale ne figurent pas dans le Code de l'urbanisme en dépit de leur ressemblance avec ceux prévus par ce Code[27]:

– les schémas de mise en valeur de la mer qui régit les modes de l'utilisation des sols d'une portion de littoral, à la fois pour sa partie terrestre et sa partie marine;

Droit et Ville n° 50, 2000, notamment Jean-Pierre Lebreton, L'encadrement des directives territoriales d'aménagement par le droit de l'urbanisme, p. 37 et s. et discussion générale de la première demi-journée du colloque.

[26] On peut également citer le cas d'une loi du 31 décembre 1976 qui a institué une servitude de passage sur les propriétés riveraines du littoral et l'a incluse dans le Code de l'urbanisme (art. L. 160-5) alors qu'elle relevait plutôt du droit de l'environnement (elle est d'ailleurs citée par l'art. L. 321-10 du Code de l'environnement, publié par l'ordonnance n°2000-914 du 18 septembre 2000).

[27] En particulier, leur opposabilité résulte de l'application de dispositions du Code de l'urbanisme.

– le «plan d'aménagement et de développement durable de la Corse», remplaçant le schéma d'aménagement de la Corse qui lui était régi par le Code de l'urbanisme[28] ; une raison politique a paru déterminante dans le choix de le ranger dans un autre code, le Code général des collectivités territoriales: il fallait signifier de cette manière l'identité particulière de l'île[29].

C'est également le cas de documents qui se situent à la frontière de l'urbanisme et de l'environnement.

B. *L'effacement des contours de l'urbanisme.*

Le contenu du Code de l'urbanisme tel qu'il a été établi en 1973 laisse deviner les principes qui ont commandé la détermination du champ couvert, encore appelé «périmètre» du code. Ces principes, qui dessinent des contours plus ou moins nets dans l'ouvrage initial, ont diversement résisté à l'épreuve du temps. Une tendance à l'effacement résulte de l'évolution de la législation et plus récemment de prises de positions jurisprudentielles.

1) l'évolution de la législation.

Celui des principes qui a bien été maintenu se rapporte au **champ territorial** des règles codifiées et à leurs sources. Il s'agit de règles nationales, issues de textes législatifs et de décrets du gouvernement, auxquels ont été ajoutés en 1977 les arrêtés ministériels. Par ailleurs, compte tenu de la nature unitaire du système institutionnel français, ces règles définissent, à l'origine, pour l'essentiel des outils d'intervention

---

[28] loi n°2002-92 du 22 janvier 2002 relative à la Corse, article 12 introduisant dans le Code général des collectivités territoriales de nouveaux articles L. 4424-9 à L. 4424-15.

[29] A cela s'ajoute qu'a été ouverte à la collectivité de Corse la latitude de déroger à certaines dispositions nationales d'urbanisme relatives à la protection du littoral (article L. 4424-10 II du Code général des collectivités territoriales), sans que les dispositions en question, figurant dans le Code de l'urbanisme, mentionnent elles- -mêmes cette possibilité accueillie avec fraîcheur par la doctrine.

publique et les conditions de leur mise en œuvre ou de leur maniement par les instances locales de l'administration, ce qui avait conduit à observer, parfois à la manière d'un reproche, que le Code de l'urbanisme était un code de procédures. Le transfert aux collectivités locales de compétences importantes a conduit à enrichir le code de règles de fond, afin que l'Etat puisse faire prévaloir certaines options nationales d'urbanisme sur les choix des collectivités locales.

Par ailleurs, depuis 1973, les règles du code se rapportent à l'occupation ou à l'utilisation des sols[30]. Mais les règles de l'urbanisme ne sont pas les seules à toucher à cet objet. Là se posent de **délicats problèmes de délimitation des champs respectifs du Code de l'urbanisme et des autres législations** qui peuvent être ou non elles--mêmes codifiées. Et sur ce point, le temps paraît avoir pour effet de provoquer une sorte de presbytie car, à y regarder de près, les contours du code sont devenus flous.

Le code de 1973 avait exclu de son champ les dispositions fiscales relevant du **Code général des impôts**, à l'exception de celles qui sont directement liées à l'application de règles de fond de l'urbanisme. Mais dès cette époque, les frontières n'étaient pas fermement établies et dans le Code de l'urbanisme se sont multipliées les participations exigées en contrepartie d'un permis de construire ou d'un arrêté de lotissement, aux statuts parfois incertain. En outre la coordination entre le code de l'urbanisme et le code général des impôts n'est pas sans poser des problèmes[31].

Un principe paraissait fermement établi à l'origine, consistant à séparer de l'urbanisme toutes les règles relatives au **droit de la construction et de l'habitation**, objets d'une codification distincte. Plus précisément, l'urbanisme et son code traitent de la construction «in

---

[30] Il en résulte que n'ont pas fait l'objet d'une incorporation dans le Code de l'urbanisme les dispositions législatives relevant de la «politique de la ville» développée à partir des années quatre-vingts et qui a pour but de réduire la fracture résultant de la paupérisation de certains quartiers des agglomérations; seules ont été codifiées dans le Code de l'urbanisme les règles se rapportant à l'aménagement ou à l'occupation du sol; en revanche, ni celles relatives aux institutions de cette politique, ni celles relatives à son financement, ni celles relatives aux aspects proprement sociaux de la politique de la ville ne figurent dans le Code de l'urbanisme.

[31] Sur le cas de la zone d'aménagement concerté, voir Etienne Fatôme et Jean--Pierre Lebreton Opérations d'aménagement et tissu urbain existant, Annuaire français du droit de l'urbanisme et de l'habitat 2000, p. 129 et s.

situ», c'est-à-dire en tant qu'elle constitue un mode d'occupation de l'espace et au regard des incidences qu'elle peut avoir sur cet espace; en revanche, les règles du droit de la construction envisagent le bâtiment indépendamment de sa localisation: il s'agit notamment des règles de confort, de sécurité, d'accès du public. Cette séparation a perdu une part de sa pertinence depuis que certaines règles du code de la construction et de l'habitation se prêtent à une application différentiée suivant les localités:on parle à cet égard de territorialisation, ce qui vaut pour le logement social, objet notamment de programmes locaux de l'habitat[32] et pour la réhabilitation du patrimoine immobilier avec les «opérations programmées d'amélioration de l'habitat» (OPAH) qui comportent d'évidentes ressemblances avec les opérations d'aménagement du Code de l'urbanisme.

Une autre ligne de démarcation s'est effritée, entre le Code de l'urbanisme et la **législation de l'aménagement du territoire** qui en France, à la différence d'autres pays, sont séparés[33]. Cette séparation se justifiait par des raisons institutionnelles (l'urbanisme relevant d'un service ministériel, l'aménagement du territoire d'une instance interministérielle, la Délégation à l'aménagement régional et à l'aménagement du territoire), d'échelle d'intervention (l'urbanisme privilégiant le niveau local, l'aménagement du territoire se raisonnant au niveau de l'ensemble du territoire national), de procédés d'intervention (l'urbanisme recourt volontiers au procédé de la police, l'aménagement du territoire à celui de l'incitation). Aussi, à l'origine, figuraient seulement dans le Code de l'urbanisme les aspects coercitifs de l'aménagement du territoire au contrôle des implantations d'entreprises en région parisienne). Mais depuis quelques années, s'est développé un droit de l'aménagement du territoire fait notamment d'instruments de planification; certains de ces instruments figurent dans le Code de l'urbanisme (les directives territoriales d'aménagement) ou demeurent en dehors de ce code mais empruntent leur opposabilité au droit de l'urbanisme (les schémas d'aménagement des régions d'outre-mer) ou encore restent

---

[32] Sur ce phénomène de territorialisation, voir Yves Jégouzo et Jean-Philippe Brouant, La territorialisation des politiques et du droit de l'habitat social, Cahier du GRIDAUH n° 2 1998. 142 pages.

[33] Sur le sujet, voir L'articulation des règles d'occupation des sols en Europe, Cahier du GRIDAUH n° 1-1998, 228 pages, spécialement p. 9 et s.

totalement étrangers au Code de l'urbanisme sans qu'on s'explique pourquoi (les schémas de services collectifs).

Mais l'élément le plus caractéristique de l'effacement des frontières concerne **l'environnement**. Depuis longtemps l'urbanisme entretient des relations étroites avec l'environnement: les servitudes édictées par des polices spéciales de l'environnement sont sanctionnées par les autorisations d'urbanisme et figurent au nombre des «servitudes d'utilité publique» dont le plan d'occupation des sols et le plan local d'urbanisme doivent donner information. Mais une évolution s'est dessinée conduisant à des chevauchements: les instruments du Code de l'urbanisme ont été habilités à édicter des mesures qui paraissaient réservées aux outils d'intervention spécifiques à l'environnement et, en sens inverse, dans le cadre du droit de l'environnement, des documents de planification sont nés qui épousent les caractères de ceux de l'urbanisme, comprenant des éléments cartographiques, un rapport de présentation et un règlement; la seule différence significative tient à ce qu'ils ont un objet sectoriel, tourné vers la protection de l'environnement, alors que les plans d'urbanisme ont une visée générale.

2) prises de position jurisprudentielles.

La tendance à l'effacement des frontières du Code de l'urbanisme s'est manifestée tout récemment par les prises de position jurisprudentielles du Conseil d'Etat, coup sur coup, dans deux avis contentieux rendus à six mois d'intervalle. Dans les deux cas était en cause le «plan de prévention des risques naturels prévisibles», document régi par le Code de l'environnement[34] qui épouse les traits des instruments de planification du Code de l'urbanisme et qui édicte notamment des servitudes dont le respect est sanctionné par les autorisations d'urbanisme.

Le Conseil d'Etat devait se prononcer sur la question de savoir si des dispositions du Code de l'urbanisme étaient applicables au plan de prévention des risques naturels prévisibles:

– dans la première affaire, il s'agit de l'article R. 600-1 selon lequel le recours contentieux contre un «document d'urbanisme» doit, dans un délai de 15 jours à compter de son dépôt, être notifié à l'auteur de ce document;

---

[34] articles L.562-1 et s. du code de l'environnement.

– dans la seconde, il s'agit de l'article L. 600-2, selon lequel la personne qui a obtenu l'annulation juridictionnelle d'un refus de permis de construire peut demander que sa demande soit réexaminée sur la base des «règles d'urbanisme», telles qu'elles étaient en vigueur à la date du refus illégal;

Dans les deux cas, la Haute Assemblée a estimé que les dispositions en question s'appliquent bien aux plans de prévention des risques naturels prévisibles, dans la mesure où ils ont bien un objet urbanistique consistant à régir l'occupation et l'utilisation du sol[35]. Ainsi se trouvent juridiquement dissociées appartenance à l'urbanisme et appartenance au Code de l'urbanisme; des dispositions de ce code peuvent être applicables à un document relevant d'un autre code[36].

Comment surmonter ce phénomène qui a le regrettable inconvénient d'atteindre le Code de l'urbanisme dans sa fonction essentielle qui est d'assurer de faciliter et de simplifier l'accès au droit?

Une approche stratégique ambitieuse à défaut d'être réaliste devrait logiquement conduire à repenser la notion juridique d'urbanisme et faire le choix entre opter pour une conception large, telle qu'elle s'exprime dans les avis du Conseil d'Etat, et conserver une conception étroite, proche de la géométrie de l'actuel Code. Le problème est difficile à régler, à la fois parce qu'elle demande un effort de réflexion théorique mais aussi parce qu'elle soulève la question de la délimitation de «territoires» couverts par des services ministériels.

De manière plus pragmatique, une meilleure coordination entre des codes et législations qui se chevauchent peut également être recherchée en recourant à la technique du «code-pilote» et du ou des «codes suiveurs». Une disposition fait l'objet de la codification «officielle» dans un «code pilote» et est simplement mentionnée pour information

---

[35] respectivement:

– CE, avis du 3 décembre 2001, S.C.I. des 2 et 4, rue de la Poissonnerie et autres, BJDU 1/2002, p. 54, concl. (contraires) Pascale Fombeur, AJDA2002, p. 177, note Henri Jacquot;

– CE 12 juin 2002, Préfet de la Charente-Maritime, BJDU 3/2002, p. 220, concl. Sylvie Boissard, obs. JCB, AJDA n°16, 28 octobre 2002, p. 1080, note Jean-Pierre Lebreton.

[36] Ces solutions ont fait l'objet de vives critiques; voir les notes de Henri Jacquot et de Jean-Pierre Lebreton précitées.

dans le ou les «codes suiveurs»[37]. Encore faut-il veiller à ce que les informations des «codes suiveurs» soient vraiment mises à jour au fur et à mesures des modifications apportées au «code pilote»; et à cet égard, l'observation du Code de l'urbanisme n'est pas encourageante: au titre de «code suiveur», il informe des dispositions relatives à la création des grandes surfaces commerciales, aujourd'hui comprises dans le Code de commerce, mais dans l'état du droit antérieur à la réforme issue d'une loi du 5 juillet 1996.

Toutes ces observations critiques ne devraient pas conduire à douter des vertus de la codification qui, apporte une aide précieuse aux praticiens, en dépit de ses imperfections. La difficulté à assurer une présentation ordonnée des normes est probablement le prix d'un système démocratique où la régulation des flux normatifs n'est pas concentrée entre les mains d'un Grand Horloger ou d'un Big Brother... Dés lors, la codification d'une matière aussi mouvante et évolutive que l'urbanisme est en quête d'ajustements permanents. « Cent fois sur le métier remettez votre ouvrage » écrit le poète[38]...Sous réserve de le ramener à des proportions plus raisonnables, ce conseil pourrait être adressé aux codificateurs: on comprend mieux pourquoi la Commission supérieure de codification avait fait figurer la refonte du Code de l'urbanisme à son programme de travail; le projet n'a pas abouti, du moins dans le délai prévu; et on peut émettre le vœu que ce travail soit engagé dans un avenir prochain.

---

[37] Circulaire du 30 mai 1996, 2-3., précitée.
[38] Nicolas Boileau (XVIIème siècle) L'art Poétique.

ANNEXE

PLAN DU CODE DE L'URBANISME

LIVRE PREMIER
RÈGLES GÉNÉRALES D'AMÉNAGEMENT ET D'URBANISME
Titre I. Règles générales d'utilisation du sol
      Chapitre I   Règles générales de l'urbanisme
      Chapitre II   Surface hors œuvre des constructions
Titre II. Prévisions et règles d'urbanisme
      Chapitre I   Dispositions générales communes aux schémas de cohérence territoriale, aux plans locaux d'urbanisme et aux cartes communales
      Chapitre II   Schémas de cohérence territoriale
      Chapitre III   Plans locaux d'urbanisme
      Chapitre IV   Cartes communales
      Chapitre V   Dispositions diverses
      Chapitre VI   Servitudes d'utilité publique affectant l'utilisation du sol
      Chapitre VII Dispositions favorisant la diversité de l'habitat
Titre III. Espaces boisés
Titre IV. Dispositions particulières à certaines parties du territoire
      Chapitre I   Dispositions particulières à Paris et à la région d'Île-de-France
      Chapitre II   Espaces naturels sensibles des départements
      Chapitre III   Protection de certaines communes (abrogé)
      Chapitre IV   Dispositions particulières à la collectivité territoriale de Corse
      Chapitre V   Dispositions particulières aux zones de montagne
      Chapitre VI   Dispositions particulières au littoral
      Chapitre VII Dispositions particulières aux zones de bruit des aérodromes
Titre V. Application aux départements d'outre-mer
      Chapitre VI   Dispositions particulières au littoral dans les départements d'outre-mer
Titre VI. Sanctions et servitudes

LIVRE DEUXIÈME
PRÉEMPTION ET RÉSERVES FONCIÈRES
Titre I. Droits de préemption
      Chapitre I   Droit de préemption urbain
      Chapitre II   Zones d'aménagement différé et périmètres provisoires
      Chapitre III   Dispositions communes au droit de préemption urbain, aux zones d'aménagement différé et aux périmètres provisoires
      Chapitre IV   Dispositions diverses communes aux zones d'intervention foncière, aux zones d'aménagement différé et aux périmètres provisoires de zones d'aménagement différé
      Chapitre V   Dispositions applicables aux zones à urbaniser en priorité
      Chapitre VI   Dispositions particulières aux jardins familiaux

Titre II. Réserves foncières
    Chapitre I   Réserves foncières
    Chapitre II   Concession à l'usage de certains terrains urbains
Titre III. Droits de délaissement

LIVRE TROISIÈME
AMÉNAGEMENT FONCIER
Titre I. Opérations d'aménagement
    Chapitre I   Zones d'aménagement concerté
    Chapitre II   Rénovation urbaine
    Chapitre III   Restauration immobilière et secteurs sauvegardés
    Chapitre IV   Protection des occupants
    Chapitre V   Lotissements
    Chapitre VI   Sanctions pénales relatives aux lotissements
    Chapitre VII Amélioration de certains lotissements
    Chapitre VIII Dispositions relatives à certaines opérations
Titre II. Organismes d'exécution
    Chapitre I   Établissements publics d'aménagement
    Chapitre II   Associations foncières urbaines
    Chapitre III   Chambres de commerce et d'industrie et chambres de métiers
    Chapitre IV   Établissements publics fonciers locaux
    Chapitre V   Établissement public d'aménagement et de restructuration des espaces commerciaux et artisanaux
Titre III. Dispositions financières
    Chapitre I   Fonds national d'aménagement foncier et d'urbanisme (abrogé)
    Chapitre II   Participation des constructeurs et des lotisseurs
    Chapitre III   Versement résultant du dépassement du plafond légal de densité (abrogé)
    Chapitre IV   Dispositions diverses (abrogé)
Titre IV. Dispositions particulières aux départements d'outre mer

LIVRE QUATRIÈME
RÈGLES RELATIVES À L'ACTE DE CONSTRUIRE
ET À DIVERS MODES D'UTILISATION DU SOL
Titre I. Certificat d'urbanisme
Titre II. Permis de construire
    Chapitre I   Régime général
    Chapitre II   Exceptions au régime général
    Chapitre III   Permis de construire à titre précaire
    Chapitre IV   Dispositions générales relatives aux impositions dont la délivrance du permis de construire constitue le fait générateur
Titre III. Permis de démolir
Titre IV. Dispositions relatives aux modes particuliers d'utilisation du sol
    Chapitre I   Clôtures
    Chapitre II   Installations et travaux divers
    Chapitre III   Camping et stationnement des caravanes

Le code français de l'urbanisme 211

Chapitre IV   Habitations légères de loisirs
Chapitre V   Remontées mécaniques et aménagements de domaine skiable
Chapitre VI   Dispositions diverses

Titre V. Dispositions diverses

Chapitre I   Dispositions propres à certaines utilisations de surfaces bâties
Chapitre II   Dispositions relatives à la région parisienne

Titre VI. Contrôle

Titre VII. Départements d'outre-mer

Titre VIII. Infractions

Titre IX. Dispositions communes au titre III du livre Ier, au chapitre V du titre Ier du livre III et aux titres Ier à IV et VI du présent livre

LIVRE CINQUIÈME
IMPLANTATION DES SERVICES, ÉTABLISSEMENTS ET ENTREPRISES
Titre I. Dispositions administratives générales
Titre II. Dispositions financières concernant la région parisienne
Titre III. Implantation hors de la région parisienne de certaines activités
Titre IV. Construction ou aménagement des immeubles à usage industriel en vue de leur revente
Titre V. Sanctions

LIVRE SIXIÈME
DISPOSITIONS RELATIVES AU CONTENTIEUX DE L'URBANISME
Titre II. Dispositions diverses

AS TENTATIVAS EM ITÁLIA DE CODIFICAÇÃO
DO DIREITO DO URBANISMO

Prof.ª Doutora Maria Alessandra Sandulli
(Universidade de Roma)

L'exigence d'une codification des lois sur l'urbanisme est particulièrement d'actualité aujourd'hui en Italie.

Les nombreux et souvent conflictuels intérêts présents sur le territoire imposent de chercher des instruments pour leur meilleure composition parmis une source souhaitablement unique ou, au moins, à un même niveau d'administration.

Au contraire, au cours de ces dernières années, on a vu progressivement augmenter les sources et les compétences législatives et administratives affectantes l'aménagement du territoire, ainsi que la protection des biens plus globalement reconduits à l'environnement.

Comme récemment rappelé par le Conseil d'État dans un important arrêt en Assemblée Plénière en matière de protection du paysage, la stricte connexion entre ce dernier (dont la liaison avec les choix d'urbanisme est *in re ipsa*) et l'environnement a été, par vrai, plusieurs fois souligné par la Cour Constitutionnelle et trouve d'ailleur confirmation dans le traité institutif de la Communauté européenne (comme modifié par le traité d'Amsterdam du 1999), qui, au titre XVI et à l'art.130R (de l'environnement) se réfère "à la politique de la Communauté sur l'environnement" (visant à la protection, la sauvegarde et l'amélioration de la qualité de l'environnement) et à l'art. 130S, immédiatement successif, affirme la compétence du Conseil sur l'aménagement du territoire et la destination des sols.

Et il n'est pas difficile imaginer les conflits entre les grands ouvrages publics (autoroutes, aéroports, réseaux de télécommunication, etc.) ou les grands établissements industriels ou même simplement les exigences habitatives et structurelles de toute population moderne et l'environnement, tandis qu'on voit naître les premiers conflits entre ce dernier et la protection du paysage: je pense au problème des centrales éoliennes, et particulièrement en Italie. Le nécessaire interférence entre la protection de l'environnement – lu comme «valeur» et les autres intérêts sur le territoire a été aussi très récemment souligné par notre Cour Constitutionnelle dans l'ârret 407 du 26 juillet dernier.

Encore, on ne peut pas oublier le rapport d'interférence qui court entre les choix urbanistiques et la politique commerciale, dont on a eu occasion de parler au dernier colloque de l'AIDRU en septembre 2001.

C'est pour cette raison que le droit de l'urbanisme, né pour disci-pliner de façon ordonné la construction des villes et confié en consé-quence au pouvoir de réglementation des municipalités, a dans le temps acquis une dimension de plus en plus importante, jusqu'à intéresser plus globalement le "gouvernement du territoire".

En Italie, plus en particulier, l'on distingue entre: a) le droit de l'urbanisme, affectant les choix de destination du territoire et par con-séquent la division de ce dernier en zones homogènes (résidentielles, industrielles, agricoles, vertes, etc.) selon l'utilisation particulière que l'Administration compétente a établi d'y admettre ou bien d'y imposer et la localisation des installations d'intérêt public (écoles, hopitaux, etc.), auquel est pourtant aussi confié la "conformation" de la propriété foncière et, b) la discipline administrative des constructions (ce que nous appelons "edilizia") qui, dans le cadre des choix de zonage préa-lablement effectuées par les plans d'urbanisme, réglemente le contrôle public sur l'activité de construction (du permis de construire aux mesu-res de répression ou d'éventuelle rémission des abus).

Le premier a été confié par la loi 1150 du 1942 (loi d'urbanisme fondamentale, encore en vigueur) a un système de plans organisés selon une structure pyramidale ou en cascade, dont le principal est le plan directeur général (p.r.g.), substitué parfois par le plus simple ins-trument du "programme de fabrication" (p.d.f.), adopté par les Com-munes et approuvé par la Région, ou, en cas de délégation de celle-ci, par la Province, et agissant à niveau municipal pour définir le dessin du développement de l'agglomération urbaine et du reste du territoire selon les grandes orientations confiées aux plans d'aménagements régio-naux (pour la plupart ni approuvés ni opérants) et, plus récemment, aux plans de coordination de niveau provincial (l. n. 142 du 1990).

Les choix des plans directeurs, qui, au contraire de ceux régio-naux et provinciaux, expliquent une directe efficace sur l'utilisation du territoire, sont mieux développées et actualisées par les divers plans particuliers (ou bien par les plans à lotir) affectant aux diverses parties du territoire ou par les divers plans de secteurs, qui, parfois et de plus en plus remettent en cause, lors de l'exécution, les choix d'urbanisme précédentes, constituant souvent des véritables "variables automatiques" des plans généraux (ce qui arrive, par exemple, très souvent dans le cas d'approbation des projets d'ouvrages publics ou bien pour les plans des habitations publiques). Et même si leurs effets ne sont pas toujours aussi évidents (comme dans le cas de la planification commercial), ils arrivent, sans doute, à conditionner directement ou indirectement l'actualisation des instruments de planification générale, selon une logique d'interaction réciproque, ainsi que les choix originaires des plans directeurs sont souvent modifiées, plus ou moin explicitement, par les plans de secteurs, avec des résultats sans doute pas positives sur la certitude des situations juridiques.

Le problème est plus grave si l'on considère qu'en Italie on vit à présent une période d'inflation textuelle. Le Parlement, le Gouvernement et maintenant les Régions semblent se disputer le sceptre de celui qui écrit le plus grand nombre de textes législatifs et plus en général normatifs. Il arrive ainsi que, ces dix dernières années, il n'y a eu guère de pause dans la frénésie législative et réglementaire qui n'a évidemment pas épargné l'urbanisme et l'environnement, l'attention vers lesquels, même à cause de la potentielle conflictualité des intérêts qu'ils visent à protéger est de plus entre les plus vives.

Aux projets de travaux publics dérogatoires aux plans (je rappelle pour tous les plus récentes dispositions avec lesquelles le Gouvernement italien a discipliné, il y a quelque semaine, la réalisation des installations affectantes les télécommunications, dont il est explicitement affirmé la force dérogatoire aux plans d'urbanisme), on a vu ajouter dans les dernières années une proliférations de plans de secteur (commerce, gestion de l'eau, du bruit, des risques naturels), qui, en multipliant les sources du droit que de quelque façon se lie à l'usage du territoire, rend chaque jour plus ardue la tâche des communes maîtres des plans d'urbanisme, ainsi que des citoyens, qui se trouvent obligés à demander un nombre de plus en plus haut de permis pour réaliser une même activité constructive et, surtout, doivent rechercher dans la surdite multiplicité de sources, le régime d'utilisation de leurs biens: car, par un côté la loi fondamentale du 1942, modifié par la loi 765 de 1967, tout en dessinant les principales lignes directrices du système de planification du territoire, n'est à présent qu'une des sources législatives qui (au niveau de l' État ou des Régions) règlent ou influencent l'aménagement de ce dernier, et par l'autre, ces sources ne sont pas toujours de simple identification, dès que souvent les dispositions sur l'urbanisme sont contenues dans des sources générales ou même dans des sources affectantes à d'autres secteurs, comme il est, par exemple, récemment arrivé pour des dipositions de «rémission» d'abus constructifs contenues dans une loi visant à la rémission des abus contributifs pour le travail des immigrés.

Au cours des dernières années on a pourtant plusieurs fois promis une nouvelle loi d'urbanisme pour reconduire le système en matière. Mais l'*iter* des projets différent a été toujours arreté à cause, surtout, de la difficulté de composer le conflit entre les supporteurs de la confirme d'un système de planification générale et ceux qui souhaitaient par contre le passage à un système pour grands projets, délivrés des schémas prédéfinis, aussi que pour la difficulté de trouver une solution satisfaisante au traditionnel problème d'une juste indemnisation des servitudes d'urbanismes discrétionnairement imposées sur la propriété foncière. Sur ce dernier côté, on souffre en plus la confusion crée par les nombreuses sources législatives et jurisprudentielles en matière d'expropriation pour cause d'utilité publique, auxquelles le législateur italien a lié à son tour le régime du droit de construire sur les zones résidentielles.

En 1977, avec l'adoption de la loi 28 janvier n.10, on visa à définir un nouveau régime de la propriété foncière à travers la proclamée séparation du droit de construire de la propriété du sol parmi la substitution de la vieille licence de construction (assimilable au permis français) avec le nouvel instrument de la «concession», subordonnée au payement non seulement d'une double contribution, liée d' un côté aux charges d'urbanisation et par l'autre à un nouveau «coût de construction», dans l'illusion que ce moyen pouvait être suffisant à mettre les propriétaires dans une situation d'indifférence aux choix des plans et dés lors justifier l'indemnisation des sols expropriés en mesure correspondante à la valeur des sols agricoles.

La doctrine, bientôt suivie par le Conseil Constitutionnel, mit quand même en évidence comme, au-delà du nom, la réforme n'était pas adéquate à son but, puisque le modeste coût de construction imposé aux propriétaires des sols édifiables n'était absolument pas suffisant à annuler l'avantage reconnu à ces derniers respects à ceux dont les sols avaient été destinés à zone verte ou à future expropriation. Et on recommença les passages du législateur – Conseil Constitutionnel – encore législateur, tristement commencés dès le 1968 (avec l'arrêt 55 du juge constitutionnel) et comme ça à suivre, tandis que les juges civils et la Cour de Cassation s'efforçaient d'interpréter l'ardu système de détermination de l'indemnisation, résultant des diverses sources législatives, en même temps que de délimiter la notion de sol «à vocation édifiable», indemnisable dès lors à un prix plus haut que les autres.

En même temps, l'instrument de la concession se révélait trop lourd pour les activités constructives plus modestes, telles que les modifications intérieures à bâtiments déjà réalisés ou les constructions pertinentes à ces derniers: avec dispositions particulières contenues dans diverses lois de secteurs ou, parfois, dans les lois générales (par cause définies lois «omnibus») on introduit, pourtant, l'instrument de l'autorisation à construire, dérogatoire au modèle de la concession, tandis que dans le nom de la simplification administrative, et en réactions à l'inertie souvent imputable à l'administration sur les requêtes de permis, on prévoyait par un côté la possibilité de substituer parfois les autorisations préalables (concession et autorisation) avec une acceptation implicite de la requête, déterminée automatiquement par le silence de l'administration sur cette dernière dans le délai prescrit, et par l'autre la renonciation au contrôle préalable sur les activités moins importantes et sa substitution par une déclaration du titulaire visante à informer l'administration de leurs début, aussi que son assomption de responsabilité sur la correspondance de l'intervention aux prescriptions normatives et aux plans locaux.

Tout ça, aussi que le complexe système de répression et de possible rémission des abus, ne contribuait pas sûrement à simplifier la matière, que, plus qu'autres secteurs, demanderait une réforme unitaire.

C'est probablement pour ça que le précédent Gouvernement, particulièrement sensible à l'exigence de textes normatifs unifiés, après avoir reconduit à système (au de là des fautes qu'on y puisse relever) la discipline des collectivités locales et celle des biens culturels et du paysage, avant de céder le sceptre à l'actuel Président Berlusconi a, dans ses vraiment derniers jours d'activité, accéléré l'iter d'approbation des textes unifiés des dispositions affectantes respectivement le régime administratif des constructions (ce qu'en Italie on appelle «edilizia») et qui concerne la règlementation de l'activité constructive pour les distances, la hauteur des bâtiments, les techniques de construction, etc., et le contrôle préalable et successif sur la même, sans toucher les choix d'utilisation du territoire qui appartiennent plutôt au droit de l'urbanisme en sense propre) et l'expropriation pour cause d'utilité publique. En application d'une nouvelle technique législative, déjà suivie pour les derniers textes unifiés, le Gouvernement, qui agissait en force d'une loi de délégation parlementaire, a réecrit la discipline des deux matiéres, tout en y introduisant des modifications visantes à simplifier son application, et affectantes soit les contenus que la source. En poursuivant la politique de délégification soutenue par le ministre pour la fonction publique Bassanini depuis 1997, les textes distinguent en particulier les nouvelles dispositions entre dispositions législatives (indiquées par la lettre L) et dispositions règlementaires (indiquées par la lettre R), en accomplissant comme ça le passage d'une partie de la matière de la source primaire à la source secondaire.

Les deux textes, approuvés respectivement le 24 et le 31 mai 2000 pour entrer en vigueur le 1er janvier 2001 ont, cependant, immédiatement – et prévu – suscités l'opposition du Gouvernement nouvel, qui, pour les raisons que je vais maintenant exposer, continue à en délayer l'entrée en vigueur, à présent fixée pour le texte sur l'edilizia le 1er juin 2003 et pour celui sur l'expropriation le 1er janvier prochain.

L'accélération que les dites dispositions (et surtout les deuxièmes) ont dû supporter dans la phase finale de leur approbation a par vraie sans doute facilité les critiques qu'elles ont soulevées non seulement au niveau politique.

Même si l'on ne pouvait pas méconnaître l'importance et l'utilité d'une reconstruction systématique de deux secteurs qui, depuis 1942 le premier et depuis 1865 le deuxième, avaient été objet de constantes modifications, en causant de conséquence d'évidents problèmes d'interprétation et d'application, les débats, les colloques et les commentaires, qu'ils ont évidemment stimulé dès leur première sortie ont tristement montré comme ces derniers étaient en effet encore loin de trouver une solution univoque dans les nouvelles dispositions unifiées.

Le thème de notre colloque m'impose de limiter mon attention au texte sur l'edilizia, qui – il faut le souligner encore une fois – n'affecte en tout cas pas la réglementation des plans d'urbanisme, sur laquelle toute reforme est encore au niveau de projet.

Comme j'ai dit, la loi de délégation donnait au texte un double but: a) réordonner et simplifier le langage (le style) des dispositions législatives et réglementaires du secteurs et, b), délégifier les dispositions affectant l'organisation et les procédures administratives.

Le texte contient dès lors trois types de dispositions: primaires de discipline substantielle (L); délégifiées, affectant la procédure et l'organisation (R); réglementaires dès leurs origine (R).

Il est articulé en deux parties, dont la deuxième, de niveau R, affectant les normes techniques de construction.

Dans la première partie le texte avait l'incontestable mérite de reconduire les diverses types d'autorisation sous un même titre, nommé cette fois «permis» pour empêcher toute sorte de confusion avec les précédents, mais sujet néanmoins au payement de la dite double contribution. En bouleversant complètement le système dessiné par la réforme du 1977, le législateur de 2000 indiquait spécifiquement les activités sujets à ce contrôle préalable, introduisant dès lors le principe que non plus toute transformation du territoire nécéssitait de permis, mais seulement celles ci qui étaient ponctuellement individualisées par une loi de l'État ou des Régions, tandis que les autres interventions pouvaient être entreprises parmis une simple déclaration de début, (DIA) accompagné par une assomption de résponsabilité du requerrant sur leur conformité aux règles du secteur. Les activités sujets à permis selon la liste contenue dans le texte unifié peuvent substantiellement être reconduites à trois grandes typologies: réalisation de nouveaux bâtiments, restructuration complète d'agglomérats préexistants, restructuration de bâtiments préexistants, si telles d'en augmenter les unités immobilières ou d'en modifier la figure extérieure ou les surfaces, ou même, dans les centres citoyens, la destination.

Le permis, présupposant évidemment le respect des plans d'urbanisme et des dispositions réglementaires établies par les Communes (sauf particuliers cas dérogatoires pour les constructions d'intérêt public), pouvait être demandé à un bureau spécial unifié («Sportello unico»), localisé dans la Commune, qui avait la charge de recueillir les autres autorisations éventuellement nécessaires pour la même construction, tandis que le choix du titre de contrôle demandé à fin d'urbanisme perdait toute liaison avec l'intérêt du bien à fin culturel ou de paysage, confié seulement aux autorités compétentes sur ces derniers, dont l'autorisation constituait évidemment une condition nécessaire pour le début de l'activité constructive.

Encore, le texte unifié refusait définitivement la voie de l'acceptation implicite de la requête, ainsi que celle de la rémission des abus contraires au régime en vigueur au moment de la construction. Les derniers articles de la première partie offraient, enfin, une bonne reconstruction du système des mesures de répression, articulès en mesures administratives (confiscation, réintégration de la situation préexistante ou peine pécuniaire), et en mesures civiles (nullité des actes relatifs aux biens réalisés contre lois) et pénales (réclusion ou peine pécuniaire).

Aucune disposition ne s'occupait cependant spécifiquement des sortes des sols sujets à servitudes d'urbanisme qui avaient perdu leur efficacité pour n'avoir pas été traduites en actes d'expropriation, tandis que le texte confirmait expressément le principe général qu'en absence de plan, le droit de construire était contenu entre les limites des sols agricoles.

Je n'entrerai pas plus spécifiquement sur les contenus du texte, ni sur les problèmes d'interprétation posés par ses dispositions ou par ses omissions: car, le problème principale soulevé par le texte du 24 mai 2000 a été immédiatement et justement identifié avec sa compatibilité avec la survenue (mais au temps déjà approuvée) reforme du titre V de notre Constitution, qui a radicalement modifié l'ordre des rapports et des compétences législatives et administratives entre l'État, les Régions et les collectivités territoriales locales.

Même si l'absence d'une chambre législative représentative des Régions empêche encore de considérer l'Italie un État fédéral, le rôle de ces dernières a acquis (à la suite de la loi constitutionnelle n. 3/2001, confirmée le 7 octobre par le premier référendum constitutionnel confirmatif de notre histoire) une importance absolument primordiale dans l'organisation de notre Pays.

Mais la reforme ne s'arrête pas aux rapports entre État et Régions puisque elle intéresse, de façon plus générale, toutes les administrations représentatives des collectivités territoriales locales. Le sens de la réforme est explicité de façon absolument claire par le nouvel article 114 qui, avec une formule forte significative, récite que «la République est constituée par les Communes (qui sont donc indiquées en premier), les Provinces, les Villes Métropolitaines, les Régions et (en dernier) l'État». L'ordre de l'énumération est par lui même suffisant pour souligner le changement radical, par rapport au précédent système, et le nouveau rôle des Communes, qui comme les Provinces et les Villes Métropolitaines, sont a présent des vraies administrations autonomes titulaires de statuts, pouvoirs et fonctions, selon les principes fixés par la Constitution et ne sont donc plus dépendantes des choix de la loi ordinaire de l'État.

De façon encore plus évidente, les fonctions administratives sont, à présent, attribuées aux Communes, sauf que, au but d'en assurer l'exercice unitaire, elles ne soient allouées, selon les nécessités, aux Provinces, aux Villes Métropolitaines, aux Régions ou bien à l'État en application du principe de subsidiarité.

Le nouvel art. 118 a, en effet, constitutionnalisé ce principe qui avait été introduit par les lois Bassanini du 1997, en l'intégrant par les principes de différentiation (selon lequel la distribution des fonctions doit être mise en place en tenant compte des caractéristiques spécifiques – voir territoriale, démographique, structurale – des différents sujets) et d'adéquation (c'est-à-dire la nécessité que la structure administrative destinataire d'une certaine fonction soit capable de la gérer au mieux). De plus, le principe de subsidiarité est entré dans la Constitution italienne dans sa double signification: verticale et horizontale.

Mais pour ce qui plus directement nous intéresse, dans la reforme du Titre V, la constitutionnalisation des principes introduits par les lois Bassanini a été accompagnée par une générale redéfinition des rapports entre le pouvoir législatif de l'État et le pouvoir législatif des Régions, en rapprochant, ainsi, l'Italie aux modèles fédéralistes. En quittant le model traditionnel qui indiquait les matières de compétence des Régions, tout en reconnaissant à l'État une compétence législative générale sur tout secteur que n'était pas expressément remis au pouvoir législatif régional, le texte réformé de l'art. 117 reconnaît le pouvoir législatif de façon paritaire aux sujets mentionnés, en les subordonnant exclusivement au respect des dispositions constitutionnelles et des limitations déterminées par le droit communautaire et international.

Les chambres législatives de l'Etat et des Régions, sauf que pour ce qui concerne les compétences partagées, desquelles je parlerai par la suite, se trouvent sur le même plan et sont également conditionnées et limitées dans leur autonomie exclusivement par des sources supérieures, c'est à dire par la Constitution et par les sources du droit communautaire et international.

A propos du nouveau rapport entre le pouvoir législatif de l'État et le pouvoir législatif des Régions qui, comme l'on disait, constitue une des nouveautés les plus frappantes de la reforme, on est passé, en effet, d'une énumération «fermé» des matières confiées à la compétence régionale (l'État gardant la compétence dans toutes les matières qui ne figuraient à l'art. 117) à une répartition de compétences législatives «ouverte», puisque les Régions disposent, à présent, d'une compétence législative générale dans tous les domaines sauf ceux réservés à l'État.

Le nouvel article 117 a introduit trois types de compétences législatives:

a) domaines de compétences exclusives de l'État: l'article prévoit une longue énumération – qui a déjà été, pour plusieurs raisons, au centre de nombreux débats en doctrine – des domaines dans lesquels l'État est le seul titulaire du pouvoir législatif;

b) domaines de compétence partagée entre État et Régions: il s'agit d'une sorte de compétence déjà prévue par le vieux texte constitutionnel, qui a subi des modifications importantes pour ce qui concerne le nombre et la sorte des matières énumérées. Dans ces domaines, l'État est chargé de déterminer seulement les principes fondamentaux qui doivent assurer une certaine homogénéité en la matière dans tout le pays, tandis que les Régions doivent, par la normative de détail, discipliner de façon concrète la matière en fonction des exigences et des caractéristiques propres de chaque Région;

c) domaines de compétence générale des Régions: c'est dans ce genre de compétence (jusqu'à présent attribuée seulement aux Régions avec autonomie spéciale) qu'on perçoit l'intention fédéraliste du législateur constitutionnel italien, qui s'est inspiré du modèle allemand de définition des compétences entre les *Länder* et le *Bund*. En vertu du principe «ouvert» de répartition des compétences qui a été déjà souligné, le nouvel article 117 contient une disposition clé de toute la réforme, celle qui accorde aux Régions le droit et le pouvoir de légiférer dans toutes les matières qui ne relèvent ni des compétences exclusives de l'Etat ni des compétences partagées des Régions. Dans la mesure où ceux-ci ne sont pas définis, l'identification des domaines de compétence générale des Régions n'est pas aisée et dépendra en grande partie de la pratique constitutionnelle. En effet, malgré le principe de loyauté et coopération souhaité à plusieurs reprises par la Cour Constitutionnelle comme devant inspirer les rapports entre l'État et les Régions, on prévoit des innombrables recours aux juges constitutionnels pour la définition exacte de limites de cette compétence. Il apparaît, de toute évidence, que des secteurs importants tels que l'agriculture ou l'industrie sont très probablement laissés à la compétence générale des

Régions: ce qui veut dire que l'État devra accepter de faire marche arrière pour laisser aux Régions la place à laquelle elles ont droit.

De façon analogue, des gros problèmes pourraient être soulevés en relation à la discipline de l'urbanisme, puisque l'art. 117 indique parmi les matières de compétence partagée seulement « l'aménagement du territoire », correspondant à une définition plus complète et actuelle du terme urbanisme, qui, comme l'on a dit, a été traditionnellement distingué du régime des constructions (identifié plutôt sous le nom «edilizia»), ainsi que certaines Régions ont déjà saisi la Court Constitutionnelle, en réclamant une compétence générale sur la législation ayant plus spécifiquement par objet ce dernier secteur, discipliné *in extremis* par notre texte unique et dont l'entrée en vigueur dans un système ainsi modifié susciterait certainement la même réaction; de plus si, comme les lois de délais ont prévu, le texte sera modifié respect à celui approuvé avant l'entrée en vigueur de la reforme constitutionnelle.

Le secteur semble pourtant devoir définitivement renoncer à un texte unifié pour le territoire national, restant par contre remis à présent aux Régions la tâche de fixer, dans leurs territoires, des disciplines unifiées, sauf le pouvoir de l'État, reconductible à mon avis aux choix directeurs de l'aménagement du territoire, d'identifier l'instrument minimal de contrôle sur les constructions et sauf, évidemment, la compétence absolue de celui même sur les conséquences pénales des abus. En tout cas, comme j'irai mieux expliquer ici à suivre, l'État a renoncé à tout pouvoir réglementaire, sauf que dans les matières relevantes de sa compétence exclusive: par conséquent, le texte unique devrait abandonner ses dispositions R.

Mais la réforme pose des délicats problèmes d'interprétation aussi en relation aux limites du pouvoir législatif de l'État sur les matières de compétence partagée, dont fait partie, comme l'on a dit, l'aménagement du territore. En modifiant radicalement le texte du 1948, le nouvel art.117 a, en effet, indiqué les Régions comme les sujets titulaires du pouvoir législatif sur ces matières, confiant à l'État seulement le pouvoir/devoir d'en déterminer les principes fondamentaux, ainsi que, au contraire qu'avant la réforme, l'État ne devrait plus avoir la possibilité d'adopter des disposition détaillées dans ces matières, temporairement valables jusqu'à l'exercice des pouvoirs législatifs des Régions. Je parle au conditionnel, car la doctrine est encore bien loin de trouver une solution unitaire à ce propos, ainsi que, encore une fois, il sera difficile comprendre si certaines dispositions sont légitimes ou non. Ce qui peut causer un certain nombre de problèmes si l'on considère que les juges du pénal ont parfois condamné les entreprises qui avaient appliqué une loi régionale plus favorable qui dérogeait, de façon illégitime, aux règles fixées par la loi de l'État sur le contrôle préalable des constructions.

Le même problème se pose, en effet, pour les règlements: j'ai ci-dessus rappelé comme, avec la réforme constitutionnelle, le Gouvernement a été dessaisi du pouvoir réglementaire sur les matières de compétence partagée, dans lesquelles le pouvoir normatif de deuxième rang a été, par contre, réserve aux Régions. En Italie on ressent, par conséquent, de façon très forte, le problème et la possibilité que, au cas ou les Régions tardent à concrétiser leur pouvoir réglementaire, l'État puisse, de quelque façon, les remplacer.

Une telle éventualité est, en effet, expressément prévue, pour les cas plus graves d'inertie, par l'art. 120 (alinéa 2) du nouveau texte constitutionnel, qui établi que «le Gouvernement peut, éventuellement, remplacer les organes des Régions, des Villes Métropolitaines, des Provinces, des Communes, sans limitations territoriales, en cas de violation de normes et traités internationaux et normes communautaires ou en cas de grave menace pour la sécurité publique, ou lorsque l'intervention devient indispensable en considération de la nécessité de préserver l'unité juridique ou économique, notamment pour garantir les niveaux essentiels en ce qui concerne les droits civils et sociaux. La loi définit les procédures pour que les pouvoirs de substitution soient exercés dans le respect du principe de subsidiarité et du principe de la coopération loyale». Il s'agit d'une norme tellement vague et confuse qui, telle qu'elle est, pourrait tout dire et légitimer: un État omniprésent tout comme un État complètement absent. Il faudra donc, une fois de plus, attendre le législateur national pour comprendre l'effective influence de cette norme sur le rapport entre l'État et les Régions.

En revenant plus strictement à nos sources secondaires, le nouveau titre V définit le pouvoir réglementaire des Régions et des autres collectivités territoriales à l'art.117, alinéa 6. La réforme réserve aux règlements régionaux des dispositions spécifiques et très incisives: les Régions ont explicitement, désormais, le pouvoir d'utiliser les règlements (source de rang secondaire) pour discipliner non seulement *iure proprio* les matières qui relèvent de leur compétence législale exclusive et partagée, mais aussi celles que l'État leur délègue d'entre celles qui relèvent de sa compétence exclusive. Les règlements régionaux représentent, donc, un potentiel énorme pour les Régions qui peuvent, par cette voie, discipliner des matières qu'elles ne pourraient pas atteindre par la loi régionale: on suppose, en effet, que le Parlement pourra, à présent, utiliser les deux sortes de règlement de la même manière. Ce qui veut dire que le règlement régional aurait acquis la même dignité de celui du Gouvernement et qu'il pourrait être utiliser pour remplir les mêmes fonctions: le législateur choisira l'un ou l'autre en considération de l'instrument qui, concrètement, apparaît le plus approprié pour gérer la situation qui se présente. Et une application de ce pouvoir pourrait s'y avoir vraisemblablement et souhaitablement pour la composition des intérêts confiés à l'État et aux Régions sur le territoire. Je pense en particulier à la compétence exclusive de l'État sur la protection de l'environnement, de l'écosysteme et des biens culturels et du paysage et à l'exigence de sa composition avec les compétences partagées des Régions (sur lesquelles, comme j'ai rappelé, l'État a tout simplement le pouvoir d'indiquer les principes fondamentaux) en matière de protection civile (c'est à dire les dispositions à protections des calamités naturelles, à défense des sols des risques idrogéologiques, etc), d'aménagement du territoire, de ports et d'aéroports civiles, de grandes routes de communications, de production, de transports et de distribution de l'énergie, de valorisation des biens culturels et du paysage. Avec le surnommé arrêt n. 407/2002 la Cour Constitutionnelle a par vraie souligné que l'environnement – et le discours pourrait s'adapter aussi au paysage, à la santé, etc. – est surtout une valeur, dont l'État doit pourtant indiquer les niveaux minimums de garantie, sans comme ça empêcher aux Régions de conformer à cette même valeur ses instruments de protections des autres intérêts diversement confiés à sa compétence exclusive ou partagée. Je me demande en tout cas si une loi de délégation de l'État au pouvoir réglementaire des Régions sur les matières confiées à sa compétence exclusive pourrait faciliter, au moins au niveau régional et sauf évidemment le respect des réserves de lois, une reconstruction unitaire des règles de discipline des diverses activités.

Les règlements régionaux posent, cependant, encore beaucoup de questions et de problèmes: comment sera réglée la procédure pour l'approbation (pour le savoir il faudra attendre les nouveaux statuts régionaux)? Qui sera le titulaire du pouvoir règlementaire (qui, dès la loi n. 1/99, peut être aussi exercé au par la giunta regionale, l'organe qui représente le pouvoir exécutif des Régions)? Quelle autonomie auront les règlements par rapport aux lois régionales? Quels genres de règlements peuvent être considérés légitimes au niveau régional? Ce nouvel élan de l'instrument réglementaire, déterminé par la reforme du Titre V, a contribué par vrai à raviver la perplexité de la doctrine devant l'aptitude du législateur à déléguer et à laisser de plus en plus de pouvoir et de compétence à une source (le règlement) qui ne peut pas être l'objet du contrôle de constitutionnalité par la Cour Constitutionnelle, étant celui-ci limité aux lois et aux sources de rang primaire.

L'influence de la réforme constitutionnelle sur une éventuelle codification de notre matiére ne s'arrête en tout cas pas aux rapports État-Régions. L'art. 117, al. 6, a introduit, *ex novo*, un autre pouvoir réglementaire: celui des collectivités territoriales mineures – Communes, Villes Métropolitaines et Provinces, qui peuvent utiliser les règlements pour discipliner «l'organisation et le déroulement des fonctions qui leur sont attribués». Tout comme ceux régionaux, ces règlements posent des nombreux problèmes qui seront probablement résolus seulement par leur mise en œuvre, problèmes qui relèvent, d'un côté, de leur rapport avec les règlements des Régions et, de l'autre, de l'extensionet de l'effectivité de leur autonomie. Pour ce qui concerne le premier point, il faut considérer que l'autonomie réglementaire des Régions – qui, on a vu, est théoriquement très étendue – doit être redéfinie et limitée en considération de la garantie constitutionnelle du pouvoir réglementaire des collectivités territoriales mineures. Les règlements des Régions sont, donc, limités des deux côtés: du haut par l'État, du bas par les autres collectivités territoriales. Cependant, si l'État a, théoriquement, les instruments pour faire valoir ses compétences et, éventuellement, l'illégitimité des règlements régionaux – par la voie du recours pour conflit d'attribution entre État et Région – les collectivités territoriales mineures ne peuvent pas, en tant que telles, invoquer les juges constitutionnels et on s'interroge sur la façon dont celles-ci pourront faire respecter leur nouvelle prérogative réglementaire. L'autre question relève de la place qui, au niveau des sources du droit, va être attribuée à cette nouvelle source. Il faut, en effet, considérer que pour que les collectivités territoriales puissent définir leurs règlements il faut, tout d'abord, une loi – régionale ou de l'État – qui attribue aux collectivités des compétences: cependant, on peut douter que les rapports entre la dite loi et les règlements puissent être gérés tout simplement par le principe de hiérarchie. Il faudra donc vérifier, dans les faits, quel rôle va être joué par le principe de compétence (séparation) en considération de la nouvelle version du texte constitutionnel.

Dans ce cadre général je n'ai pas cru correct fixer mon rapport principalement sur les contenus du texte unifié du 24 mai 2000, qui représente désormais une tentative pas trop bien reussie de l'État de mettre ordre dans une matière dont il a été désormais dessaisi, et pour des exemples de discipline unitaire de laquelle l'on devra plus correctement attendre les Régions.

PAINEL V

UM CÓDIGO DE URBANISMO: ESTRUTURA E CONTEÚDO

UM CÓDIGO DE URBANISMO: ESTRUTURA E CONTEÚDO

Prof. Doutor *Fernando Alves Correia*
(Faculdade de Direito da Universidade de Coimbra)

I – *Enquadramento geral*

Quando falamos da conveniência e das vantagens da elaboração e da aprovação de um *Código de Urbanismo* no nosso país, não podemos deixar de definir, com alguma clareza, as balizas da *codificação* daquela *área especial* do direito administrativo.

A primeira *nota* que queremos registar é a de que a *codificação* do direito do urbanismo português é algo de substancialmente diferente do movimento de codificação surgido nos vários países europeus no período liberal, como expressão da racionalização do direito[1]. Um tal movimento codificador – que abrangeu os mais importantes ramos do direito – assentava em pressupostos políticos, filosóficos, jurídicos, económicos e sociais bem diversos dos que estão subjacentes à ideia codificadora do direito do urbanismo.

Com efeito, os códigos pós-revolucionários, fortemente influenciados pelo liberalismo político e económico, eram encarados como *obras definitivas,* que continham a disciplina da totalidade das relações sociais[2]. De facto, como sublinha Fernando José Bronze, o voluntarismo da época sustentou a possibilidade de se condensar, racional, sistemática e imutavelmente, num Código, todo um pré-determinado domínio jurí-

---

[1] Cfr. Mário Reis Marques, *O Liberalismo e a Codificação do Direito Civil em Portugal, Subsídios para o Estudo da Implantação em Portugal do Direito Moderno,* Separata do Vol. XXIX do Suplemento ao BFDUC, Coimbra, 1987, p. 126 e segs.

[2] Cfr. Mário Júlio de Almeida Costa, *História do Direito Português,* 2ª ed., Coimbra, Almedina, 1992, p. 404-407.

dico-dogmático: o direito civil estaria todo no Código Civil, o direito comercial no Código Comercial, etc.[3].

Nesta "ambiance" política, filosófica e jurídica, despontou facilmente o positivismo: o direito identificava-se com a lei e qualquer problema seria resolvido através do formalismo de uma dedução lógica do sistema para o caso concreto. Como realça M. J. Almeida Costa, com as codificações do século XIX, negava-se ao julgador a mínima função criadora, que assim se transformava em mero autómato do silogismo judicial. Também desta maneira se prestava vassalagem à certeza e à segurança do direito, consideradas então como valores fundamentais[4].

Ora, é sabido que os pressupostos filosóficos, metodológicos e jurídicos do racionalismo e do positivismo inerentes ao movimento codificador do século XIX estão hoje claramente ultrapassados.

Por isso, o que se pretende com a elaboração e aprovação de um *Código de Urbanismo* é algo de muito diferente dos códigos do século XIX. Mas o almejado Código do Urbanismo é também uma obra com um alcance muito menos ambicioso do que as actuais codificações do direito civil, do direito comercial, do direito penal, do direito processual civil e do direito processual penal. É que estas codificações pretendem concentrar a totalidade ou pelo menos a generalidade das normas de um ramo ou de um sub-ramo de direito, constituindo, por isso, esses códigos, senão a fonte única de direito no âmbito desse ramo ou sub--ramo da ordem jurídica, ao menos a fonte principal, ao lado da qual poderão existir e vigorar leis acessórias ou leis especiais, justificadas pela especificidade dos regimes que consagram ou das matérias reguladas[5].

Então o que se pretende e quais os *objectivos* do Código de Urbanismo?

---

[3] Cfr. Fernando José Bronze, *Lições de Introdução ao Direito*, Coimbra, Coimbra Editora, 2002, p. 713 e segs.

[4] Cfr. Mário Júlio de Almeida Costa, ob. cit., p. 407.

[5] Cfr. A. Rodrigues Queiró, *Codificação*, in Dicionário Jurídico da Administração Pública, Vol. II, 2ª ed., Lisboa, 1990, p. 454.

II – *Objectivos do Código de Urbanismo*

O objectivo principal é reunir, sistematizada e ordenadamente, o conjunto das *normas gerais* do direito do urbanismo, para que os utilizadores desta fracção da ordem jurídica, pessoas singulares ou colectivas, públicas ou privadas, profissionais ou amadores, possam encontrar num código o acervo normativo fundamental da matéria do urbanismo, sob uma forma tão simples quanto possível. Trata-se, assim, no contexto das grandes *formas* de *codificação,* de uma *codificação especial* ou de uma *codificação por matérias*[6].

As vantagens da elaboração e aprovação de um Código de Urbanismo – uma ideia, aliás, que tem, entre nós, pelo menos, cerca de trinta anos, uma vez que, já em 1973, o então Secretário de Estado do Urbanismo e Habitação, Dr. José Nogueira de Brito, declarou que se impunha a publicação de um Código de Urbanismo que, simultaneamente com a enunciação dos princípios básicos, coligisse toda uma série de normas integradas em diversos diplomas e lhes introduzisse as modificações entretanto aconselhadas pela experiência[7] – são enormes e já foram destacadas neste Colóquio.

Na verdade, a elaboração de um tal Código constituirá um remédio eficaz contra a dispersão, a dificuldade de concatenação e inclusive a colisão entre a pluralidade de *fontes gerais* do Direito do Urbanismo. Os benefícios de um Código de Urbanismo para os órgãos da Administração Pública com competências no domínio do urbanismo, para os tribunais, os particulares e, de um modo geral, para todos aqueles que se dedicam à "praxis" do urbanismo serão incomensuráveis.

Mas, como acentuou Michel Rocard, na sua alocução, em 1989, à *Comissão Superior Francesa de Codificação*, com o título "*La Relance de la Codification*", na elaboração de um Código – e, naturalmente, de um Código de Urbanismo – "deve pensar-se primeiramente nas pessoas a quem o direito se aplica do que naquelas que o aplicam"[8].

---

[6] Cfr. A. Rodrigues Queiró, *Lições de Direito Administrativo*, Vol. I, Coimbra, 1976, p. 608 e 609, e *Codificação*, cit., p. 454.

[7] Cfr. Fernando Gonçalves, *Evolução Histórica do Direito do Urbanismo em Portugal (1851-1988)*, in Direito do Urbanismo, coord. D. Freitas do Amaral, Lisboa, INA, 1989, p. 265.

Sublinhe-se que, mais recentemente, no exórdio do Decreto-Lei n.º 555/99, de 16 de Dezembro, o legislador assumiu como um dos seus *objectivos* a "*codificação integral do direito do urbanismo*".

[8] In *Revue Française de Droit Administratif*, N° 6 (3), 1990, p. 304.

234 *Um Código de Urbanismo para Portugal?*

Podemos, por isso, resumir tudo o que vem de ser referido com a afirmação de que a elaboração e aprovação de um Código de Urbanismo é, simultaneamente, um instrumento de modernização e de eficácia da administração urbanística e um instrumento de reforço do Estado de direito.

Esta última ideia de reforço do Estado de direito resultante da elaboração e aprovação de um *Código de Urbanismo* deve ser, segundo pensamos, bem realçada, já que é uma das suas principais virtudes. De facto, com ele o direito do urbanismo torna-se mais facilmente reconhecível, mais simples, mais claro, mais certo, mais estável e mais coerente, em relação a todos os seus destinatários[9]. É certo que a estabilidade do direito do urbanismo, derivada da aprovação de um Código, poderá, eventualmente, prejudicar a sua evolução e o seu progresso, na medida em que poderia cristalizar o direito existente. Cremos, no entanto, que esse inconveniente é facilmente obviado, promovendo, de tempos a tempos, a revisão do Código. Além disso, sempre serão possíveis, em qualquer momento, alterações pontuais, desde que reportadas aos correspondentes artigos do Código.

III – O âmbito do Código de Urbanismo

Sobre o *âmbito* do Código de Urbanismo, há um ponto que parece não suscitar quaisquer divergências: é o de que ele deve circunscrever--se às *normas gerais* do direito do urbanismo, excluindo-se, assim, por razões facilmente compreensíveis – desde logo, motivos de razoabilidade e de praticabilidade – as *normas locais* do direito do urbanismo, designadamente as normas dos planos, bem como os regulamentos municipais de urbanização e ou de edificação e os regulamentos municipais relativos ao lançamento e liquidação de taxas devidas pela realização de operações urbanísticas.

Ao restringirmos o *âmbito* do Código de Urbanismo às *normas gerais* do direito do urbanismo, queremos também significar que o Código deve conter tão-só *normas legislativas*. Não desconhecemos que o actual direito do urbanismo é composto também por importantes normas regulamentares do Governo, designadamente decretos-regulamen-

---

[9] Cfr. A. Rodrigues Queiró, *Codificação*, cit., p. 454.

Um código de urbanismo: estrutura e conteúdo 235

tares e portarias. Porventura, mesmo após a elaboração e a aprovação do Código de Urbanismo, algumas normas regulamentares terão de continuar a existir. Mas o seu número deve ser reduzido ao mínimo, devendo o Código disciplinar de uma forma tanto quanto possível *completa* e *exaustiva* as matérias, de modo a evitar a proliferação das normas regulamentares e, por essa via, a dispersão do ordenamento urbanístico.

Com o que vem de ser acentuado, ainda não fica resolvida a questão do *âmbito* do Código de Urbanismo, já que o ordenamento jurídico urbanístico não é constituído apenas por normas provenientes de *órgãos do Estado* (normas legais e regulamentares) e por normas regulamentares oriundas dos órgãos das *autarquias locais*, mas também por normas (legislativas e regulamentares) aprovadas pelos *órgãos competentes das Regiões Autónomas* dos Açores e da Madeira.

Ora, o artigo 65.º, n.º 4, da Constituição considera o ordenamento do território e o urbanismo como áreas onde estão coenvolvidos interesses *gerais*, *estaduais* ou *nacionais*, interesses *específicos* das regiões autónomas e interesses *locais*, em particular dos municípios, sendo, por isso, matérias onde se verifica uma concorrência de atribuições e competências entre a Administração estadual, regional (das regiões autónomas) e municipal[10]. E o artigo 228.º, alínea g), da Constituição considera de *interesse específico* das regiões autónomas "a utilização de solos, habitação, urbanismo e ordenamento do território", podendo, por isso, ser objecto de decretos legislativos regionais, dentro dos limites estabelecidos nos n.ºs 4 e 5 do artigo 112.º e nas alíneas a) a c) do n.º 1 do artigo 227.º da Constituição.

Sendo assim, pergunta-se: as normas urbanísticas de *origem regional* (de carácter legislativo e regulamentar) devem integrar o Código de Urbanismo? A resposta a este quesito é complexa. No entanto, propendemos a entender que as normas de direito do urbanismo de proveniência dos órgãos de governo próprio das Regiões Autónomas dos Açores e da Madeira não devem ser incluídas no Código de Urbanismo. *Primo*, porque incidindo a *normação urbanística* das regiões autónomas sobre aspectos que respeitam exclusivamente a essas regiões ou que nelas assumam particular configuração, será manifestamente excessivo que

---

[10] Cfr., sobre este ponto, o nosso *Manual de Direito do Urbanismo*, Vol. I, Coimbra, Almedina, 2001, p. 104-106; e a nossa obra *Evolução do Direito do Urbanismo em Portugal em 1997-1998*, in BFDUC, Vol. 74 (1998), p. 684 e 685.

um *Código de Urbanismo* congregue normas de uma tal natureza e cujo perímetro de aplicação é territorialmente circunscrito. Poderá dizer-se que a sua exclusão do Código de Urbanismo assenta em razões semelhantes às que justificam a não inclusão naquele Código de normas urbanísticas elaboradas e aprovadas pelos órgãos das autarquias locais. *Secundo*, a inclusão de normas urbanísticas regionais no Código de Urbanismo transformaria este numa obra demasiado *pesada* e *complexa* e, por isso, pouco *manejável*. Perderia, assim, uma boa parte da sua *utilidade*.

IV – Sentido e alcance do Código de Urbanismo

Cremos que sobre o ponto específico do *sentido* e *alcance* do Código de Urbanismo é também relativamente fácil alcançar uma solução consensual.

O Código não deve ser uma mera "compilação" ou "consolidação" jurídica do direito do urbanismo vigente, nem limitar-se a ser um simples repositório actualizado do actual direito do urbanismo. Deve ser uma obra mais ambiciosa. Não podendo deixar de exercer essa relevante função de reunir, organizar e sistematizar o direito do urbanismo que hoje temos, deve propor-se ser inovador, actualizando e reformando alguns capítulos – sobretudo os mais desajustados aos problemas hodiernos –, e realizar uma certa transformação jurídica, prosseguindo um escopo de modernização e de progresso.

Por outras palavras: o Código de Urbanismo que é desejável elaborar e aprovar entre nós deve realizar uma função de *síntese* do direito do urbanismo vigente e uma função *prospectiva* do direito do urbanismo que queremos para as primeiras décadas do século XXI.

V – Principais obstáculos à elaboração do Código de Urbanismo

Podem ser avançados alguns *obstáculos* à elaboração e aprovação de um Código de Urbanismo. Trata-se, porém, de obstáculos – poderemos, desde já, adiantar – susceptíveis de ser ultrapassados.

O primeiro tem a ver com um dos *traços particulares* do direito do urbanismo, que é a *mobilidade* das normas urbanísticas. Dir-se-á, com efeito, que um dos *traços particulares* do direito do urbanismo, entendido como uma *especialidade* do direito administrativo, é a *infixidez* ou *instabilidade* das suas normas, a qual se manifesta na alteração frequente das normas jurídicas aplicáveis ao todo nacional – e só destas nos interessa curar, pois apenas essas devem integrar o Código de Urbanismo –, devido essencialmente à evolução dos problemas colocados pelo ordenamento do espaço, bem como da maneira de os resolver[11]. Acrescentar-se-á, ainda, que o direito do urbanismo é uma disciplina jurídica recente, ainda não definitivamente formada e que revela, por isso, os defeitos próprios da sua juventude. E a consequência mais marcante do carácter recente desta disciplina jurídica consistirá na ausência de uma elaboração dogmática capaz de sedimentar conceitos jurídicos e de criar, no domínio dos seus princípios básicos, uma autêntica *communis opinio*[12].

A *mobilidade* e a *infixidez* das normas urbanísticas impediriam a elaboração de um Código de Urbanismo dotado de um mínimo de *estabilidade*. E a *juventude* do direito do urbanismo e a consequente ausência de um conjunto de *princípios* e *conceitos* fundamentais suficientemente consolidados e consensuais desmotivariam a elaboração, pelo menos para já, de um Código de Urbanismo, que teria o efeito perverso de cristalizar princípios e conceitos ainda insuficientemente sedimentados e consensualizados.

Estamos, porém, profundamente convencidos de que os referidos aspectos não constituem obstáculos suficientemente fortes à elaboração e aprovação, no actual estádio de evolução do direito do urbanismo, de um *Código de Urbanismo.*

No que respeita à *mobilidade* e *infixidez* das normas gerais do direito do urbanismo, precisamente um dos grandes objectivos que se pretende alcançar com o Código do Urbanismo é moderar a *instabilidade* que se tem verificado, nos últimos anos, no nosso ordenamento urbanístico e contribuir para que ele ganhe uma certa *estabilidade*, necessária para que ele seja mais eficaz. Acresce que a elaboração do Código de Urbanismo não é incompatível com uma certa mutabilidade das normas urbanísticas, traduzida quer nas revisões do Código, quer

---

[11] Cfr., sobre este ponto, o nosso *Manual de Direito do Urbanismo*, Vol. I, Coimbra, Almedina, 2001, p. 49 e 50.

[12] Cfr., sobre este assunto, a nossa obra *O Plano Urbanístico e o Princípio da Igualdade*, Coimbra, Almedina, 1989, p. 49 e 50; e René Cristini, *Droit de l'Urbanisme*, Paris, Economica, 1985, p. 5.

238 *Um Código de Urbanismo para Portugal?*

na introdução de alterações pontuais, desde que sempre reportadas a artigos do mesmo Código.

Por sua vez, o argumento da *juventude* do direito do urbanismo tem perdido valor, como é óbvio, com o decorrer do tempo. O direito do urbanismo já não é assim tão jovem!...

Se há vinte ou trinta anos atrás ainda se poderia falar de uma ausência de *princípios* e *conceitos* fundamentais do direito do urbanismo suficientemente sólidos e consolidados, hoje já não se pode fazer idêntico discurso. O actual direito do urbanismo é enformado por um conjunto de *princípios* e *conceitos* fundamentais – vários deles com assento constitucional –, à volta dos quais existe um amplo consenso e que constituem as paredes mestras do edifício jurídico urbanístico português. Aliás, um dos Títulos do Código de Urbanismo deverá, na nossa óptica, corporizar os *princípios* e *conceitos* essenciais do nosso direito do urbanismo, inspirando-se nas regras e princípios que compõem a *constituição do urbanismo*[13] e nos princípios e objectivos constantes da Lei de Bases da Política de Ordenamento do Território e de Urbanismo (Lei n.º 48/98, de 11 de Agosto).

O segundo *obstáculo* que poderá ser levantado é de *ordem constitucional*. De facto, uma importante novidade trazida pela Revisão Constitucional de 1997 consistiu na inclusão das "bases do ordenamento do território e do urbanismo" no elenco das matérias de reserva relativa de competência legislativa da Assembleia da República. Assim, de harmonia com o disposto na alínea z) do n.º 1 do artigo 165.º da Constituição, é da exclusiva competência da Assembleia da República, salvo autorização ao Governo, legislar sobre as "bases do ordenamento do território e do urbanismo". O sentido deste preceito é o de que pertence à Assembleia da República, sem prejuízo da delegação dessa competência ao Governo, a definição das grandes linhas que hão-de inspirar a disciplina jurídica do ordenamento do território e do urbanismo. Na reserva daquele órgão de soberania inclui-se, assim, a definição do quadro dos princípios básicos ou fundamentais daquela regulamentação, dos seus princípios reitores ou orientadores, os quais caberá depois ao Governo desenvolver ou concretizar em diplomas legislativos complementares, isto é, em decretos-leis de desenvolvimento, nos termos do artigo 198.º, n.º 1, alínea c), da Lei Fundamental.

---

[13] Sobre a problemática da *constituição do urbanismo*, cfr. o nosso *Manual de Direito do Urbanismo*, cit., p. 81-136.

A inovação constante da introdução na Lei Básica portuguesa da alínea z) do n.º 1 do artigo 165.º da Constituição reveste-se de particular significado, na medida em que impõe que as reformas legislativas respeitantes ao ordenamento do território e ao urbanismo sejam feitas em *duas etapas*: a da elaboração de uma "lei de bases", que define as linhas fundamentais ou os princípios básicos da disciplina jurídica daquelas matérias; e a do desenvolvimento, em decretos-leis, dos princípios ou das bases gerais condensados naquela lei. Ao impor que as reformas a introduzir nos diferentes diplomas legais sejam precedidas da aprovação de uma "lei de bases", contendo as grandes linhas inspiradoras da disciplina jurídica do ordenamento do território e do urbanismo, pretendeu a Constituição obstaculizar o aparecimento de reformas legislativas desarticuladas, incoerentes ou, inclusive, contraditórias, como tem acontecido no passado[14].

Ora, poderá pensar-se que a Constituição, ao apontar o caminho referido – o da elaboração, num primeiro momento, de uma *lei de bases* e, num segundo momento, de *decretos-leis de desenvolvimento* –, terá querido excluir a *unificação* num Código das normas gerais do urbanismo, pois aquele deverá ser constituído, na sua parte legislativa, por normas dotadas de igual valor, fenómeno que não sucede, como é sabido, com as leis de bases e os decretos-leis que as desenvolvem, os quais estão subordinados àquelas (cfr. o artigo 112.º, n.º 2, da Constituição).

Cremos, no entanto, que a solução gizada pelo legislador constituinte quanto à repartição de competências legislativas entre a Assembleia da República e o Governo nas matérias do ordenamento do território e do urbanismo não constitui um obstáculo inultrapassável à elaboração e aprovação de um Código de Urbanismo. E isto por três ordens de razões.

Em primeiro lugar, o Código de Urbanismo não poderá deixar de conter um Título condensador dos *princípios básicos* ou *fundamentais* do direito do urbanismo, dando, assim, cumprimento, ao estatuído na alínea z) do n.º 1 do artigo 165.º da Constituição. Em segundo lugar, o Código de Urbanismo, na sua totalidade, ou pelo menos na parte em que encerra os princípios reitores ou orientadores do direito do urbanismo, será aprovado por lei da Assembleia da República ou por decreto-lei do

---

[14] Cfr. a nossa obra *Evolução do Direito do Urbanismo em Portugal em 1997--1998*, in BFDUC, Nº 74 (1998), p. 686 e 687.

240 *Um Código de Urbanismo para Portugal?*

Governo, alicerçado em lei de autorização de autorização legislativa, sendo, também por esta via, observado o disposto no citado preceito constitucional. Em terceiro lugar, não existe qualquer regra ou princípio constitucional impeditivo da coexistência, num mesmo Código, de normas legais de valor jurídico diferente, designadamente normas constitutivas de bases gerais de regimes jurídicos e normas que desenvolvam ou concretizem as referidas bases gerais.

VI – Tipo de Código de Urbanismo

Do que foi referido até este momento pode inferir-se qual o *tipo* de Código de Urbanismo mais conveniente para o nosso País. Pensamos que é necessário elaborar e aprovar um Código *forte* e não um Código *fraco*.

Um Código *forte*, que não se limite, como já sublinhámos, a uma mera *compilação* do direito do urbanismo vigente, antes tenha um intuito *actualizador, inovador* e *reformador*.

Um Código *forte*, que não fique pela enunciação dos *princípios* ou *bases gerais* do direito do urbanismo, mas que discipline, de modo *coerente, completo* e *rigoroso*, os diferentes temas, matérias e institutos do direito do urbanismo geral e especial. Saber, porém, quais devem ser as matérias do direito do urbanismo geral e especial que devem fazer parte do *Código de Urbanismo* é uma questão de grande delicadeza, dada a enorme dificuldade de delimitação das fronteiras do *urbanismo* em relação a outras matérias com ele estreitamente conexas, como o *ordenamento do território*, o *ambiente* e a *habitação*.

Mas ao propormos um Código *forte*, queremos excluir a elaboração e aprovação de um "Maxi-Código", isto é, de um Código conglomerador de todas as normas urbanísticas, de natureza legal ou regulamentar, provenientes dos competentes órgãos do Estado e das Regiões Autónomas dos Açores e da Madeira, o qual abrangeria matérias muito numerosas e muito diversas, estaria desprovido de coerência e seria dificilmente manejável[15]. Não nos parece, por isso, adequada uma solução

---

[15] Cfr. Guy Braibant, *Allocution "La Relance de la Codification"*, in Revue Française de Droit Administratif, Nº 6 (3), 1990, p. 307.

– inspirada no modelo do *Code de l'Urbanisme* francês[16] – que inclua no Código de Urbanismo as normas de direito do urbanismo, de natureza legal e regulamentar, do Estado e das Regiões Autónomas, dividindo-o em duas Partes: uma *legislativa* e outra *regulamentar.*

Como já referimos, o Código de Urbanismo deve ser, na nossa óptica, um Código de *normas legais* emanadas dos órgãos legislativos do Estado, que tenha como objectivo disciplinar, de modo *sistemático, claro, coerente, rigoroso* e *completo,* os mais importantes temas, matérias e institutos do direito do urbanismo geral e especial.

VII – Estrutura e conteúdo do Código de Urbanismo

Antes de nos debruçarmos sobre os temas específicos da *estrutura* e do *conteúdo* do Código de Urbanismo, queremos fazer dois *reparos* importantes.

O primeiro é o de que não temos qualquer pretensão de apontar um *modelo* para a *estrutura* e *conteúdo* do Código de Urbanismo que é desejável elaborar e aprovar no nosso País. De facto, estamos perante uma problemática de tal modo complexa que não pode ser tratada e solucionada por *uma só pessoa* – por mais iluminada que seja, o que não sucede, de modo algum, no caso concreto – e que exige uma cuidada e demorada *reflexão* – a qual não pôde ainda ser feita. Vamos, por isso, limitar-nos a avançar algumas ideias muito genéricas – e com um valor muito provisório – sobre aquela temática.

O segundo reparo é o seguinte: toda e qualquer *estrutura* que seja avançada para um Código de Urbanismo e toda e qualquer indicação que venha a ser dada sobre o seu *conteúdo*, isto é, sobre as *matérias* ou *temas* que hão-de integrar um tal Código, comportam necessariamente algo de *subjectivo.* O que não significa, de modo algum, que possam ser algo de *arbitrário*, pois as soluções têm de basear-se em fundamentos *racionais* e *materiais* suficientemente sólidos.

Feitos estes dois *reparos*, importa, então, adiantar algumas notas sobre a *estrutura* e o *conteúdo* do Código de Urbanismo.

---

[16] Sobre a estrutura do *Code de l'Urbanisme* francês, cfr., por todos, H. Jacquot/ F. Priet, *Droit de l'Urbanisme*, 4ª ed., Paris, Dalloz, 2001, p. 18 e 19; e B. Lamorlette/ D. Moreno, *Code de l'Urbanisme, Commenté et Annoté*, Paris, Litec, 2001, p. XVII e XVIII.

Quanto à *estrutura*, pensamos que o Código de Urbanismo deve ser constituído, à semelhança do *Baugesetzbuch* alemão, por duas grandes *Partes*: a Parte I dedicada ao *Direito Geral do Urbanismo* e a Parte II reservada ao *Direito Especial do Urbanismo*. Esta abrange aqueles temas ou matérias cujo regime jurídico apresenta algumas particularidades ou especificidades em relação ao *direito geral do urbanismo*. Cada uma das duas Partes dividir-se-ia em Títulos, que agrupariam as grandes *matérias* ou os grandes *temas* que compõem cada uma delas, os quais se subdividiriam em Capítulos.

Assim, a Parte I seria constituída por oito Títulos. O primeiro integraria as *regras e os princípios fundamentais do direito do urbanismo*, colhidos essencialmente da Constituição e da Lei de Bases da Política de Ordenamento do Território e de Urbanismo (Lei n.º 48/98, de 11 de Agosto).

O segundo agruparia os *regimes particulares de ocupação do solo*, os quais prescrevem limitações à liberdade de modelação ou de conformação do conteúdo dos planos. Este segundo Título abrangeria diferentes Capítulos, tais como os dedicados ao regime jurídico da RAN, à disciplina jurídica da REN, ao regime jurídico da Rede Nacional de Áreas Protegidas, à disciplina da ocupação, uso e transformação da faixa costeira, ao regime das áreas florestais e à disciplina das servidões de urbanismo e restrições de utilidade pública de natureza urbanística.

O Título III seria dedicado ao *regime jurídico dos instrumentos de planeamento territorial*. Basear-se-ia essencialmente no conteúdo do Decreto-Lei n.º 380/99, de 22 de Setembro. Todavia, em alguns dos seus Capítulos, deveriam ser feitas benfeitorias, no sentido de a regulamentação das matérias ser mais completa e rigorosa.

O Título IV seria reservado ao *direito e política de solos*. Seria integrado por um capítulo respeitante ao *conceito e objectivos da política de solos* e por outro destinado à disciplina dos *mecanismos de intervenção* da Administração Pública nos solos urbanos. Pode dizer-se que a matéria do direito e política de solos é aquela que carece de uma mais profunda reformulação, dada a manifesta desactualização da actual Lei dos Solos, aprovada pelo Decreto-Lei n.º 794/76, de 5 de Novembro.

O Título V abrangeria o *regime jurídico da urbanização e da edificação*, baseando-se no actual Decreto-Lei n.º 555/99, de 16 de Dezembro, alterado pelo Decreto-Lei n.º 177/2001, de 4 de Junho. Mas, a par de alguns aperfeiçoamentos, pensamos que certas matérias, como, por exemplo, a respeitante aos *procedimentos especiais*, relativos às

Um código de urbanismo: estrutura e conteúdo 243

operações urbanísticas cujo projecto carece de aprovação ou de autorização da administração central, deverão ter no *Código de Urbanismo* um tratamento tendencialmente completo, para evitar a dispersão por legislação avulsa[17].

Por sua vez, o Título VI destinar-se-ia ao *direito administrativo da construção*. Reunir-se-iam aqui as regras técnicas e jurídicas mais importantes a que deve obedecer a construção de edifícios e que andam dispersas por vasta legislação avulsa. No que respeita aos edifícios destinados à habitação, teriam lugar neste Título não somente normas respeitantes à segurança, salubridade e estética das edificações, mas também normas que visam garantir, de acordo com os princípios do Estado de Direito Social, que as habitações sejam saudáveis e apresentem requisitos (de espaço, luminosidade, conforto, etc.) necessários para que se tornem verdadeiramente dignas do homem[18].

O Título VII versaria a matéria do *ilícito do urbanismo*, agrupando a disciplina das infracções às normas jurídicas urbanísticas, constitutivas de *ilícitos de mera ordenação social*, de *ilícitos penais*, de *ilícitos disciplinares* e de *ilícitos civis*.

Por último, a Parte I seria integrada pelo Título VIII, reservado às *garantias dos particulares* no âmbito do urbanismo. Especial tratamento teriam as *garantias jurisdicionais* ou *contenciosas*. Na disciplina do *contencioso do urbanismo, rectius,* do *contencioso administrativo do urbanismo*, deveriam ser objecto de especial atenção as *especificidades* que o mesmo deve ter em relação ao contencioso administrativo geral, quer no âmbito do *contencioso dos planos*, quer do contencioso dos *actos administrativos de gestão urbanística*.

A Parte II, dedicada, como já dissemos, ao *direito especial do urbanismo*, abarcaria três Títulos. O Título I teria por objecto a *fiscalidade do urbanismo*, isto é, a disciplina das taxas, impostos e contribuições especiais (v.g., encargos de mais-valia) relacionados com o urbanismo. O Título II regularia a matéria dos *bens culturais imóveis*, a qual percorre, hoje, transversalmente, o direito do urbanismo e está presente em múltiplos institutos, tais como os planos urbanísticos, as res-

---

[17] Cfr., sobre este ponto, o nosso *Direito do Ordenamento do Território e do Urbanismo (Legislação Básica)*, 4ª ed., Coimbra, Almedina, 2001, p. 389-392, e respectivas notas.

[18] Cfr., sobre este ponto, o nosso *Manual de Direito do Urbanismo*, Vol. I, cit., p. 47.

244 *Um Código de Urbanismo para Portugal?*

trições de utilidade pública, as servidões administrativas, incluindo as servidões *non aedificandi*, o direito de preferência da Administração na alienação de terrenos e edifícios e os actos de gestão urbanística (v.g., expropriações por utilidade pública, loteamentos e obras de urbanização e licenças ou autorizações de construção de edificações)[19].

Por seu lado, o Título III integraria a disciplina jurídica da *renovação urbana*, entendida esta como o conjunto de acções estruturadas, objecto de planificação global, de iniciativa dos poderes públicos, com ou sem a cooperação dos particulares (não englobando as acções, ainda que desejáveis, de iniciativa e responsabilidade privadas), que visam a requalificação de zonas urbanas, de modo a adaptar o "existente" carecido de intervenção aos objectivos urbanísticos de melhoria das condições de vida e de multifuncionalidade dos espaços urbanos, bem como aos fins ambientais de melhoria da qualidade do ambiente urbano e sociais de disponibilização de habitações em condições condignas e de luta contra a exclusão social. Caberiam, neste Título, vários Capítulos, tais como os respeitantes aos regimes jurídicos das "áreas críticas de recuperação e reconversão urbanística", das "áreas urbanas de génese ilegal e construção clandestina", da "eliminação dos bairros de barracas nas cidades e nas suas periferias e realojamento dos seus ocupantes", bem como os princípios fundamentais dos "programas de requalificação urbana e valorização ambiental das cidades" e dos "programas financeiros de combate à degradação do parque habitacional urbano" (não os programas em concreto, tais como o PRID[20], RECRIA[21], RECRIPH[22], REHABITA[23] e SOLARH[24], pois estes dependem de opções políticas e financeiras conjunturais).

---

[19] Cfr., sobre este ponto, a nossa obra *Propriedade de Bens Culturais – Restrições de Utilidade Pública, Expropriações e Servidões Administrativas*, in Direito do Património Cultural, coord. Jorge Miranda/J. Martins Claro/M. Tavares de Almeida, Lisboa, INA, 1996, p. 416.

[20] "Programa Especial para a Reparação de Fogos ou Imóveis em Degradação".

[21] "Regime Especial de Comparticipação na Recuperação de Imóveis Arrendados".

[22] "Regime Especial de Comparticipação e Financiamento na Recuperação de Prédios Urbanos em Regime de Propriedade Horizontal".

[23] "Regime de Apoio à Recuperação Habitacional em Áreas Urbanas Antigas".

[24] "Programa de Apoio Financeiro Especial para a Realização de Obras de Conservação e de Beneficiação em Habitação Própria Permanente por parte dos Proprietários".

VIII – Conclusão

Seja-nos permitido rematar esta conferência com umas brevíssimas palavras. Somos claramente defensores da conveniência, da utilidade e da actualidade da elaboração e aprovação de um Código de Urbanismo para o nosso País. Os benefícios de um tal empreendimento são claramente superiores às suas desvantagens.

Foi esta também a posição defendida pela larga maioria dos intervenientes neste Colóquio Internacional.

Pensamos que o *Direito do Urbanismo* português atingiu já um estado de *maturidade* suficiente para passar pela prova de fogo da codificação das suas normas gerais.

A elaboração de um Código de Urbanismo é uma tarefa demorada e complexa, que só pode ser realizada com êxito por uma equipa de especialistas de carácter pluridisciplinar. Esses especialistas existem felizmente, entre nós, e têm vontade em lançar-se numa tão nobre missão. Decisiva é, porém, a vontade política do titular do poder legislativo. Pensamos que ela, mais cedo ou mais tarde, não irá faltar!...

ÍNDICE

NOTA DE APRESENTAÇÃO 5

PROGRAMA 7

SESSÃO DE ABERTURA
II Colóquio Internacional
"Um Código do Urbanismo para Portugal?"
Ciclo de Colóquios: O Direito do urbanismo do Séc. XXI

Um Código de Urbanismo para Portugal? 13
Prof. Doutor Fernando Alves Correia

Um Código de Urbanismo para Portugal? 19
Prof. Doutor Joaquim Gomes Canotilho

Um Código de Urbanismo para Portugal? 23
Prof. Doutor Manuel Lopes Porto

Um Código de Urbanismo para Portugal? 25
Dr. Isaltino Afonso de Morais

PAINEL I
A Realidade Actual: A Dispersão da Legislação do Urbanismo
e as Soluções de Unificação de Alguns Regimes Jurídicos

A Realidade Actual: A Dispersão da Legislação do Urbanismo e as Soluções de
Unificação de Alguns Regimes Jurídicos 35
Prof. Doutor Fausto de Quadros

A Realidade Actual: A Dispersão da Legislação do Urbanismo e as Soluções de
Unificação de Alguns Regimes Jurídicos 43
Mestre Fernanda Paula de Oliveira

248   *Um Código de Urbanismo para Portugal?*

PAINEL II
Codificação Global, Codificação Parcial ou Simples
Compilação da Legislação Geral do Urbanismo?

Codificação Global, Codificação Parcial ou Simples Compilação da Legislação Geral
do Urbanismo? 65
Prof.ª Doutora Maria da Glória Garcia

Banalidade Semântica ou Código de Princípios? 77
Prof. Doutor Luís Colaço Antunes

PAINEL III
Vantagens e Inconvenientes da Codificação Global
da Legislação do Urbanismo

I – A Visão dos Juristas

Vantagens e Inconvenientes da Codificação Global da Legislação do Urbanismo .. 103
Conselheiro Nuno da Silva Salgado

Vantagens e Inconvenientes da Codificação Global da Legislação do Urbanismo .. 125
Mestre Sofia Galvão

II – A Visão dos Urbanistas

O Direito na Prática do Urbanismo 137
Prof. Doutor Sidónio Pardal

Vantagens e Inconvenientes da Codificação Global da Legislação do Urbanismo .. 153
Prof. Doutor Paulo Correia

PAINEL IV
As Experiências e as Tentativas em Direito Comparado
de Codificação do Direito do Urbanismo

Die Deutschen Erfahrungen mit der Kodifizierung des Baurechts 167
Prof. Doutor Ulrich Battis

As Experiências Alemãs na Codificação do Direito do Urbanismo 175
(Tradução de Anja Bothe)

Le Code Français de l'Urbanisme 187
Prof. Doutor Jean-Pierre Lebreton

As Tentativas em Itália de Codificação do Direito do Urbanismo 213
Prof.ª Doutora Alessandra Sandulli

PAINEL V
Um Código de Urbanismo: Estrutura e Conteúdo

Um Código de Urbanismo: Estrutura e Conteúdo 231
Prof. Doutor Fernando Alves Correia